汽车拆装实训

主　编　孙　丽
副主编　张冬梅　武敬峰
参　编　赖剑峰　闫春丽

机械工业出版社

本书以培养具有扎实的专业知识和熟练操作技能的技术人员为目的，内容新颖、理论与实践相结合，侧重于培养学生的基本技能，包括工具、量具、仪器、仪表的使用，对各零部件和总成的拆装与检测等。全书内容包括常用汽车拆装工具和量具认知；汽车发动机的拆装与调整；汽车底盘的拆装与调整；汽车电气系统的拆装与调整，共四个学习项目，28 个实训任务。

本书可作高职高专院校、成人院校及本科院校二级学院和民办高校的汽车类专业学生的教材，也可供相关人员学习参考。

本书配有电子课件，**凡使用本书作为教材的教师**均可登录机械工业出版社教育服务网（www.cmpedu.com）注册后免费下载。咨询电话：010-88379375。

图书在版编目（CIP）数据

汽车拆装实训/孙丽主编. —北京：机械工业出版社，2019.6（2025.1 重印）

高职高专"十三五"规划教材

ISBN 978-7-111-62603-9

Ⅰ.①汽… Ⅱ.①孙… Ⅲ.①汽车-装配（机械）-高等职业教育-教材 Ⅳ.①U463

中国版本图书馆 CIP 数据核字（2019）第 080509 号

机械工业出版社（北京市百万庄大街 22 号 邮政编码 100037）
策划编辑：张双国　责任编辑：张双国
责任校对：潘　蕊　封面设计：马精明
责任印制：单爱军
北京虎彩文化传播有限公司印刷
2025 年 1 月第 1 版第 5 次印刷
184mm×260mm・14.5 印张・356 千字
标准书号：ISBN 978-7-111-62603-9
定价：39.00 元

电话服务　　　　　　　　　网络服务
客服电话：010-88361066　　机　工　官　网：www.cmpbook.com
　　　　　010-88379833　　机　工　官　博：weibo.com/cmp1952
　　　　　010-68326294　　金　书　网：www.golden-book.com
封底无防伪标均为盗版　机工教育服务网：www.cmpedu.com

前　言

汽车正日益广泛地深入到社会生活和人们的日常生活当中，汽车技术也发生了一系列的变化，对汽车相关人才的需求，尤其是汽车维修行业的人才需求与日俱增。

本书内容丰富、实用性强，以实际工作任务导入，创建实训目标，通过相关知识学习、专项实训操作，使学生在实训过程中实现知识学习与工作岗位能力运用的无缝对接。

本书由烟台汽车工程职业学院孙丽任主编，张冬梅、武敬峰任副主编。全书内容包括总论和28个实训任务，其中实训任务1、2、15由张冬梅编写，实训任务9~14由武敬峰编写，实训任务24由赖剑峰编写，实训任务16由闫春丽编写，其余实训任务由孙丽编写。

本书在编写过程中得到了烟台福利莱汽车修理有限公司的栾琪文，烟台东联汽车销售服务有限公司、北京现代汽车销售服务有限公司的技术人员的帮助，在此表示衷心的感谢。

由于作者水平有限，书中误漏之处在所难免，敬请广大读者批评指正。

编　者

目 录

前言
总论 ·· 1
项目一　常用汽车维修工具和量具认知 ·· 4
　实训任务 1　常用的汽车拆装工具认知 ·· 4
　实训任务 2　常用的汽车拆装量具认知 ··· 11
项目二　汽车发动机的拆装与调整 ·· 20
　实训任务 3　机体组的拆装及检测 ·· 20
　实训任务 4　活塞连杆组的拆装及检测（一） ·· 26
　实训任务 5　活塞连杆组的拆装及检测（二） ·· 31
　实训任务 6　曲轴飞轮组的拆装及检测 ··· 40
　实训任务 7　配气机构的拆装及装配 ··· 45
　实训任务 8　气门间隙的调整 ··· 53
　实训任务 9　电控汽油机总体结构认识 ··· 57
　实训任务 10　汽油发动机燃油供给系统的拆装 ··· 64
　实训任务 11　喷油器的拆装及校验 ··· 71
　实训任务 12　柴油机喷油泵的拆装与调试 ·· 75
　实训任务 13　润滑系统的拆装 ·· 81
　实训任务 14　冷却系统的拆装 ·· 87
　实训任务 15　传统点火系统的拆装与调整 ·· 93
　实训任务 16　电子点火系统的拆装与调整 ·· 105
　实训任务 17　起动机的拆装与检修 ··· 115
　实训任务 18　桑塔纳 2000AJR 型发动机总成的拆装 ··· 123
项目三　汽车底盘的拆装与调整 ·· 130
　实训任务 19　离合器的拆装与调整 ··· 130
　实训任务 20　手动变速器的拆装与调整 ··· 137
　实训任务 21　自动变速器的拆装 ··· 145
　实训任务 22　主减速器和差速器的拆装 ··· 153
　实训任务 23　汽车行驶系统的拆装 ··· 160
　实训任务 24　汽车转向系统的拆装 ··· 171

实训任务 25　汽车制动系统的拆装与调整 …………………………………… 178

项目四　汽车电气系统的拆装与调整 ………………………………………………… 192

实训任务 26　汽车电源系统的拆装 …………………………………………… 192

实训任务 27　车身电器的拆装 ………………………………………………… 202

实训任务 28　汽车空调系统的拆装 …………………………………………… 212

参考文献 …………………………………………………………………………………… 225

总论

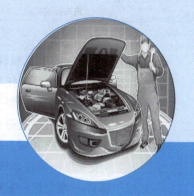

一、实训目的与要求

1. 实训目的

汽车拆装实训是汽车专业的一个重要教学实践性环节。通过校内部分实训,使学生巩固汽车构造知识,了解汽车总成的拆装要领,掌握主要的调整方法,提高学生的动手能力。

2. 实训要求及注意事项

学生应认真阅读实训教程,了解实训的目的、内容、安排及要求,并在实训过程中认真执行。实训要求:

1) 实训结束时,完成一份实训报告。实训报告应实事求是地反映实训过程中的体会和建议,字迹清楚,并按要求上交报告。

2) 严格按照实验计划分组进行,人员按编组固定,不得私自调换。实训后完成实训报告并交给指导教师。

二、汽车拆卸与装配的基本知识

汽车的技术状况与拆装的质量有很大的关系。若装配不良,往往使零件与零件之间不能保持正确的位置及配合关系;拆卸不当会造成零件不应有的缺陷,甚至损坏。这样,不仅浪费维修工时,而且直接影响到修理的质量、成本以及汽车的使用寿命。

(一) 拆卸与装配应遵循的原则及注意事项

拆卸的目的是检查和修理汽车的零部件,以便对需要维护的汽车总成进行维护,或对有缺陷的零件进行修复或更换,使配合关系失常的零件经过维修调整达到规定的技术标准。

1. 拆卸应遵循的原则

(1) **掌握汽车的构造及工作原理** 若不了解汽车的结构和特点,拆卸时不按规定操作,而任意拆卸、敲击或撬动,均会造成零件的变形或损坏。因此,必须了解汽车的构造和工作原理,这是确保正确拆卸的前提。

(2) **按需要进行拆卸** 零部件经过拆卸后,容易产生变形和损坏,特别是过盈配合件更是如此。不必要的拆卸不仅会降低汽车的使用寿命,而且会增加修理成本、延长修理工期。因此,应防止盲目地大拆大卸。不拆卸检查就可以判定零件的技术状况时,应尽量不予以拆卸,以免损坏零件。

(3) **掌握正确的拆卸方法**

1) **使用相应的工具和设备**。为提高拆卸工效、减少零部件的损伤和变形，应使用相应的专用工具和设备，严禁任意敲击和撬动。如在拆卸过盈配合件时，尽量使用压力机和顶拔器；拆卸螺栓联接件时，要选用适当的工具，依螺栓紧固力矩的大小优先选用套筒扳手、梅花扳手和固定扳手，尽量避免使用活扳手和钳子，防止损坏螺母和螺栓的六角边棱，给下次的拆卸带来不必要的麻烦。另外，应充分利用汽车大修配备的专用拆卸工具。

2) **由表及里按顺序逐级拆卸**。一般先拆车厢、外部线路、管路、附件等，然后按机器—总成—部件—组合件—零件的顺序进行拆卸。

(4) **考虑装配过程，做好装配准备工作**

1) **拆卸时要注意检查、校对装配标记**。为了保证一些组合件的装配关系，在拆卸时应对原有的记号加以校对和辨认，没有记号或标记不清的应重新检查并做好标记。有的组合件是分组选配的配合副，或是在装合后加工的不可互换的合件，如轴承盖、连杆盖等，它们都是与相应合件一起加工的，均为不可互换的组件，必须做好装配标记，否则将会破坏它们的装配关系甚至动平衡。

2) **按分类、顺序摆放零件**。为了便于清洗、检查和装配，零件应按不同的要求分类顺序摆放，否则，零件胡乱地堆放在一起，不仅容易相互撞损，而且会在装配时造成错装或找不到零件的麻烦。

为此，应按零件的大小和精度归类存放，同一总成、部件的零件应集中在一起放置，不可互换的零件应成对放置，易变形、丢失的零件应专门放置。

2. 拆卸和装配的注意事项

1) 当需要顶起汽车的前端或后端时，应在车轮处正确地安放楔块。当顶起汽车时，举升器的垫座或千斤顶的支点要对准车体上的安全支撑点。

2) 在进行任何电气系统拆装、发动机的移动作业之前，都要先拆下蓄电池负极接线。

3) 每次拆卸零件时，应观察零件的装配状况，检查是否有变形、损坏、磨损或划痕等现象，为修理提供依据。

4) 对于结构复杂的组件和总成，以及初次拆卸的零件，要在适当的非工作面上做上记号，以便组装时将其安装到原来的位置。

5) 对有较高配合要求的零件，如主轴承盖、连杆轴承盖、气门、柴油机的高压油泵柱塞等，必须做好记号。组装时，按记号装回原位，不能互换。

6) 零件装配时，必须符合原车的技术要求，包括规定的间隙、紧固力矩等。

7) 组装时，必须做好清洁工作，尤其是重要的配合表面、油道等，要用压缩空气吹净。

8) 为了提高工作效率和保证精度质量，要尽可能地使用专用维修工具。操作时，禁止吸烟，并远离火源。

(二) **常见联接件的拆卸**

汽车上零部件之间的联接形式有多种，主要有螺纹联接、过盈配合联接、键联接、铆钉连接、焊接、粘接、卡扣联接等。这里主要介绍应用非常广泛的螺纹联接、过盈配合联接和卡扣联接的拆卸与装配。

1. 螺纹联接的拆装

在拆装作业中，遇到最多的是螺纹联接，大约占全部联接件的50%～60%。螺纹有圆柱螺纹和锥螺纹,按牙形还可分为三角形、矩形、梯形等形状的螺纹。汽车上主要用三角形右旋螺纹。螺纹的规格和各种尺寸均已标准化,有米制和英制之分,我国采用米制,国际上有的采用米制,有的采用英制。

<u>螺纹按照螺距有粗牙和细牙之分,一般情况下均使用粗牙螺纹</u>。在相同的公称直径下,细牙螺纹的螺距小、牙细、内径和中径较大、升角较小,因而自锁效果好,常用于受强度影响较大的零件(如缸体、制动盘等)以及有振动或变载荷的联接、微调装置等。由于汽车在工作时有较大的振动,对强度要求也很高,故细牙螺纹在汽车上应用得较广泛。

螺纹联接的零件有螺栓、螺钉、紧固螺钉、螺母、垫圈及防松零件(如开口销、止动垫片等)等。联接的主要类型有螺栓联接、双头螺柱联接、螺钉联接和紧固螺钉联接等几种。

拆装螺纹联接使用的工具有手动和机动两类。手动工具主要有固定扳手(梅花)、活扳手、套筒扳手、螺钉旋具等。拆装工具的选用,应根据螺母、螺栓的尺寸,拧紧力矩及所在部位的回转空间等具体条件来选择。一般情况下,为了避免损坏螺栓、螺母的棱角,缩短作业时间,减轻劳动强度,能用固定扳手的不用活扳手,能用梅花扳手的不用呆扳手,能用套筒扳手的不用固定扳手。机动扳手按动力源分有电动式、气动式和液压式三种类型。

2. 螺纹联接件拆装的技术要领及注意事项

1)用扳手拆装螺栓(母)时,扳手的开口尺寸必须适合螺栓头部或螺母的六方尺寸,不得过松。旋转时,扳手开口与六方表面应尽量靠合。操作空间允许时,要用一只手握住扳手开口处,避免扳手因用力过大而脱出。使用螺钉旋具拆装开槽螺钉时,开口与槽口的尺寸必须合适。无论拧紧还是旋松螺钉,均要用力将螺钉旋具顶住螺钉,避免损坏螺钉槽口,造成拆装困难。

2)在向螺栓上拧紧螺母或向螺孔内拧螺栓(钉)时,一般先用手旋进一定距离,这样既可感觉螺纹配合是否合适,又可提高工作效率。在旋进螺母(栓)两圈后,如果感觉阻力很大,则应拆下检查原因:有时是因螺纹生锈或夹有铁屑等杂物造成的,清洗后涂少许机油(全损耗系统用油)即可解决;有时是因螺纹乱牙造成的,可用板牙或丝锥修整一下;有时是因粗、细螺纹不相配造成的,应重新选配。

3)在螺纹联接件中,垫圈的作用非常重要,它既可以保护被联接件的支承表面,还能防松,决不能随意弃之不用,应根据原车要求,安装到位。

4)在发动机缸体上有许多不通的螺纹孔(不通孔),在旋入螺栓前,必须清除孔中的铁屑、水、油等杂物,否则螺栓不能拧紧到位。如果加力拧进,有可能造成螺栓断裂及缸体开裂等。

5)锈死螺栓的拆卸。<u>对于锈死螺栓的拆卸可用下列方法:</u>
① 将螺栓拧紧 1/4 圈左右再退回,反复松动,逐渐拧出。
② 用锤子敲击螺母,借以震碎锈层,以便拧出。
③ 在煤油中浸泡 20~30min,使煤油渗到锈层中去,使锈层变松以便拧出。

项目一

常用汽车维修工具和量具认知

实训任务 1　常用的汽车拆装工具认知

一、实训目标

1. 知识目标

了解常用工具的种类和功用。

2. 技能目标

1) 掌握各种扳手、锤子、撬棒、铜棒等常用拆装工具的使用方法。

2) 掌握汽车举升器、吊车、千斤顶等举升器具的使用方法和使用注意事项。

二、实训设备，仪器和工具

各种扳手、活塞环装卸钳、气门弹簧装卸钳、千斤顶、润滑脂枪（俗称黄油枪）、汽车举升器、吊车。

三、相关知识

1. 扳手

扳手用以紧固或拆卸带有棱边的螺母和螺栓。常用的扳手有呆扳手、梅花扳手、套筒扳手、活扳手、管子扳手等。

(1) 呆扳手（图 1-1）　呆扳手按形状分有双头扳手和单头扳手两种。其作用是紧固、拆卸一般标准规格的螺母和螺栓。这种扳手可以直接插入或套入，使用较方便。扳手的开口方向与其中间柄部错开一个角度，通常有 15°、45°、90° 等，以便在受限制的部位能灵活扳动。其规格是以两端开口的宽度 S（mm）来表示的，通常是成套装备，有 8 件一套、10 件一套等，通常用 45、50 钢锻造，并经热处理。

(2) 梅花扳手（图 1-2）　梅花扳手与呆扳手的用途相似，其两端是环状的，环的内孔由两个正六边形互相同心错转 30° 而成。使用时，扳动 30° 后，即

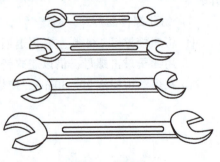

图 1-1　呆扳手

可换位再套，因而适于狭窄场合下操作。与呆扳手相比，梅花扳手强度高，使用时不易滑脱，但套上、取下不方便。其规格是以闭口尺寸 S（mm）来表示的，通常是成套装备，有 8 件一套、10 件一套等，通常用 45 钢或 40Cr 合金钢锻造，并经热处理。

(3) **套筒扳手**（图 1-3）　其材料、环孔形状与梅花扳手相同，适用于拆装位置狭窄或需要一定力矩的螺栓或螺母。套筒扳手主要由套筒头、手柄、棘轮手柄、快速摇柄、接头和接杆等组成，各种手柄适用于各种不同的场合，以操作方便或提高效率为原则。常用套筒扳手的规格是 10~32mm。

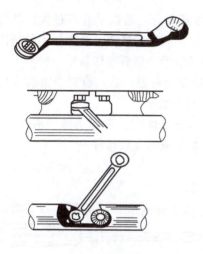

图 1-2　梅花扳手

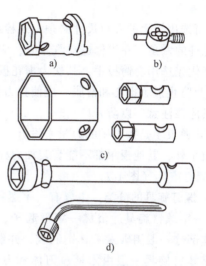

图 1-3　套筒扳手

(4) **扭力扳手**（图 1-4）　它是一种可读出所施力矩大小的专用工具，由扭力杆和套筒头组成。其规格是以最大可测转矩来划分的，常用的有 294N·m 和 490N·m 两种。扭力扳手除用来控制螺纹件旋紧力矩外，还可以用来测量旋转件的起动转矩，以检查配合、装配情况。

(5) **活扳手**（图 1-5）　活扳手的开口宽度可调节，能在一定范围内变动尺寸。其优点是遇到不规则的螺母或螺栓时更能发挥作用，故应用较广。使用活扳手时，扳手口要调节到与螺母对边贴紧。扳动时，应使扳手可动部分承受推力，固定部分承受拉力，且用力必须均匀。其规格是以最大开口宽度 S（mm）来表示的，常用的规格为 150mm、300mm 等。

(6) **管子扳手**　管子扳手主要用于扳转金属管子或其他圆柱工件。管子扳手口上有牙，工作时会将工件表面咬毛，应避免用来拆装螺栓、螺母。

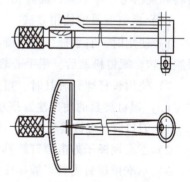

图 1-4　扭力扳手

(7) **火花塞套筒扳手**（图 1-6）　火花塞套筒扳手是一种薄壁长套筒、用手拆除火花塞的专用工具。使用前，应根据火花塞六角对边的尺寸，选用内六角对边尺寸与其相同的火花塞套筒。拆卸时，套筒应对正火花塞六角头，套接要妥当、不可歪斜，应逐渐加大扭力，以防滑脱。

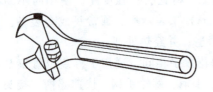

图 1-5 活扳手

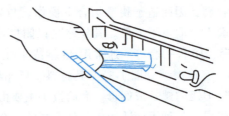

图 1-6 火花塞套筒扳手

注意事项:

1) 所选用扳手的开口尺寸必须与螺栓或螺母的尺寸相符合。若扳手开口过大,易滑脱并损伤螺件的六角。在维修进口汽车时,应注意扳手米制、英制的选择。各类扳手的选用原则:一般优先选用套筒扳手,其次为梅花扳手,再次为呆扳手,最后选活扳手。

2) 为防止扳手损坏和滑脱,应使拉力作用在开口较厚的一边。这一点对受力较大的活扳手尤其应该注意,以防开口出现"八"字形,损坏螺母和扳手。

3) 普通扳手是按人手的力量来设计的,遇到较紧的螺纹件时,不能用锤子击打扳手。除套筒扳手外,其他扳手都不能套装加力杆,以防损坏扳手或螺纹联接件。

2. 螺钉旋具(图 1-7)

(1) 螺钉旋具的分类 主要有一字螺钉旋具和十字螺钉旋具。

1) 一字螺钉旋具。俗称一字形起子、平口改锥,用于旋紧或松开头部开一字槽的螺钉,工作部分一般用碳素工具钢制成,并经淬火处理。一字螺钉旋具一般由木柄、刀体和刀口组成,其规格以刀体部分的长度来表示。使用一字螺钉旋具时,应根据螺钉沟槽的宽度进行选用。

2) 十字槽螺钉旋具。俗称十字形起子、十字改锥,用于旋紧或松开头部带十字沟槽的螺钉,其材料和规格与一字形螺钉旋具相同。

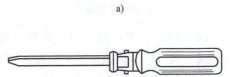

图 1-7 螺钉旋具

(2) 螺钉旋具的使用方法

1) 使用时,右手握住螺钉旋具,手心抵住柄端,螺钉旋具应与螺钉同轴心,压紧后用手腕扭转。螺钉松动后,用手心轻压螺钉旋具,用拇指、中指、食指快速扭转。

2) 使用长杆螺钉旋具时,可用左手协助压紧和拧动手柄。

(3) 螺钉旋具的使用注意事项

1) 刀口应与螺钉槽口大小、宽窄、长短相适应,刀口不得残缺,以免损坏槽口和刀口。

2) 不准用锤子敲击螺钉旋具柄将其当錾子使用。

3) 不准用螺钉旋具当撬棒使用。

4) 不可在螺钉旋具刀口端用扳手或钳子增加扭力,以免损伤螺钉旋具杆。

3. 鲤鱼钳(图 1-8)

(1) 功用 用于弯曲小金属材料;夹持扁形或圆形小工件,切断金属丝。

(2) 使用方法 用手握住钳柄后端,使钳口开闭、夹紧。

(3) 特点 钳口宽度有两档调节位置,如图 1-8 所示。

(4) 使用注意事项

1）不可用鲤鱼钳代替扳手来拧紧或拧松螺栓、螺母，以免损坏螺栓、螺母头部棱角。

2）不可将鲤鱼钳柄当撬棒使用，以免使之弯曲、折断或损坏。

4. 尖嘴钳、弯嘴钳（图1-9）

（1）功用　用于夹持卡簧、锁销等圆形或圆柱形小件。

（2）使用方法　用手握住钳柄后端，使钳口开闭、夹紧。

（3）使用注意事项

1）不可用力太大，否则钳口头部会变形、销轴会松动。

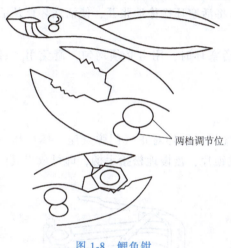

图1-8　鲤鱼钳　　　　　　　　图1-9　尖嘴钳、弯嘴钳

2）不可将尖嘴钳、弯嘴钳柄当撬棒使用，以免使之弯曲、折断或损坏。

3）不可用尖嘴钳、弯嘴钳代替扳手来拧紧或拧松螺栓、螺母，以免损坏螺栓、螺母头部棱角。

5. 锤子

（1）功用　用于敲击工件，使工件变形、位移、振动，并可用于工件的校正、整形。

（2）使用方法

1）敲击时，右手握住锤柄后端约10cm处，握力适度，眼睛注视工件。

2）挥锤方法有手挥、肘挥和臂挥3种。

（3）使用注意事项

1）手柄应安装牢固，用楔塞牢，以防锤头飞出伤人。

2）锤头应平整地击打在工件上，不得歪斜，以防破坏工件表面形状。

3）拆卸零部件时，禁止直接锤击重要表面或易损部位，以防出现表面破坏或损伤。

6. 铜棒

（1）功用　用于敲击不允许直接锤击的工件表面。注意：不得用力太大。

（2）使用方法　一般和锤子一起使用，一手握住铜棒，将其一端置于工件表面，一手用锤子锤击铜棒另一端。

（3）使用注意事项　不可代替锤子或当撬棍使用。

7. 撬棍

（1）功用　用于撬动旋转件或撬开结合面，也可用于工件的整形。

（2）使用方法　将其稳定地支撑于某一位置，施加力使之旋转或撬起。

(3) 使用注意事项
1) 不可代替铜棒使用。
2) 不可用于软材质结合面。

8. 活塞环拆装钳（图 1-10）

(1) 功用　活塞环拆装钳是一种专门用于拆装活塞环的工具。维修发动机时，必须使用活塞拆装钳拆装活塞环。

(2) 使用方法　使用活塞环拆装钳时，将拆装钳上的环卡卡住活塞环开口，握住手把稍稍均匀地用力，使拆装钳手把慢慢地收缩，环卡将活塞环徐徐地张开，使活塞环能从活塞环槽中取出或装入。

(3) 使用注意事项　使用活塞环拆装钳拆装活塞环时，用力必须均匀，避免用力过猛而导致活塞环折断，避免伤手事故。

9. 气门弹簧拆装架（图 1-11）

(1) 功用　专门用于拆装顶置气门弹簧。

(2) 使用方法　使用时，将拆装架托架抵住气门，压环对正气门弹簧座，然后压下手柄，使气门弹簧被压缩。这时取下气门弹簧锁销或锁片，慢慢地松抬手柄，即可取出气门弹簧座、气门弹簧和气门等。

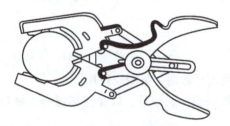

图 1-10　活塞环拆装钳

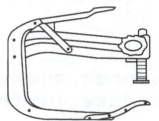

图 1-11　气门弹簧拆装架

10. 千斤顶（图 1-12）

(1) 功用和种类　千斤顶是一种最常用、最简单的起重工具。按照其工作原理的不同可分为机械式和液压式；按照所能顶起的质量可分为 3000kg、5000kg、9000kg 等多种不同规格。目前广泛使用的千斤顶是液压式千斤顶。

(2) 使用方法　以液压式千斤顶为例介绍其使用方法：

1) 起顶汽车前，应把千斤顶顶面擦拭干净，拧紧液压开关，把千斤顶放置在被顶部位的下部，并使千斤顶与被顶部位相互垂直，以防千斤顶滑出而造成事故。

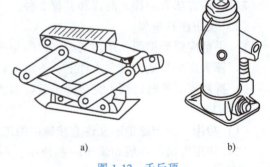

a)　　　　b)

图 1-12　千斤顶

2) 旋转顶面螺杆，改变千斤顶顶面与被顶部位的原始距离，使起顶高度符合汽车需要的顶置高度。

3) 用三角形垫木将汽车着地车轮前、后塞住，防止汽车在起顶过程中发生滑溜事故。

4)用手上下压动千斤顶手柄,使被顶汽车逐渐升到一定高度,然后在车架下放入搁车凳。禁止用砖头等易碎物支垫汽车。落车时,应先检查车下是否有障碍物,并确保操作人员的安全。

5)徐徐拧松液压开关,使汽车缓缓平稳地下降,架稳在搁车凳上。

(3)使用注意事项

1)在汽车起顶或下降过程中,禁止在汽车下面进行作业。

2)应徐徐拧松液压开关,使汽车缓慢下降,汽车下降的速度不能过快,否则易发生事故。

3)在松软路面上使用千斤顶起顶汽车时,应在千斤顶底座下加垫一块有较大面积且能承受压力的材料(如木板等),以防止千斤顶由于汽车重压而下沉。千斤顶与汽车接触位置应正确、牢固。

4)千斤顶把汽车顶起后,当液压开关处于拧紧状态时,若发生自动下降现象,则应立即查找原因,及时排除故障后才可继续使用。

5)发现千斤顶缺油时,应及时补充规定油液,不能用其他油液或水代替。

6)千斤顶不能用火烘热,以防皮碗、皮圈损坏。

7)千斤顶必须垂直放置,以免因油液渗漏而失效。

11. 汽车举升器

(1)功用和种类 为了改善劳动条件,增大作业空间范围,在汽车维修中日益广泛地使用了汽车举升器。汽车举升器按立柱数的不同可分为单立柱式、双立柱式和四立柱式;按结构特点的不同可分为电动机械举升器和电动液压举升器。

(2)使用注意事项

1)车辆的总质量不能大于举升器的起升能力。

2)根据车型和停车位置的不同,尽量使汽车的重心与举升器的重心相接近;为了能打开车门,汽车与立柱间应留有一定的距离。

3)应转动、伸缩、调整举升臂至汽车底盘指定位置并接触牢靠。

4)汽车举高前,操作人员应检查汽车周围人员的动向,防止发生意外。

5)汽车举升时,严防偏重。要在汽车离开地面较低位置进行反复升降,无异常现象时才可举升至所需高度。

6)汽车举升后,应落槽于棘牙上,并立即进行锁紧。

四、评分标准

序号	考核项目	配分	考核内容	评分标准	扣分	得分	考核记录
1	工作态度	10	迟到、早退、旷工	迟到、早退每次扣5分,旷课1节扣10分			
			嬉戏打闹	酌情扣分			
			认真、严谨、团结、协作	酌情给分			
2	安全文明操作	10	遵守安全操作规程,正确使用工具,保持操作现场整洁	酌情给分			
			安全用电、火,无人身、设备事故	若因违规操作发生重大人身和设备事故,按0分计			

（续）

序号	考核项目	配分	考核内容	评分标准	扣分	得分	考核记录
3	考核过程	10	扳手的种类（口述）	根据叙述内容是否正确酌情给分			
		10	千斤顶的规格（口述）	根据叙述内容是否正确酌情给分			
		20	螺钉旋具的使用方法和使用注意事项	根据操作内容是否正确酌情给分			
		15	活塞环拆装钳的使用方法	根据操作内容是否正确酌情给分			
		15	活塞环拆装钳的使用注意事项	根据操作内容是否正确酌情给分			
4	考核结果	10	任务完成时间	酌情给分			
			任务完成质量	酌情给分			
5	分数	100					

五、实训报告

实训项目：_____

姓名：_____　　　　班级：_____
学号：_____　　　　日期：_____

一、工具和材料

答：_____

二、实训练习

1. 火花塞套筒扳手的使用方法是怎样的，注意事项有哪些？

答：_____

2. 气门弹簧拆装架的使用方法是怎样的？

答：_____

3. 千斤顶的使用注意事项有哪些？

答：_____

三、指导教师评语

实训任务 2　常用的汽车拆装量具认知

一、实训目标

1. 知识目标

1）熟悉汽车维修中常用量具的名称、规格和工作原理。

2）掌握汽车维修过程中量具的正确使用方法和读数方法。

2. 技能目标

了解汽车维修中常用量具的维护和存放方法。

二、实训设备、仪器和工具

各种规格型号的游标卡尺、卡钳、百分表、内径百分表、弹簧秤、塞尺、千分尺、金属直尺（规格尽量齐全）。

三、相关知识

1. 金属直尺

金属直尺是一种最简单的长度量具，它有 150mm、300mm、500mm 和 1000mm 4 种规格，外形如图 2-1 所示，一般分度值为 1mm，标度单位为 cm，读数时可以准确读到 mm 位，mm 位以下的数值是估计值。

图 2-1　150mm 金属直尺

金属直尺可用于测量零件的长度、螺距、宽度、内、外孔直径、深度以及零件加工制造的划线等。如果用金属直尺直接去测量零件的直径尺寸（轴径或孔径），则测量精度较低。其原因是：除了金属直尺本身的读数误差比较大以外，金属直尺无法准确地放在零件直径的正确位置。所以，零件直径尺寸的测量最好利用金属直尺和内、外卡钳配合起来进行。

使用金属直尺的注意事项：

1）尽量使待测物贴近金属直尺的刻度线；读数时，视线要垂直于金属直尺，如图 2-2 所示。

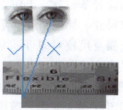

图 2-2　金属直尺的读数方法

2）一般不要用金属直尺的端点作为测量的起点，因为端边易受磨损而给测量带来误差。

3）金属直尺的刻度可能不够均匀，在测量时要选取不同起点进行多次测量，然后取平均值。

2. 卡钳

卡钳是间接读数的量具，按用途的不同分为内卡钳和外卡钳两种；按结构的不同分为紧轴式卡钳和弹簧式卡钳两种。图 2-3 所示为常见的两种内、外卡钳。内卡钳是用来测量内径和凹槽的，外卡钳是用来测量外径和平行面的。它们本身都不能直接读出测量结果，而是把测量得的长度尺寸（直径也属于长度尺寸）在金属直尺上进行读数，如图 2-4 所示；或在金属直尺上先取下所需尺寸，再去检验零件的尺寸是否符合。

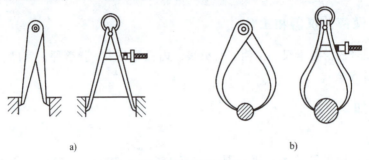

图 2-3 常用卡钳类型
a）内卡钳 b）外卡钳

测量时，操作卡钳的方法对测量结果影响很大。正确的操作方法是：用内卡钳时，用拇指和食指轻轻捏住卡钳的销轴两侧，将卡钳送入孔或槽内；用外卡钳时，右手的中指挑起卡钳，用拇指和食指撑住卡钳的销轴两边，使卡钳在自身的重量下两量爪滑过被测表面。卡钳与被测表面的接触情况凭手的感觉，手有轻微感觉即可，不宜过松，也不要用力使劲卡卡钳。

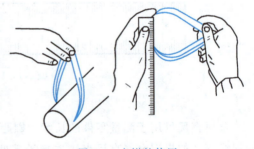

图 2-4 卡钳的使用

使用大卡钳时，要用两只手操作，右手握住卡钳的销轴，左手扶住一只量爪进行测量。测量轴类零件的外径时，应使卡钳的两只量爪垂直于轴心线，即在被测件的径向平面内测量。测量孔径时，应使一只量爪与孔壁的一边接触，另一量爪在径向平面内左右摆动找最大值。

校好尺寸的卡钳应轻拿轻放，以防止尺寸发生变化。把量得的卡钳放在金属直尺、游标卡尺或千分尺上量取尺寸。测量精度要求高的用千分尺校对，测量精度一般的用游标卡尺校对，测量毛坯等用金属直尺校对即可。

使用卡钳时的注意事项：

1）改变卡钳两脚尖之间的微小距离时，不要直接用手拉动。可把卡钳的某一脚在较硬的物体上轻轻敲动即可（增大间距，敲内侧；减小间距，敲外侧）。

2）从圆筒上取下卡钳时，必须小心操作，不能用力和振动，以防两脚尖之间的距离发生改变而增大测量误差。

3. 塞尺

塞尺俗称厚薄规，主要用来检验活塞与气缸、活塞环槽和活塞环、气门间隙、齿轮啮合间隙等两个结合面之间间隙的大小。塞尺是由许多层厚薄不一的薄钢片组成的，如图2-5所示。每把塞尺中的每片都具有两个平行的测量平面，且都有厚度标记，以供组合使用。

测量时，根据结合面间隙的大小，用一片或数片重叠在一起塞进间隙内。例如，用0.04mm的一片能插入间隙，而0.05mm的一片不能插入间隙，这说明间隙在0.04和0.05mm之间，所以塞尺也是一种界限量规。

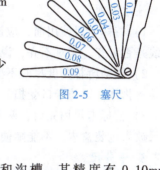

图2-5 塞尺

注意事项：

1）根据结合面的间隙情况选用塞尺片数，但片数越少越好。

2）测量时不能用力太大，以免塞尺弯曲或折断。

3）不能测量温度较高的工件。

4. 游标卡尺

游标卡尺可以测量内外尺寸、深度、孔距、环行壁厚和沟槽，其精度有0.10mm、0.05mm和0.02mm三种，测量范围有0~125mm、0~150mm、0~200mm、0~300mm等。其结构如图2-6所示。

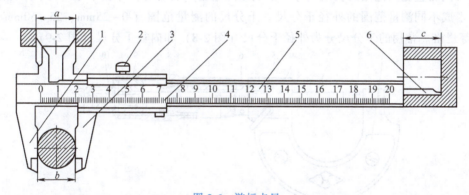

图2-6 游标卡尺

a—测量内表面尺寸 b—测量外表面尺寸 c—测量深度尺寸
1—尺框 2—固定螺钉 3—内、外量爪 4—游标 5—尺身 6—深度尺

游标卡尺的读数方法：

1）先读整数——看游标零线的左边，主尺上与游标零线最近的一条刻线的数值即为被测尺寸的整数部分。

2）再读小数——看游标零线的右边，游标第 n 条刻线与主尺刻线对齐，则被测尺寸的小数部分为 $n×i$（简单判断游标卡尺分度值的方法：先确定游标上的格数 n，分度值等于游标格数的倒数，即 $i=1/n$）。

3）得出被测尺寸——整数部分加上小数部分。

例：读出图2-7所示游标卡尺的读数。

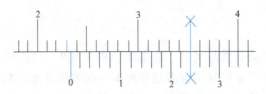

图 2-7　游标卡尺（0.02mm）的读数

整数部分：23mm；小数部分：12×0.02mm = 0.24mm；被测尺寸：23mm + 0.24mm = 23.24mm。

注意事项：

1）游标卡尺使用前，应该先将游标卡尺的卡口合拢，检查游标尺的零线和主刻度尺的零线是否对齐。若对不齐，说明卡口有零误差，应调零。

2）推动游标刻度尺时不要用力过猛，卡住被测物体时松紧应适当，更不能卡住物体后再移动物体，以防卡口受损。

3）游标卡尺用完后，两卡口要留有间隙，绝不可将副尺固定螺钉锁定；然后，将游标卡尺放入包装盒内，不能随便放在桌上，更不能放在潮湿的地方。

5. 千分尺

千分尺又称为螺旋测微器，是一种比游标卡尺更精密的量具，其测量精度为 0.01mm。千分尺的测微螺杆的移动量为 25mm，所以外径千分尺的测量范围一般为 25mm。为了使外径千分尺能测量更大范围的长度尺寸，以满足工业生产的需要，外径千分尺的尺架做成各种尺寸，形成不同测量范围的外径千分尺。千分尺的测量范围有 0～25mm、25～50mm、50～75mm 等规格。常用的千分尺分为外径千分尺（图 2-8）和内径千分尺（图 2-9）。

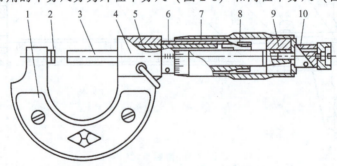

图 2-8　外径千分尺

1—尺架　2—砧座　3—测微螺杆　4—锁紧装置　5—螺纹轴套　6—固定套管　7—微分筒　8—螺母　9—接头　10—测力装置

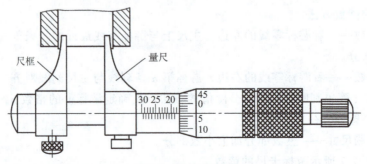

图 2-9　内径千分尺

千分尺主要由尺架、测量装置、测力装置和锁紧装置等组成。一般千分尺均附有调零的专用小扳手，测量下限不为零的千分尺还附有用于调整零位的标准棒。

外径千分尺的读数方法如图 2-10 所示。外径千分尺固定套管上有两组刻线，两组刻线之间的横线为基线，基线以下为毫米刻线，基线以上为半毫米刻线；活动套管上沿圆周方向有 50 条刻线，每一条刻线表示 0.01mm。

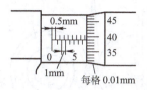

固定套管读数：7.5mm
微分筒读数：39×0.01mm=0.39mm
被测尺寸：7.5mm+0.39mm=7.89mm

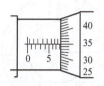

固定套管读数：8.0mm
微分筒读数：35×0.01mm=0.35mm
被测尺寸：8.0mm+0.35mm=8.35mm

图 2-10　外径千分尺的读数方法

测量时，读数方法分 3 步：

1) 先读出固定套管上露出刻线的整毫米数和半毫米数（0.5mm）（注意看清露出的是上方刻线还是下方刻线，以免相差 0.5mm）。

2) 看准微分筒上哪一格与固定套管纵向刻线对准，将刻线的序号乘以 0.01mm 即为小数部分的数值。

3) 上述两部分读数相加，即为被测工件的尺寸。

注意事项：

1) 校对零点。将砧座与螺杆接触，看圆周刻度零线是否与纵向中线对齐、微分筒左侧棱边与尺身的零线是否重合；如有误差，应调整。

2) 合理操作。手握尺架，转动微分筒，当测量螺杆快要接触工件时，必须使用端部棘轮，严禁再拧微分筒。当棘轮发出嗒嗒声时，应停止转动。

3) 防止回程误差。由于螺钉和螺母不可能完全密合，螺旋转动方向改变时，它的接触状态也改变，导致两次读数不同，由此产生的误差称为回程误差。为防止回程误差，测量时应向同一方向转动，使十字线和目标对准；若移动十字线时超过了目标，就要多退回一些，再重新向同一方向转动。

6. 百分表

图 2-11 所示为百分表的结构。百分表常用来测量机器零件的各种几何形状偏差和表面相互位置偏差，也可测量工件的长度尺寸。其具有外廓尺寸小、重量轻和使用方便等特点。

百分表的工作原理是将测量杆的直线位移，经过齿条和齿轮传动转变为指针的角位移。百分表的刻度盘圆周刻成 100 等份，其分度值为 0.01mm，当大指针转动 1 周时，测杆的位移为 1mm；表盘和表圈是一体的，可任意转动，以便使指针对零位；小指针用以指示大指针的回转圈数。常见百分表的测量范围为 0~3mm、0~5mm 和 0~10mm 等。

在使用时，百分表一般要固定在表架上，如图 2-12 所示。用百分表进行测量时，必须首先调整表架，使测杆与零件表面保持垂直接触且有适当的预缩量，转动表盘使指针对正表盘上的"0"刻度线，然后按一定方向缓慢移动或转动工件，测杆则会随零件表面的移动自动伸缩。测杆伸长时，表针顺时针转动，读数为正值；测杆缩短时，表针逆时针转动，读数为负值。

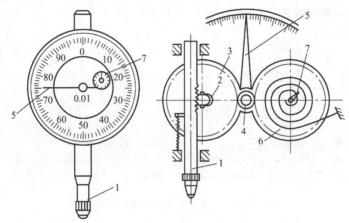

图 2-11 百分表的结构

1—测量杆　2、4—小齿轮　3、6—大齿轮　5—大指针　7—小指针

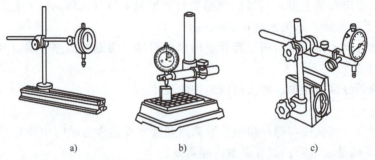

a)　　　　　　　b)　　　　　　　c)

图 2-12 安装在专用夹持架上的百分表

a）普通表座　b）万能表座　c）磁力表座

注意事项：

1）使用前，应检查测量杆活动的灵活性。

2）要严格防止水、油和灰尘渗入表内，测量杆上也不要加油，免得粘有灰尘的油污进入表内，影响表的灵活性。

3）不使用时，应使测量杆处于自由状态，以免使表内的弹簧失效。内径百分表上的百分表不使用时，应拆下来保存。

7. 内径百分表

内径百分表是内量杠杆式测量架和百分表的组合，它用比较法来测量孔径及其几何形状偏差。内径百分表主要用来测量气缸的尺寸精度和形状精度，也可以用来测量轴孔。

内径百分表如图 2-13 所示。在三通管 3 的一端装着活动测头 1，另一端装着可换测头 2，在垂直管口的一端，通过连杆 4 装有百分表 5。活动测头 1 的移动使传动杠杆 7 回转，通过活动杆 6 推动百分表的测量杆，使百分表指针产生回转。由于杠杆 7 的两侧触点是等距离的，当活动测头移动1mm时，活动杆也移动1mm，推动百分表指针回转一圈。所以，活动测头的移动量可以在百分表上读出来。两触点量具在测量内径时，不容易找正孔的直径方向。定心护桥8和弹簧9就起了一个帮助找正直径位置的作用，使内径百分表的两个测量头正好在内孔直径的两端。活动测头的测量压力由活动杆6上的弹簧控制，并保证测量压力一致。为测量不同缸径，常备有不同的接杆及加长接杆。内径百分表的规格是按测量直径的范围来划分的，如18~35mm、35~50mm、50~160mm等，汽车维修作业中常用50~160mm规格的。

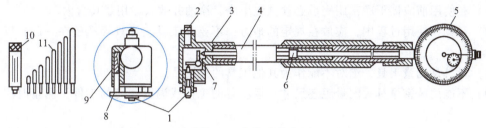

图 2-13 内径百分表

1—活动测头　2—可换测头　3—三通管　4—连杆　5—百分表　6—活动杆
7—杠杆　8—定心护桥　9—弹簧　10—加长接杆　11—接杆

测量时，首先根据气缸（或轴承孔）直径选择长度尺寸合适的接杆，并将接杆固定在内径百分表下端的接杆座上；然后校正内径百分表，将外径千分尺调到被测气缸（或轴承孔）的标准尺寸，再将内径百分表校正到外径千分尺的尺寸，并使伸缩杆有2mm左右的压缩行程，旋转表盘使指针对准零位后即可进行测量，如图2-14所示。

注意：测量过程中，必须前后摆动内径百分表以确定读数最小时的直径位置，同时还应在一定角度内转动内径百分表以确定读数最大时的直径位置。

8. 弹簧秤

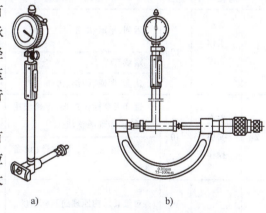

图 2-14 内径百分表的使用
a) 内径百分表　b) 用外径千分尺调整尺寸

弹簧秤是利用弹簧的形变与外力成正比的关系制成的测量作用力大小的装置。

弹簧秤分为压力型和拉力型两种类型。压力弹簧秤的托盘承受的压力等于物体的重力，秤盘指针旋转的角度指示所受压力的数值。拉力弹簧秤的下端和一个钩子连在一起（这个钩子是与弹簧下端连在一起的），弹簧的上端固定在壳顶的环上。将被测物挂在拉力弹簧秤的钩上，弹簧即伸长，而固定在弹簧上的指针随着下降。由于在弹性限度内，弹簧的伸长与所受外力成正比，因此作用力的大小或物体重力可从弹簧秤的指针指示的外壳上的标度数值直接读出。

注意事项：

1) 在使用时，应注意所测的重力或力不要超过弹簧秤的量度范围。

2) 检查在弹簧秤未挂物体时指针是否指在零刻度，若不在零刻度应进行修正。

3) 挂物体前，最好轻轻地来回拉动挂钩几次，防止弹簧指针卡在外壳上。

4) 勿使弹簧和指针跟外壳摩擦，以免误差过大。

四、量具的维护和保养

量具是用来测量工件尺寸的工具，在使用过程中应加以精心的维护与保养，才能保证零件的测量精度，延长量具的使用寿命。

1) 在使用前应擦干净，用完后必须拭洗干净、涂油并放入专用量具盒内。

2) 量具在使用过程中，应放在规定的地方，不要和工具、刀具等堆放在一起，以免碰伤量具。

3) 量具是测量工具，绝对不能作为其他工具的代用品。

4) 不能用精密量具去测量毛坯尺寸、运动着的工件或温度过高的工件，测量时用力要适当。

5) 量具如有问题，不能私自拆卸修理，应找实习指导教师处理。精密量具必须定期送计量部门鉴定。

五、评分标准

序号	考核项目	配分	考核内容	评分标准	扣分	得分	考核记录
1	工作态度	10	迟到、早退、旷工	迟到、早退每次扣5分，旷课1节扣10分			
			嬉戏打闹	酌情扣分			
			认真、严谨、团结、协作	酌情给分			
2	安全文明操作	10	遵守安全操作规程，正确使用量具，操作现场整洁	酌情给分			
			安全用电、火，无人身、设备事故	若因违规操作发生重大人身和设备事故，按0分计			
3	考核过程	10	对量具结构原理的熟练程度	根据叙述和操作内容是否正确酌情给分			
		15	量具的认知程度	根据叙述和操作内容是否正确酌情给分			
		15	正确选择量具类别、型号	根据叙述和操作内容是否正确酌情给分			
		30	量具的正确使用方法和读数方法	根据叙述和操作内容是否正确酌情给分			
4	考核结果	10	任务完成时间	酌情给分			
			任务完成质量	酌情给分			
5	分数	100					

六、实训报告

实训项目：_____

姓名：_____　　　　班级：_____
学号：_____　　　　日期：_____

一、工具和材料
答：_____
_____

二、实训练习
1. 游标卡尺的功用是什么？应如何使用？
答：_____
_____
_____
_____

2. 外径千分尺有何用途？应如何使用？
答：_____
_____
_____
_____

3. 内径百分表有何用途？应如何使用？
答：_____
_____
_____
_____

三、指导教师评语
_____
_____
_____
_____

项目二

汽车发动机的拆装与调整

实训任务3　机体组的拆装及检测

一、实训目标

1. 知识目标

1）通过对典型发动机机体组的拆装,掌握机体组各部件的名称、作用和发动机的解体方法和步骤。

2）通过对气缸体检验及缸体平面的修理,熟悉发动机气缸体的结构特点以及主要配合面的检查部位和测量方法。

2. 技能目标

1）能正确使用刀口尺、塞尺、内径量表等工具。

2）能熟练进行发动机外部附件的拆卸。

3）掌握机体组和气缸盖的拆卸方法。

4）掌握缸体平面修理工艺。

5）能准确测量气缸体的平面度和主轴承座孔的圆度。

二、实训设备、仪器和工具

1. 实训设备

典型车型的发动机、相关挂图或图册。

2. 实训工具

发动机拆装常用工具及专用工具、套筒扳手、扭力扳手、刀口尺、塞尺、内径量表。

三、相关知识

机体组主要由气缸体、曲轴箱、油底壳、气缸套、气缸盖、气缸垫和发动机支承等组成。

1. 气缸体

气缸体是组装发动机各机构和系统的基础件,并由它来保持发动机各运动件相互之间的准确位置关系。气缸体一般由铸铁材料组成,也有的用铝合金制成。气缸体具体结构形式分为一般式气缸体、龙门式气缸体和隧道式气缸体三种。

2. 气缸套

气缸套分为干式和湿式两种。

干式缸套不直接与冷却液接触，壁厚一般为 1~3mm。

湿式缸套与冷却液直接接触，壁厚一般为 5~9mm。

3. 气缸盖

气缸盖密封气缸，并与活塞顶、气缸内壁上部共同形成燃烧室。水冷式气缸盖有整体式、分体式和单体式三种结构形式。

汽油机燃烧室由活塞顶部及缸盖上相应的凹部空间组成。

对燃烧室的基本要求：一是结构要尽可能紧凑，冷却面积要小，以减小热量损失及缩短火焰行程；二是使混合气在压缩终了时具有一定的涡流运动，以提高混合气的燃烧速度，保证混合气及时、充分燃烧。

汽油机常见的燃烧室形状有楔形、盆形和半球形三种类型。

4. 气缸垫

安装气缸垫时，应使带卷边的一面朝向易修整的或较硬的平面(不易产生压痕)。

1）气缸盖和气缸体材料同为铸铁时，卷边应朝向气缸盖（易修整）。

2）气缸盖材料为铝合金、气缸体材料为铸铁时，卷边应朝向气缸体（硬面）。

3）气缸盖、气缸体材料同为铝合金时，卷边应朝向湿式缸套的凸沿（硬面）。

5. 油底壳

油底壳的主要功能是储存润滑油并封闭曲轴箱。油底壳一般受力很小，多采用薄钢板冲压而成。

四、实训操作

（一）机体组的分解

1. V带及同步带的拆卸（图3-1）

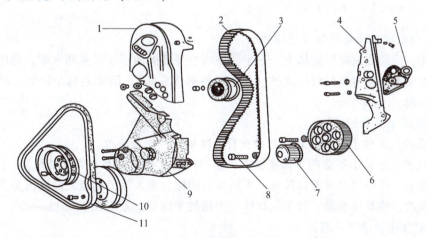

图 3-1 发动机前端零部件

1—同步带上护罩 2—同步带 3—同步带张紧轮 4—同步带护罩 5—塞盖 6—中间轴同步带轮
7—主轴同步带轮 8—主轴同步带轮紧固螺栓 9—同步带下护罩 10—主轴带轮 11—V带

1）旋松发动机撑紧臂的固定螺栓，拆卸水泵、发动机的传动带。

2）拆卸水泵带轮、曲轴带轮，拆卸同步带上防护罩。注意观察正时标记。

3）旋松同步带张紧轮紧固螺母，转动张紧轮的偏心轴，使同步带松弛，取下同步带。

4）拆下曲轴同步带轮、中间轴同步带轮，拆下同步带后防护罩。

2. 发动机外部附件的拆卸

1）拆卸水泵上尚未拆卸的连接管。

2）拆卸水泵、发电机、起动机、分电器、汽油泵、机油滤清器、进气歧管、排气歧管、火花塞等。

3. 发动机机体解体

1）放出油底壳内的润滑油，拆下油底壳，更换润滑油密封衬垫。

2）拆卸机油泵、机油滤清器。

3）拆卸气门室罩，更换气门室罩密封垫（图3-2）。

4）拆下气缸盖。其螺栓应从两端向中间分次、交叉拧松，拆卸顺序如图3-3所示。

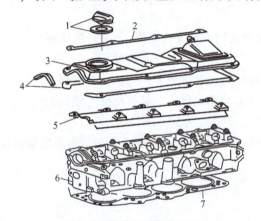

图 3-2　发动机缸盖分解图

1—加油盖　2—压条　3—气缸盖罩　4—气门罩垫
5—润滑油反射罩　6—气缸盖　7—气缸垫

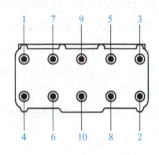

图 3-3　气缸盖螺栓拆卸顺序

（二）气缸体检验及缸体平面修理

检验前，应彻底清理气缸体上、下平面及内、外部的油污、积炭和水垢。使用刮刀将气缸体接触表面上所有衬垫材料清除掉（注意不要刮伤表面），消除毛刺并铲平或刮平螺孔周围的轻微凸起。

1. 气缸体上平面的检验

（1）检验气缸体上平面的外观　检查有无磨损、损伤及裂纹。

（2）检测气缸体上平面的平面度误差　将刀口尺放在气缸体上平面如图3-4中直线所示的6个位置上，用塞尺测量刀口尺与上平面间的间隙。塞入塞尺的最大厚度值是变形量，即为平面度误差。检验标准是：轿车气缸体上平面的平面度误差不大于0.15mm。

2. 气缸体主轴承座孔的检验

1）对主轴承座孔外观进行初步检验，检查有无磨损、拉伤及裂纹。

2）将主轴承盖装上并按规定力矩拧紧螺栓。

3）检测主轴承座孔圆度及圆柱度。用内径量表沿圆周测量两点，沿轴线方向测量两处，如图3-5所示。

4）计算主轴承座孔圆度及圆柱度，计算公式为：

圆度＝$(D_{max}-D_{min})/2$，D_{max}、D_{min}分别为同一横截面内最大、最小测量直径；

圆柱度＝$(D_{max}-D_{min})/2$，D_{max}、D_{min}分别为全部测量值中的最大、最小直径。

检验标准（以轿车为例）为主轴承座孔的圆度及圆柱度：对于铸铁气缸体不大于0.01mm，对于铝合金气缸体不大于0.015mm。

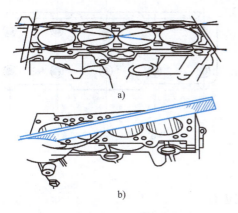

图3-4　气缸体上平面平面度检测　　　　图3-5　气缸体主轴承座孔检测

5）检测主轴承座孔的同轴度。可用标准心轴进行检测，心轴的直径应比主轴承座孔径的最小尺寸小。检验时，将所有的轴承瓦片卸去，将心轴放入，然后从中间开始逐个将主轴承盖装上，按规定力矩拧紧主轴承盖螺栓，一边拧紧螺栓，一边转动心轴，找出各主轴承孔的同轴度误差。如果拧紧主轴承盖螺栓后心轴不能转动，则此孔同轴度误差超过检验标准。在实际修理中，可用配套的标准曲轴代替心轴，但应按规定装配主轴承盖。

3. 气缸体螺纹的检验

1）对螺纹外观进行初步检验，检查有无拉伤、滑行脱牙。螺纹的拉伤不应多于2个牙。

2）检查螺孔孔口，其周围应无明显凸起。对于主要部位的螺纹，将标准螺栓用手拧入2/3以上深度时，应无明显的松旷感。

4. 缸体平面修理

1）对于气缸体上、下平面翘曲变形量较大的情况，采用铣削或磨削的方法来修整。

① 选择定位基准。为保证气缸轴线与主轴承座孔的垂直度，应选择气缸体主轴承座孔中心线为基准；如果气缸体底平面变形小，也可作为定位基准。此时，应对气缸下平面进行检验和修整。

② 将气缸体垂直地放在铣床或磨床平台的两块垫铁上，两块垫铁分别支承在第一道和最后一道轴承盖的结合面上，使其贴合好并装卡牢固。

③ 进行平面的铣削或磨削。总磨削量不宜过大，0.24~0.50mm为宜，否则将使气缸压缩比的变化过大。

2）对于气缸体上、下平面变形量不大的情况，可采用下述两种方法来修整：

① 用铲削的方法进行修平。用铲刀修刮气缸体平面的凸出部分，应一边检查一边铲刮，直至平面度达到技术要求为止。

② 用研磨的方法进行修平。在气缸体平面上涂些研磨膏，把气缸盖放在气缸体上扣合

研磨修复，直至平面度达到技术要求为止。

（三）机体组的装配

装配时，按照拆卸相反的顺序进行，各部件应按规定力矩拧紧。注意转动凸轮轴时，曲轴不得位于上止点，以免损坏气门或活塞顶部。

1）安装油底壳，安装机油滤清器、机油泵。

2）安装气缸盖，其螺栓应从中间向两端拧紧，顺序如图 3-6 所示。一般应预紧所有螺栓至 40N·m，然后用扳手将所有螺栓再拧紧 1/4 圈，最后将所有螺栓拧紧 1/4 圈。

3）注意正时标记，装上正时同步带，检查、调整其松紧度。

4）装复发动机的外部附件。

5）安装 V 带及同步带，检查同步带的张紧度。

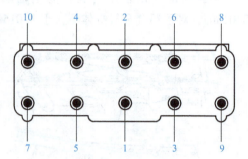

图 3-6 气缸盖螺栓装配顺序

五、注意事项

1）在拆卸与拧紧气缸盖螺栓时，应按照规定进行。

2）拆卸正时同步带后，不得随意转动凸轮轴。

3）观察气缸垫的安装方向（OPEN、TOP 向上）。

4）观察装配标记并做好装配记号。

六、评分标准

序号	考核项目	配分	考核内容	评分标准	扣分	得分	考核记录
1	工作态度	10	迟到、早退、旷工	迟到、早退每次扣 5 分，旷课 1 节扣 10 分			
			嬉戏打闹	酌情扣分			
			认真、严谨、团结、协作	酌情给分			
2	安全文明操作	10	遵守安全操作规程，正确使用工具、量具，操作现场整洁	酌情给分			
			安全用电、火，无人身、设备事故	若因违规操作发生重大人身和设备事故，按 0 分计			
3	考核过程	10	机体组的拆卸过程（口述）	根据叙述内容是否正确酌情给分			
		10	缸体平面的修理方法（口述）	根据叙述内容是否正确酌情给分			
		15	测量气缸体上平面的平面度	根据操作内容是否正确酌情给分			
		15	测量气缸体主轴承座孔的圆度	根据操作内容是否正确酌情给分			
		20	机体组的装配	根据操作内容是否正确酌情给分			
4	考核结果	10	任务完成时间	酌情给分			
			任务完成质量	酌情给分			
5	分数	100					

项目二 汽车发动机的拆装与调整

七、实训报告

实训项目：_____

姓名：_____　　班级：_____
学号：_____　　日期：_____

一、工具和材料
答：_____
_____

二、实训练习
1. V 带及同步带的拆卸步骤是怎样的？
答：_____
_____
_____

2. 发动机机体解体的顺序如何？
答：_____
_____
_____

3. 机体组的拆装及检测注意事项有哪些？
答：_____
_____
_____

三、指导教师评语
_____
_____

实训任务4　活塞连杆组的拆装及检测（一）

一、实训目标

1. 知识目标

1）掌握活塞连杆组的组成及结构特点。
2）掌握活塞与气缸配合间隙及偏缸的检测方法。

2. 技能目标

1）能掌握活塞连杆组的拆装技能。
2）能准确测量气缸及活塞直径。
3）能准确检测出偏缸的方向及大小。

二、实训设备、仪器和工具

1. 实训设备

典型车型的发动机。

2. 实训工具

内径百分表、千分尺、塞尺、活塞环、活塞销卡环、活塞销拆装专用工具、活塞环三隙检验用的量具、常用拆装套筒等。

三、相关知识

活塞连杆组由活塞、活塞环、活塞销、连杆和连杆轴瓦等组成。

活塞是发动机的重要传力机构，活塞与缸盖、气缸形成密闭的容器，保证工作过程的顺利进行，同时将燃气压力变为动力通过连杆传给曲轴输出。

根据活塞的工作条件，对活塞的要求是：

1）有足够的刚度、强度和耐热性，以承受燃气的高温高压。
2）加工精度要求高，保证密封又不增加磨损。
3）尽量降低质量，以减少惯性载荷。
4）润滑性和耐磨性良好，以提高寿命。

铝合金材料基本上满足上面的要求，因此，活塞一般都采用高强度铝合金。

活塞的基本结构可分为顶部、头部、裙部三部分。

（1）活塞顶部　活塞顶部形成燃烧室的底部，主要有平顶、凹顶和凸顶等几种形式，具体形状取决于燃烧室的要求。

（2）活塞头部　活塞头部是活塞环槽以上的部分。其主要作用有：①承受压力并传给连杆；②与活塞环一起实现气缸的密封；③将活塞顶吸收的热量通过活塞环传导到气缸壁上。头部切有若干道用以安装活塞环的环槽。汽油机一般有2~3道环槽，上面1~2道用以安装气环，下面一道用以安装油环。

（3）活塞裙部　自油环槽下端面起至活塞底面的部分称为活塞裙部，其作用是为活塞在气缸内做往复运动导向和承受侧压力。

四、实训操作

(一) 活塞连杆组的分解

1. 活塞连杆组的拆卸

1) 按照由上至下的顺序拆卸外围附件。

2) 拆卸缸盖。注意将缸盖螺栓按照由两端向中间对称分数次旋松,以免缸盖变形。

3) 拆卸油底壳。

4) 检查活塞顶部的装配标记。若无,则打上标记并标明气缸号(从带盘端计起)。

5) 转动曲轴,将准备拆卸的连杆相对应的活塞转至下止点。

6) 拆下连杆螺母,取下连杆大头盖、轴承,并按次序放好。

7) 用橡胶锤或锤子木柄推出活塞连杆组(应事先刮去气缸上的台阶,以免损坏活塞环)。注意不要倾斜,不要硬撬、硬敲,以免损坏气缸。

8) 取出活塞连杆组后,应将连杆轴承盖、螺栓螺母按原位装回,并检查连杆的装配标记。标记应朝向带盘,连杆和连杆大头盖上打上对应缸号。

2. 活塞连杆组的分解

1) 用活塞环装卸钳拆下活塞环,如图 4-1 所示。观察活塞环上的标记,"TOP"朝向活塞顶。

2) 拆卸活塞,加热到 60℃,拆下活塞销。

(二) 活塞与气缸配合间隙及偏缸的检测

1. 检测活塞与气缸配合间隙

(1) 测量气缸直径

1) 根据气缸直径的尺寸选择合适的测量接杆,并将其固定在内径百分表杆的下端。接杆固定好后与活动测杆的总长度应与被测气缸的尺寸相适应。

图 4-1 拆卸活塞环

2) 校正内径百分表的尺寸,将千分尺校正到被测气缸的标准尺寸,再将内径百分表校准到千分尺的尺寸,并使伸缩杆有 2mm 左右的压缩行程,旋转表盘,使表针对正零位。

3) 将内径百分表的测杆伸入到气缸上部(图 4-2a),对准第 1 道活塞环在上止点位置时所对应的气缸壁(图 4-2c 所示的 A 位置),分别测量垂直和平行于曲轴轴线方向的气缸直径即可(图 4-2b 所示的①、②方向)。

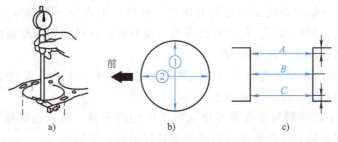

图 4-2 量缸步骤

4) 将内径百分表下移,用同样方法测量气缸中部和下部的直径。气缸中部为上、下止点中间位置,如图 4-2c 所示的 B 位置,气缸下部为距离气缸下边缘 10mm 左右处,如

图 4-2c 所示的 C 位置。

5）用内径百分表进行测量时，应注意使测杆与气缸轴线保持垂直，以达到测量的准确性，如图 4-3 所示。当摆动内径百分表，其指针指示到最小读数时，即表示测杆已垂直于气缸轴线，这时才能记录读数；否则，测量不准确。

在上述测量中，其最大、最小读数即为某气缸的最大缸径 D_{max}、最小缸径 D_{min}。

6）计算气缸的圆度和圆柱度：

圆度 = $(D_{max} - D_{min})/2$，D_{max}、D_{min} 分别为同一横截面内最大、最小测量直径；

圆柱度 = $(D_{max} - D_{min})/2$，D_{max}、D_{min} 分别为全部测量值中的最大、最小直径。

（2）测量活塞直径　用外径千分尺从活塞裙部底边向上约 15mm 处测量活塞的横向（即垂直于活塞销）直径 d，如图 4-4 所示。

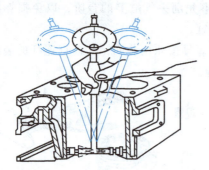

图 4-3　内径百分表的使用方法

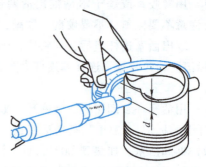

图 4-4　活塞直径的测量

（3）计算活塞与气缸的配合间隙

$$\Delta_{min} = D_{min} - d; \quad \Delta_{max} = D_{max} - d$$

（4）活塞与气缸间隙标准　直径为 100mm 的铸铁活塞取 0.05~0.07mm；直径为 100mm 的铝合金活塞取 0.06~0.10mm。活塞与气缸配合间隙既不能过大，也不能过小。如果间隙过小，随着发动机温度的上升，由于活塞的膨胀，将引起"粘缸"；相反，若间隙过大，将出现活塞的敲缸和窜气现象。如果测量计算所得的活塞与气缸间隙超过上述标准，则可根据气缸磨损量（$D_{max} - D_{min}$）的大小判定是否需进行镗缸。当小型汽车气缸磨损量超过 0.15mm、中型汽车超过 0.2mm 时，需进行镗缸。如果不超过上述范围，只需更换活塞环。

2. 活塞偏缸的检测

偏缸指活塞在气缸中沿活塞顶圆周方向与气缸的间隙大小不等的现象，俗称"困缸"。它将造成气缸内壁一侧的偏磨，使密封性不良以及曲柄连杆机构加速磨损，特别是气缸内壁的加剧磨损。活塞偏缸的检测步骤为：

1）将不带活塞环的活塞连杆组合件按规定装入气缸中，主轴承盖和连杆轴承盖应按规定力矩拧紧，转动曲轴，使活塞处于上（或下）止点。

2）检查连杆小端两侧与活塞销座座孔内端两侧的距离、活塞与缸壁的距离是否相同。如果不同，则是气缸轴心线产生了偏移或活塞连杆组件有了偏斜。

3）用塞尺测量活塞头部各方向与气缸壁间的间隙。若间隙相同，即表示配装合适；若相对间隙相差很大，甚至在某一方向没有间隙，即表示有"偏缸"现象。另外，也可根据长期的修理经验，从气缸下体察看其漏光情况来判断是否偏缸。

4）活塞偏缸检验标准为偏斜量在 100mm 长度范围内不大于 0.03mm。

3. 活塞椭圆度的检测

许多活塞都制成椭圆形，其短轴在活塞销方向上。活塞圆度的检测应在圆度检验仪上进行。其圆度的值是 0.40mm。

（三）活塞连杆组的装配

1. 安装活塞销锁环

安装活塞销锁环时，锁环与活塞销端面应有 0.15mm 的间隙，以满足活塞销和活塞热胀冷缩的需要。

2. 安装活塞环

第一道环是矩形环，第二道环是锥形环，油环为组合环，用活塞环装卸钳依次装好。注意："TOP"朝向活塞顶，3 道环开口错开 120°，第一环开口位置与活塞销中心错开 45°。

3. 将活塞连杆组件装入气缸

1）将 1 缸曲柄转到下止点位置，取下 1 缸的活塞连杆总成（不带连杆轴承盖，上瓦片应放在座内，将油孔对正），将各部位进行预润滑，并检验各环开口是否处于规定方位。

2）用夹具收紧各环。按活塞顶装配标记将活塞连杆从气缸顶部装入缸筒，用手引导连杆使其对准连杆轴颈，用木锤柄将活塞推入。

3）按装配标记装合 1 缸连杆轴承盖及轴瓦，并按规定力矩交替拧紧连杆螺母。

拧紧力矩：M9×1　　　45N·m

　　　　　M8×1　　　30N·m

4）按上述方法，顺序装合各缸活塞连杆组。

五、注意事项

1）安装活塞和连杆时，应认清标记、对正方向。

2）活塞冷却后，再检测活塞裙部的椭圆度。若发现有反椭圆现象，即属活塞销过紧，应查出原因予以纠正。

3）M8×1 的连杆螺栓为预应力螺栓，在按规定力矩拧紧连杆螺母时，连杆螺栓在弹性变形范围内被拉长，螺栓和螺母之间有较大而稳定的摩擦力，所以螺母不需要防松装置。但在修理过程中，一旦连杆螺母被拆过，就必须更换。

4）装合活塞连杆组时，应每拧紧一次即转动曲轴，确认转动灵活无阻滞感时，再进行第二次拧紧。如此操作直至达到规定力矩。

六、评分标准

序号	考核项目	配分	考核内容	评分标准	扣分	得分	考核记录
1	工作态度	10	迟到、早退、旷工	迟到、早退每次扣 5 分，旷课 1 节扣 10 分			
			嬉戏打闹	酌情扣分			
			认真、严谨、团结、协作	酌情给分			

（续）

序号	考核项目	配分	考核内容	评分标准	扣分	得分	考核记录
2	安全文明操作	10	遵守安全操作规程,正确使用工具、量具,操作现场整洁	酌情给分			
			安全用电、火,无人身、设备事故	若因违规操作发生重大人身和设备事故,按0分计			
3	考核过程	15	活塞连杆组的拆卸顺序（口述）	根据叙述内容是否正确酌情给分			
		15	活塞连杆组装配中各装配标记位置（口述）	根据叙述内容是否正确酌情给分			
		20	组装活塞连杆组	根据操作内容是否正确酌情给分			
		10	测量气缸直径	根据操作步骤是否正确酌情给分			
		10	测量活塞直径	根据操作步骤是否正确酌情给分			
4	考核结果	10	任务完成时间	酌情给分			
			任务完成质量	酌情给分			
5	分数	100					

七、实训报告

实训项目：＿＿＿＿＿＿＿

姓名：＿＿＿＿＿＿＿ 班级：＿＿＿＿＿＿＿

学号：＿＿＿＿＿＿＿ 日期：＿＿＿＿＿＿＿

一、工具和材料

答：＿＿＿＿＿＿＿＿＿＿＿＿＿＿＿＿＿＿＿＿＿＿＿＿＿＿＿＿＿＿＿＿＿＿＿

二、实训练习

1. 活塞与气缸间隙标准是多少？过大和过小有哪些危害？

答：＿＿＿＿＿＿＿＿＿＿＿＿＿＿＿＿＿＿＿＿＿＿＿＿＿＿＿＿＿＿＿＿＿＿＿

＿＿＿＿＿＿＿＿＿＿＿＿＿＿＿＿＿＿＿＿＿＿＿＿＿＿＿＿＿＿＿＿＿＿＿＿＿

2. 活塞偏缸的检验步骤是怎样的？

答：＿＿＿＿＿＿＿＿＿＿＿＿＿＿＿＿＿＿＿＿＿＿＿＿＿＿＿＿＿＿＿＿＿＿＿

＿＿＿＿＿＿＿＿＿＿＿＿＿＿＿＿＿＿＿＿＿＿＿＿＿＿＿＿＿＿＿＿＿＿＿＿＿

3. 安装活塞环的注意事项有哪些？

答：＿＿＿＿＿＿＿＿＿＿＿＿＿＿＿＿＿＿＿＿＿＿＿＿＿＿＿＿＿＿＿＿＿＿＿

＿＿＿＿＿＿＿＿＿＿＿＿＿＿＿＿＿＿＿＿＿＿＿＿＿＿＿＿＿＿＿＿＿＿＿＿＿

4. 活塞连杆组拆装的注意事项有哪些？

答：＿＿＿＿＿＿＿＿＿＿＿＿＿＿＿＿＿＿＿＿＿＿＿＿＿＿＿＿＿＿＿＿＿＿＿

＿＿＿＿＿＿＿＿＿＿＿＿＿＿＿＿＿＿＿＿＿＿＿＿＿＿＿＿＿＿＿＿＿＿＿＿＿

三、指导教师评语

＿＿＿＿＿＿＿＿＿＿＿＿＿＿＿＿＿＿＿＿＿＿＿＿＿＿＿＿＿＿＿＿＿＿＿＿＿

＿＿＿＿＿＿＿＿＿＿＿＿＿＿＿＿＿＿＿＿＿＿＿＿＿＿＿＿＿＿＿＿＿＿＿＿＿

实训任务5 活塞连杆组的拆装及检测（二）

一、实训目标

1. 知识目标

1) 掌握活塞环的组成与结构特点以及活塞环的工作原理。
2) 掌握连杆的组成与结构特点。

2. 技能目标

1) 能正确测量活塞环的三隙。
2) 能正确选配、安装活塞销。
3) 能准确检测出连杆的各种弯、扭变形。

二、实训设备、仪器和工具

1. 实训设备

待测连杆及活塞销、活塞、活塞环、与活塞配套的气缸、清洗剂、油盆、钢丝刷。

2. 实训仪器

连杆检验仪、活塞环弹力检验器。

3. 实训工具

塞尺、千分尺、内径量表、活塞环装卸钳、刮刀、维修工具、电加热器。

三、相关知识

1. 活塞环

活塞环分为气环和油环。

气环的作用是保证活塞和气缸壁间的密封，还可将活塞顶部的大部分热量传导到气缸壁，再由冷却液或空气带走。通常每个活塞装有2~3道气环。气环按断面形状分有矩形环、锥形环、扭曲环、梯形环和桶形环。

油环用来刮除气缸壁上多余的润滑油，并在气缸壁上铺涂一层均匀的润滑油膜。此外，油环也起到封气的辅助作用。通常每个活塞有1~2道油环。油环分为整体式和组合式两种。

2. 活塞环的三隙

发动机工作时，活塞、活塞环都会发生热膨胀。活塞环既相对于气缸上下运动，又相对于活塞横向移动，因此活塞环在安装时应留有端隙、侧隙、背隙三处间隙。

（1）端隙 指活塞环平装在气缸内时两端头的间隙（开口处呈现的间隙），是为防止活塞环受热膨胀而卡死在气缸内而设置的。

（2）侧隙 又称边隙，指活塞环与环横侧壁之间的间隙。

（3）背隙 指活塞与活塞环装入气缸后，活塞环内圆柱面与活塞环槽底面的间隙。背隙可加强活塞环工作面的密封作用。

(4) **活塞环的检验** 包括活塞环弹力检验、活塞环的漏光度检验及活塞环三隙的检验。

3. 活塞销

(1) 功用 连接活塞与连杆,并将活塞所受的燃气压力传给连杆。

(2) 工作条件 活塞销承受着很大的周期性的冲击载荷,为此,要求活塞销有足够的强度和刚度。

(3) 分类 按活塞销与活塞销座的连接形式分为全浮式活塞销和半浮式活塞销。

4. 连杆组

连杆是活塞与曲轴连接的部件,其功用是将活塞承受的力传给曲轴,并将活塞的往复运动变为曲轴的旋转运动。

连杆分为大头、小头和杆身三部分。

(1) 连杆小头 连杆小头除传力外还相对于活塞销做往复摆动。因此,在要求强度和刚度的同时还要求耐磨和减少摩擦力。为此一般在连杆小头孔中压入减摩的青铜衬套。

(2) 连杆杆身 连杆杆身承受交变载荷的作用,因此连杆杆身大部分采用"工"字形的断面。

(3) 连杆大头 连杆大头与曲轴上的连杆轴颈相连接,因此要求有足够的强度和刚度,以保证整机的可靠性。

四、实训操作

(一) 连杆检测

1. 连杆大端孔的检测

1) 将连杆大端的轴承盖装好,不装轴承(瓦),并按规定力矩拧紧螺栓、螺母。

2) 用内径量表测量连杆大端孔的一组直径(4个),测量位置如图 5-1 所示的 $A_{前}$、$B_{前}$、$A_{后}$、$B_{后}$,并按下式计算圆度和圆柱度:

圆度 $=(D_{max}-D_{min})/2$,D_{max}、D_{min} 分别为同一横截面内最大、最小测量直径;

圆柱度 $=(D_{max}-D_{min})/2$,D_{max}、D_{min} 分别为全部测量值中的最大、最小直径。

2. 连杆变形的检测

连杆变形的检测可在连杆检验仪中的直线度检验仪上进行,如图 5-2 所示。直线度检验仪由检验平板、可调心轴、三点量规等组成。

1) 将连杆大端的轴承盖装好,不装轴承(瓦),并按规定力矩拧紧螺栓、螺母。

2) 检查连杆大、小端孔有无损伤,确认大端轴承孔的圆度、圆柱度是否符合技术要求。

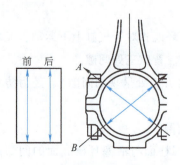

图 5-1 连杆大端孔的检测

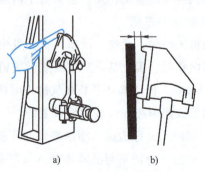

图 5-2 连杆弯曲、扭曲的检测

3)装上已经铰配好的活塞销。

4)将连杆大端装到直线度检验仪的可调心轴上,使心轴定心块向外扩张,把连杆固定在检验仪上。

5)将带有V形块的三点量规轻轻跨放在连杆小头的活塞销上,轻轻移动,使三点量规的测点接触检验平板。三点量规上的三测点共面,且与V形块垂直,下面两测点间的距离为100mm,上测点与两下测点连线的垂直距离也是100mm。

6)用塞尺测量三点量规的各测点与检验平板间的间隙值,并记录数据,即可判断连杆的弯曲、扭曲的变形情况。

① 竖直:检测时,如果三点量规的3个测点都与检验平板接触,说明连杆既无弯曲也无扭曲。

② 弯曲:若上测点与平板接触、下面两测点与平板不接触,且与平板的间隙相等,或下面的两测点与平板接触而上测点与平板不接触,则表明连杆发生了弯曲。这时测得的间隙值即为连杆在100mm长度上的弯曲度值。如果上测点与两下测点连线的垂直距离不是100mm,而是 a(mm),则将测得的间隙值折算到100mm上得到的间隙值即为弯曲度值。其计算公式为

$$弯曲度 = 间隙值 \times 100 / a$$

③ 扭曲:如果只有一个下测点与平板相接触,且上测点与平板的间隙等于另一个测点与平板间隙的一半,此时,下测点与平板的间隙值即为连杆在100mm长度上的扭曲度值。如果下面两测点间的距离不是100mm,则将测得的间隙值折算到100mm上得到的间隙值即为扭曲度值。

④ 弯、扭并存:当一个下测点与平板接触时,另一个下测点与平板的间隙即为连杆在100mm长度上的扭曲度值;上测点与平板的间隙和下测点与平板间隙的一半的差值,即为连杆在100mm长度上的弯曲度值。如果只有一个上测点与平板接触时,两下测点与平板的间隙差为扭曲度值;两下测点与平板的间隙和值的一半为弯曲度值。如果上测点到两下测点连线的垂直距离、下面两测点间的距离不是100mm,则将测得的间隙值折算到100mm上得到的间隙值即为弯曲度值、扭曲度值。

⑤ 双重弯曲:如图5-3所示,检测时,将连杆大端端面与平板靠紧,测出连杆小端端面与平板的距离 a;将连杆翻转180°,用同样的方法测出距离 b。若两次测得的数值不等,说明连杆有双重弯曲,两次测得的数值之差 $(a-b)$ 即为双重弯曲值。

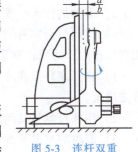

图5-3 连杆双重弯曲的检测

连杆在100mm长度上的弯曲度值应不大于0.03mm,扭曲度值应不大于0.06mm。超过标准数值时,应进行连杆校正。

(二)活塞环的检测与装配

1. 活塞环的检测

(1)活塞环弹力的检测 活塞环的适当弹力是保证气缸密封性的主要条件之一。若弹力过大,会增加摩擦损耗;若弹力过小,不能起到良好的密封作用,引起气缸的漏气、窜油。活塞环的弹力检测应在检验器上进行,如图5-4所示。

1)将活塞环竖直地放在弹力检验器的凹槽里,把活塞环的开口间隙放置在垂直于杠杆

向外的位置。

2)将杠杆压在活塞环上,移动杠杆上的量块,按规定所需的力使活塞环的开口端隙压至标准数值时,若弹力大小符合规定的技术要求,活塞环的弹性即为合格。

(2) 活塞环漏光度的检测　其目的是察看活塞环与气缸壁的贴合情况。漏光度过大,活塞环局部接触面积小,易造成漏气和润滑油上窜现象。选配活塞环时,应进行漏光的检测。

1)将活塞环平置于气缸内,再将活塞环内圈用轻质盖板盖住,以盖板外圆不接触气缸壁为准,在气缸下部放置光源,如图5-5所示。

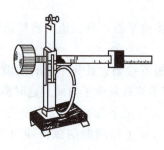

图 5-4　活塞环弹力检测

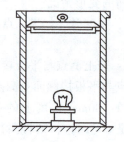

图 5-5　活塞环漏光度检测

2)活塞环漏光度的一般技术要求:在活塞环开口端左右30°范围内不允许有漏光现象,同一根活塞环上的漏光不应多于两处,每处漏光弧长所对应的圆心角不得超过25°,同一活塞环上的漏光弧长所对应的圆心角总和不超过45°,漏光处的缝隙应不大于0.03mm。

(3) 活塞环端隙的检测

1)将活塞环置于待配的气缸内,用活塞顶部将活塞环推到气缸下部未磨损处,使环平行于气缸体平面。

2)取出活塞,用塞尺插入开口处进行测量,如图5-6所示。

3)端隙的技术标准:缸径每100mm,端隙为0.25~0.45mm。

(4) 活塞环侧隙的检测　侧隙过大将影响活塞环的密封作用,过小则可能使活塞环卡死在环槽内,造成拉缸事故。

1)将活塞环放在环槽内,围绕环槽转动1周,活塞环应能自由地转动,既不松动又无阻滞现象。

2)用塞尺测量其间隙的大小,如图5-7所示,应符合技术要求。

3)侧隙的技术标准:轿车活塞环侧隙一般为0.02~0.07mm。

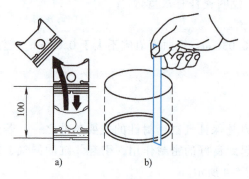

图 5-6　活塞环端隙的检测

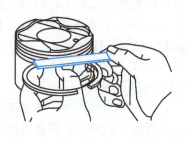

图 5-7　活塞环侧隙的检测

（5）活塞环背隙的检测

1）用游标卡尺的深度尺测量活塞环槽深。
2）用游标卡尺测量活塞环宽。
3）活塞环槽深与环宽的差值即为背隙值。检测的背隙值应符合规定的技术要求。
4）背隙的技术标准：轿车活塞环背隙一般为0~0.35mm。

2. 活塞环的装配

活塞环经过上述的检测合格后，就可以装配到活塞上了。

（1）清洗活塞

1）使用衬垫刮刀将活塞顶部积炭清理掉，如图5-8a所示。
2）用带槽的清理工具或断环清理活塞环槽，如图5-8b所示。
3）用溶剂和刷子彻底清洗活塞，如图5-8c所示。注意不要使用钢丝刷。

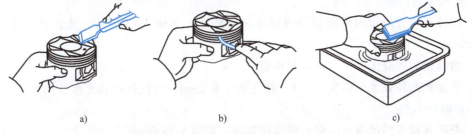

图5-8 清洗活塞

（2）安装活塞环　按油环和气环的顺序逐个装配。

1）油环安装：普通油环用手直接安装，如图5-9a所示。对于组合式（三片式）油环的装配，首先选择适当的油环扩张器（胀簧架或膨胀环），将油环装入活塞环槽内，再装上、下刮片，先将刮片一端装入活塞环槽内，利用手指将剩余部分慢慢细心地压入槽内，如图5-9b所示。

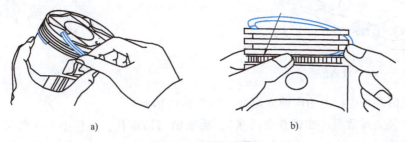

图5-9 油环的安装
a）普通油环的安装　b）三片式油环刮片的安装

2）气环安装：安装时，要使用活塞环装卸钳（图5-10a），并使有字的一面朝上（图5-10b），不可装反；否则，将引起漏气、窜油。

3）端口位置的布置：活塞环各端口位置应正确地按圆周均匀分布，绝对不能端口重叠造成漏气、窜油。第1道环的端口应位于活塞销中心线相交的45°处；若活塞环是3道环的，则第1、2两道环的端口应彼此错开120°，第2、3两道环的端口应彼此错开120°；若活塞环是4道环的，则第1、2两道环的端口应彼此错开180°，第2、3两道环的端口应彼此错开90°，第3、4两道环的端口应彼此错开90°，如图5-11所示。

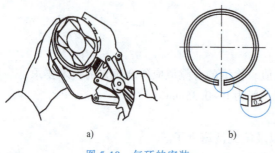
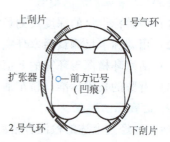

图 5-10 气环的安装
a）活塞环装卸钳的使用 b）活塞环的尺寸标记（向上标记）

图 5-11 活塞环端口位置布置

（三）活塞销的检测与装配

1. 活塞销的检测

1）用外径千分尺检测活塞销外圆圆度和圆柱度，如图 5-12 所示，其误差一般不得大于 0.005mm。

2）活塞销表面应无锈蚀、斑点和伤痕。

3）活塞销的外表面粗糙度 Ra 值一般应小于 0.2mm，以便保持和支撑油膜。

2. 活塞销的装配

1）把活塞浸入温度为 60~80℃ 的油中加热，如图 5-13 所示。

2）在活塞销上涂一层润滑油。

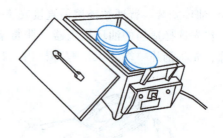

图 5-12 检测活塞销

图 5-13 活塞加热

3）对正活塞与连杆上的向前方记号，如图 5-14 所示。

4）对于轻金属活塞（如铝合金活塞），活塞销与销座孔、连杆小头一般采用全浮式的配合方式，如图 5-15 所示。其配合间隙一般为 0.0025~0.005mm。装配时，用大拇指即可把活塞销压入活塞销座孔内，如图 5-16 所示。用尖嘴钳夹紧活塞销挡圈，把它压缩到能进入环槽即可，如图 5-17 所示。用尖嘴钳调整挡圈的开口方向，使它朝向活塞裙部。因为活塞运行时，挡圈上部应力最大。

对于铸铁活塞，活塞销与销座孔、连杆小头一般采用半浮式的配合方式。活塞销夹紧在连杆小端中，活塞销可以在活塞销座孔内作微量转动，如图 5-18a 所示；活塞销固定在活塞上，连杆可在活塞销上微量转动，如图 5-18b 所示。还有一种半浮式的配合方式，采用活塞销与活塞销座孔或与连杆小端过盈配合，其配合过盈量一般为 0.003mm。装配活塞销时，用木锤将销敲进活塞销座孔内。

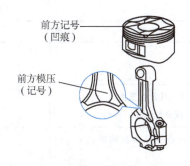
图 5-14 对正活塞与连杆上的向前方记号

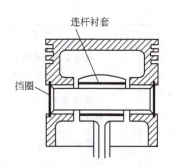
图 5-15 全浮式配合方式

图 5-16 活塞销的装配

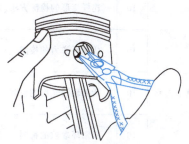
图 5-17 挡圈的安装

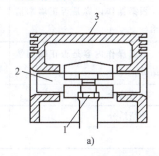
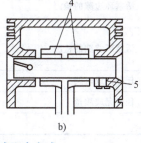

图 5-18 半浮式配合方式
a) 固定连杆小头　b) 固定活塞
1—锁止螺栓　2—活塞销　3—活塞　4—连杆衬套　5—固定活塞螺栓

五、注意事项

1) 安装活塞销时，要用专用工具或加热到60℃进行。
2) 活塞销挡圈开口要与活塞销孔上的缺口错开。
3) 3道活塞环的开口要错开成120°。

六、评分标准

序号	考核项目	配分	考核内容	评分标准	扣分	得分	考核记录
1	工作态度	10	迟到、早退、旷工	迟到、早退每次扣5分，旷课1节扣10分			
			嬉戏打闹	酌情扣分			
			认真、严谨、团结、协作	酌情给分			

(续)

序号	考核项目	配分	考核内容	评分标准	扣分	得分	考核记录
2	安全文明操作	10	遵守安全操作规程,正确使用工具、量具,操作现场整洁	酌情给分			
			安全用电、火,无人身、设备事故	若因违规操作发生重大人身和设备事故,按0分计			
3	考核过程	10	连杆大端孔的检测过程(口述)	根据叙述内容是否正确酌情给分			
		10	连杆变形的检测方法(口述)	根据叙述内容是否正确酌情给分			
		10	活塞环弹力的检测	根据操作内容是否正确酌情给分			
		10	活塞环漏光度的检测	根据操作内容是否正确酌情给分			
		10	活塞环端隙的检测	根据操作内容是否正确酌情给分			
		10	活塞环边隙的检测	根据操作内容是否正确酌情给分			
		10	活塞环背隙的检测	根据操作内容是否正确酌情给分			
4	考核结果	10	任务完成时间	酌情给分			
			任务完成质量	酌情给分			
5	分数	100					

七、实训报告

实训项目:＿＿＿＿＿＿＿＿

姓名:＿＿＿＿＿＿＿＿＿＿ 班级:＿＿＿＿＿＿＿＿＿＿
学号:＿＿＿＿＿＿＿＿＿＿ 日期:＿＿＿＿＿＿＿＿＿＿

一、工具和材料
答:＿＿

二、实训练习
1. 安装活塞环的顺序及方法是怎样的?
答:＿＿

2. 活塞销的检测方法是怎样的?
答:＿＿

（续）

3. 活塞销的装配方法是怎样的？

答：_____

_____

4. 活塞销装配注意事项有哪些？

答：_____

_____

三、指导教师评语

_____

_____

实训任务6 曲轴飞轮组的拆装及检测

一、实训目标

1. 知识目标

1) 掌握曲轴飞轮组各部件的名称、作用和结构特点。
2) 掌握曲轴轴向间隙的检验方法和技术要求。
3) 掌握曲轴主要变形部位的测量方法。

2. 技能目标

1) 能掌握曲轴飞轮组的拆装技能。
2) 能准确发现曲轴的裂纹,能正确检测曲轴的磨损及弯曲、扭曲变形。

二、实训设备、仪器和工具

1. 实训设备

典型车型发动机、平板。

2. 实训工具

磁力表座、百分表、千分尺、曲轴磁力探伤仪、常用工具、常用量具、专用套筒、撬棍、锤子等。

三、相关知识

曲轴飞轮组主要包括曲轴、飞轮和扭转减振器等。

曲轴的功用是把活塞的往复运动变为旋转运动,对外输出功率驱动发动机各辅助系统工作。

曲轴在工作中受到周期性变化的气体压力、往复运动惯性力、旋转运动惯性力及力矩的作用。这些周期性的交变载荷会引起曲轴的振动和疲劳损坏。

曲轴的结构形式可分为整体式与组合式两大类。曲轴可分为主轴颈、曲柄销(又称为连杆轴颈)、曲柄、曲轴前端和曲轴后端5部分。曲轴通过主轴颈支承在主轴承上旋转。

(1) 主轴颈 按照曲轴的主轴颈数,可以把曲轴分为全支承曲轴和非全支承曲轴两种。

(2) 曲柄销 它与连杆大头相连,并在连杆轴承中转动。直列发动机曲柄销数目与气缸数相等,V列发动机曲柄销数目是气缸数的一半。

(3) 曲柄 曲柄是主轴颈与曲柄销的连接部分,也是曲轴受力最复杂、结构最薄弱的环节。曲柄与主轴颈和曲柄销的连接处形状突然变化,存在着严重的应力集中现象,曲轴裂缝或断裂大多数出现在这个部位。

(4) 前端轴与后端轴 前端轴是第一道主轴颈之前的部分,通常带有键槽和螺栓,用来安装正时齿轮、带轮、扭转减振器等。后端轴是最后一道主轴颈之后的部分,一般在其后端装有凸缘盘。飞轮用螺栓紧固在曲轴后端面上。

四、实训操作

下面以桑塔纳轿车发动机为例进行拆装。图6-1所示为曲轴飞轮组分解示意图。

(一) 曲轴飞轮组的拆卸

1) 将气缸体反转倒置在工作台上。
2) 拆卸中间轴密封凸缘。其紧固螺栓的拧紧力矩为 25N·m。
3) 拆卸缸体前端中间轴密封凸缘中的油封。装配时，必须更换。
4) 拆卸中间轴。
5) 拆卸带盘端曲轴油封。
6) 拆卸前油封凸缘及衬垫。
7) 旋出飞轮固定螺栓，从曲轴凸缘上拆下飞轮，如图 6-2 所示。

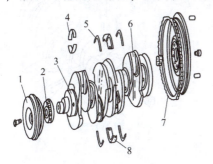

图 6-1 曲轴飞轮组分解示意图
1—带轮 2—正时齿轮 3—曲轴主轴颈 4—连杆轴瓦
5—止动片 6—连杆轴颈 7—飞轮 8—主轴瓦

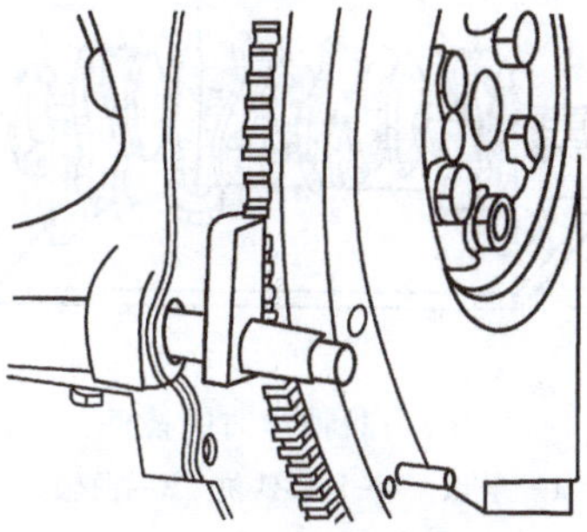

图 6-2 飞轮的拆卸

8) 拆下曲轴主轴承盖紧固螺栓。不能一次全部拧松，必须分次从两端到中间逐步拧松。该螺栓的拧紧力矩为 65N·m。

9) 抬下曲轴，再将轴承盖及垫片按原位装回，并将固定螺栓拧入少许。注意推力轴承定位及开口的安装方向，且轴瓦不能互换。

(二) 曲轴检测

1. 曲轴裂纹的检测

（1）磁力探伤法
1) 清洗曲轴。
2) 用探伤器（仪）将零件磁化。
3) 在零件可能产生裂纹处撒些磁粉。
4) 当磁力线通过裂纹边缘处时，磁粉将会吸附在裂纹处，从而显示出裂纹的部位和大小。

（2）浸油敲击法
1) 清洗曲轴。
2) 将曲轴放在煤油中浸泡片刻。
3) 取出曲轴并擦净表面油膜，然后撒上白粉。
4) 用锤子分段敲击每道曲柄臂，如果有明显油迹出现，则该处有裂纹。

2. 曲轴弯曲的检测

1) 将曲轴两端未磨损的部位放于平板上的 V 形块上，如图 6-3 所示；或将曲轴支持在车床的前、后顶针上，以前端正时齿轮轴颈（未发生磨损部分）及后端装飞轮的突缘为基面。

2）校对中心水平后，用百分表进行测量。

3）百分表的量头应对准曲轴中间的一道（通常此道变形量最大）主轴颈，用手慢慢转动曲轴一圈后，百分表指示的最大摆差的一半即为曲轴的弯曲度。

4）测量时，不可将百分表的量头放在轴颈的中间，而应放在轴颈的一端，如图6-4所示的Ⅰ-Ⅰ或Ⅱ-Ⅱ的位置；否则，会由于轴颈不圆而对曲轴的弯曲量作出不正确的结论。

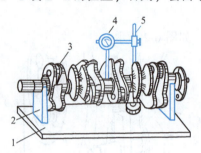

图 6-3　曲轴弯曲的检测

1—平板　2—V形铁块　3—曲轴
4—百分表　5—百分表架

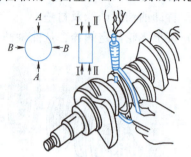

图 6-4　轴颈磨损的检测

检测技术标准（以轿车为例）：弯曲度未超过0.05mm，曲轴可不必校正；弯曲度为0.05~0.10mm时，可在轴颈磨削时一并予以修正；若超过0.10mm，则必须加以校正。

3. 曲轴扭曲的检测

1）曲轴弯曲检测以后，将相对应的两个连杆轴颈（如六缸发动机曲轴的1、6连杆轴颈；四缸发动机曲轴的1、4连杆轴颈）转到水平的位置。

2）用百分表测出相对应的两个连杆轴颈的高度差 ΔA，即为扭转度。

3）计算扭转变形的扭转角 θ：

$$\theta = 360 \cdot \Delta A / 2\pi R = 57\Delta A / R$$

式中　R——曲柄半径，单位为 mm。

4）曲轴扭转一般很微小，可在修磨曲轴轴颈时予以修正。

4. 曲轴轴颈磨损的检测

1）在每一道轴颈上选取两个截面Ⅰ-Ⅰ和Ⅱ-Ⅱ，在每一道截面上取与曲柄平行及垂直的两个方向 A-A 和 B-B，用外径千分尺进行测量，如图6-4所示。

2）计算曲轴轴颈的圆度和圆柱度：

圆度 = $(D_{max} - D_{min})/2$，D_{max}、D_{min} 分别为同一横截面内最大、最小测量直径；

圆柱度 = $(D_{max} - D_{min})/2$，D_{max}、D_{min} 分别为全部测量值中的最大、最小直径。

检测技术标准：轴颈直径在80mm以下的圆度、圆柱度误差不得大于0.025mm；轴颈直径在80mm以上的圆度、圆柱度误差不得大于0.040mm。若超过该值，则需按修理尺寸对轴颈进行磨光。

（三）曲轴飞轮组的装配

1）将经过清洗并擦拭干净的曲轴、飞轮、选配或修配好的轴承、轴承盖及垫片等零件依次摆放整齐，准备装配。

2）将曲轴安装在缸体上。在第三道主轴颈两侧安装止动垫片，垫片上带油槽的减磨合金表面必须朝向曲轴。注意：轴承盖按序号安装，不得装错和装反，并由中间向外对称紧固螺栓（紧固力矩为65N·m）。

3）安装曲轴前、后油封和油封座。

4）安装飞轮和滚针轴承。

新换飞轮时，应在飞轮"0"标记（1、4缸上止点记号）附近打印上点火正时记号。

曲轴后端孔内变速器输入轴的滚针轴承标记应朝外（朝后），外端面应距曲轴后端面1.5mm。

5）检测曲轴的轴向间隙，如图6-5所示。

检测时，先用撬棍将曲轴撬向一端，再用塞尺在止动垫片处测量曲柄与止动垫片之间的间隙。装配新件的间隙值为0.07～0.17mm，磨损极限为0.25mm。如果曲轴轴向间隙过大，则应更换止动垫片。

图6-5 曲轴轴向间隙的测量

五、注意事项

1）对于1、2、4、5道曲轴瓦，只有装在缸体上的那片轴瓦有油槽，装在瓦盖上的无油槽；而第三道轴瓦两片均有油槽。

2）曲轴飞轮组标记：四冲程直列4缸汽油机的飞轮上刻有"1—4缸上止点"的标记，当该标记与飞轮壳前端的刻线对齐时，1、4缸活塞处于上止点位置。

3）曲轴轴承上均有定位凸块，该凸块与轴承座上的凹槽相嵌合。同一道轴承的瓦盖和底座不能分开放置，以免错乱。

六、评分标准

序号	考核项目	配分	考核内容	评分标准	扣分	得分	考核记录
1	工作态度	10	迟到、早退、旷工	迟到、早退每次扣5分，旷课1节扣10分			
			嬉戏打闹	酌情扣分			
			认真、严谨、团结、协作	酌情给分			
2	安全文明操作	10	遵守安全操作规程，正确使用工具、量具，保持操作现场整洁	酌情给分			
			安全用电、火，无人身、设备事故	若因违规操作发生重大人身和设备事故，按0分计			
3	考核过程	15	叙述曲轴飞轮组的拆卸顺序（口述）	根据叙述内容是否正确酌情给分			
		15	简述曲轴弯曲的检测方法（口述）	根据叙述内容是否正确酌情给分			
		10	计算曲轴轴颈的圆柱度	根据计算内容是否正确酌情给分			

（续）

序号	考核项目	配分	考核内容	评分标准	扣分	得分	考核记录
3	考核过程	20	曲轴裂纹的检测	根据操作内容是否正确酌情给分			
		10	计算曲轴轴颈的圆度	根据计算内容是否正确酌情给分			
4	考核结果	10	任务完成时间	酌情给分			
			任务完成质量	酌情给分			
5	分数	100					

七、实训报告

实训项目：_____

姓名：_____　　　　　班级：_____
学号：_____　　　　　日期：_____

一、工具和材料
答：_____
_____

二、实训练习
1. 曲轴的功用有哪些？
答：_____
_____
_____

2. 扭转变形的扭转角 θ 的计算公式是怎样的？
答：_____
_____
_____

3. 曲轴飞轮组的装配顺序是怎样的？
答：_____
_____
_____

4. 曲轴飞轮组拆装的注意事项有哪些？
答：_____
_____
_____

三、指导教师评语
_____
_____

实训任务7　配气机构的拆装及装配

一、实训目标

1. 知识目标

1）掌握发动机配气机构的组成、构造和装配关系。
2）掌握凸轮的结构特点。
3）掌握正确检测凸轮的裂纹、磨损和弯曲变形的方法。

2. 技能目标

1）掌握配气机构的拆检方法和拆装技能。
2）能正确检测凸轮轴的裂纹、凸轮的磨损、凸轮轴的弯曲变形。

二、实训设备、仪器和工具

1. 实训设备

桑塔纳发动机总成和挂图。

2. 实训工具

常用工具和量具、气门拆装专用工具、千分尺、平板、磁力表座、百分表、塞尺、空气压缩机、清洗剂。

三、相关知识

1. 配气机构的作用

配气机构的作用是按照发动机各缸的做功次序和每一气缸工作循环的要求，定时开启和关闭各气缸的进、排气门，配合发动机各缸实现进气、压缩、做功和排气的工作过程。

2. 配气机构的组成

配气机构由气门组和气门传动组组成。

气门组包括气门、气门导管、气门弹簧、气门弹簧座等。

气门传动组主要由凸轮轴、挺柱、推杆、摇臂轴、摇臂及调整螺钉等组成。

（1）凸轮轴　凸轮轴上主要有各缸进、排气凸轮，用以使气门按一定的工作次序和配气相位及时开闭，并保证气门有足够的升程。汽油机的凸轮轴布置在气缸的侧面下方时，一般将驱动汽油泵的偏心轮和驱动分电器的螺旋齿轮设置在凸轮轴上。

（2）摇臂轴　摇臂轴为钢制空心管状，用来套装摇臂。它通过摇臂支座用螺栓固定在气缸盖上。各摇臂之间装有弹簧，其张力将摇臂紧压在支座两侧的磨光面上，以防止摇臂轴向移动。摇臂与轴之间装有青铜衬套。

四、实训操作

下面以桑塔纳轿车发动机配气机构的拆装为例进行介绍。

（一）配气机构的拆卸

桑塔纳轿车的配气机构装配在气缸盖上，气缸盖的分解顺序如下（图7-1）。

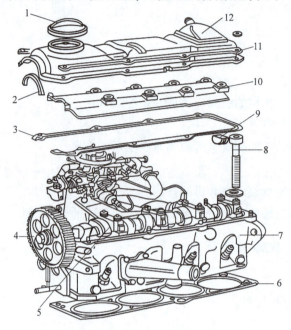

图 7-1 1.8LJV 型发动机气缸盖的分解示意图

1—加油口盖 2—气门罩盖密封衬条 3—气门罩盖衬垫 4—凸轮轴同步带轮
5—凸轮轴 6—气缸盖衬垫 7—气缸盖 8—气缸盖螺栓 9—半圆键
10—润滑油反射罩 11—气门罩盖压条 12—气门罩盖

1）拆卸加油口盖。

2）拆卸气门罩盖，分次逐渐松开紧固螺母。

3）取下气门罩盖压条、密封条及衬垫。

4）拆卸润滑油反射罩。

5）取下半圆塞。

6）拆卸凸轮轴前端同步带轮紧固螺母，取下凸轮轴同步带轮及半圆键。

7）先拆第1、3、5轴承盖固定螺栓，然后对角交替松开第2、4、6轴承盖固定螺栓。

8）拆下轴承盖。

9）拆卸凸轮轴（图7-2），再将轴承盖按原位装回，以免错位。

10）取下液压挺柱总成。

11）检查气门顶部有无标记，若没有，应按顺序用钢字做出标记。

12）用专用压具压下气门弹簧（直接压气门锁片座圈），取下气门锁片，如图7-3所示。

13）取下气门弹簧、气门锁片座圈，如图7-4所示。

14）拆卸气门及气门油封。

15）分解完毕后，将零件进行清洗、分类和检验。

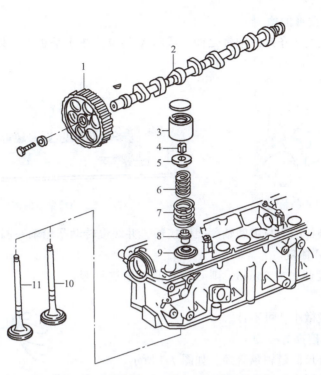

图 7-2 凸轮轴与进、排气门的位置关系

1—凸轮轴正时齿轮 2—凸轮轴 3—液压挺柱 4—气门锁片 5—气门锁片座圈
6—气门内弹簧 7—气门外弹簧 8—气门油封 9—弹簧座 10—进气门 11—排气门

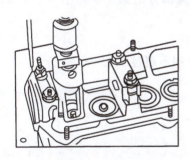

图 7-3 气门弹簧的拆卸

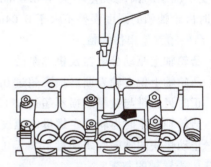

图 7-4 气门弹簧、气门锁片座圈的拆卸

(二) 凸轮轴的检测

1. 凸轮损伤的检测（以丰田轿车为例）

凸轮的损伤形式有凸轮工作表面磨损、擦伤和点蚀（疲劳剥落）。

（1）凸轮的擦伤和疲劳剥落的检查　一般可用目视的方法检查其表面是否有擦伤和剥落的现象。

（2）凸轮升程的检测　用外径千分尺测量凸轮全高，如图 7-5 所示。凸轮顶点中心线到基圆最低点距离如果小于标准值 0.50mm，则为磨损。

（3）其他检测　凸轮进、排气门开、闭升程的极限偏差为 ±0.05mm；各凸轮开闭角偏差不大于 ±2°；各凸轮升程最高点对轴线的角度偏差不大于 ±1°。

2. 凸轮轴弯曲变形的检测

1）将凸轮轴安装于车床两顶针之间，或将 V 形块安放于平板上，以两端轴颈作支点，如图 7-6 所示。

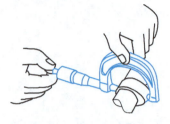

图 7-5 凸轮升程的检测

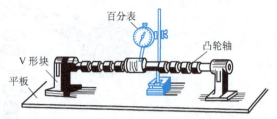

图 7-6 凸轮轴弯曲的检测

2）用百分表测杆触头与中间轴颈表面接触，并缓慢转动凸轮轴一圈，测得百分表最大摆差，即为凸轮轴弯曲度。

3）如果弯曲度超过 0.05mm，则必须对凸轮轴进行弯曲校正。

4）扭转一般极微小，可不计。

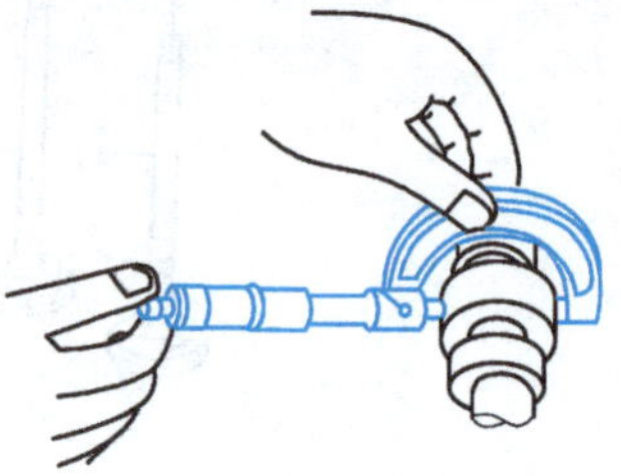

3. 凸轮轴轴颈磨损的检测

1）用外径千分尺测量轴颈直径，如图 7-7 所示。

2）计算轴颈的圆度和圆柱度误差。

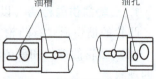

图 7-7 凸轮轴轴颈直径的测量

3）检测技术标准：凸轮轴各轴颈轴线应一致，所有轴颈的圆柱度误差不大于 0.01mm；中间各支承轴颈的圆度误差不大于 0.05mm，各凸轮基圆部分的圆度误差不大于 0.08mm，安装正时齿轮轴颈的圆度误差不大于 0.04mm。

4. 凸轮轴其他损伤的检测

1）凸轮轴上驱动分电器及机油泵的传动齿轮齿厚磨损不超过 0.05mm。

2）凸轮轴上偏心轮表面磨损不超过 0.50mm。

3）正时齿轮键与键槽磨损不超过 0.12mm。

4）凸轮轴装正时齿轮固定螺母的螺纹损坏不得多于 2 牙。

5）止动垫块的轴向圆跳动量不大于 0.03mm。

（三）摇臂轴的装配

1. 清洁

清洗并吹干摇臂轴上的各个零件，检查摇臂轴油孔、油槽是否畅通，如果有污垢阻塞现象，必须清理干净。摇臂轴的油孔和油槽如图 7-8 所示。

2. 外观检视

1）检视支座（轴承盖）接合面的磨损和不平情况，以及摇臂的轴承孔和螺栓孔的磨损、不圆等情况。如果超过标准，应予以修整。

图 7-8 摇臂轴的油孔和油槽

2）将清洗、吹干并检查过的摇臂轴上的各个零件浸泡于润滑油盆中，以备装配时使用。

3. 摇臂轴的组装

1）根据发动机气门的布置进行装配。摇臂轴的结构如图 7-9 所示。

① 装配有锁紧螺钉的支座。支座上有油孔，应与摇臂轴上的油孔相对。

② 以上述支座为中心，按图 7-9 所示结构，先将支座左侧的零件装配好，再装配右侧的零件。

③ 按照摇臂、压缩弹簧、摇臂、支座的顺序装配，直至将摇臂、支座、压缩弹簧全部安装在摇臂轴上。

注意：1、3 缸摇臂上有凸点标记，不能装错位置。

④ 在两端各装上 1 个锥形弹簧和卡簧。

2) 把摇臂的气门间隙调整螺钉调至最高位置，以免装配中顶弯推杆或直接压气门而造成装配困难。

3) 将装配好的摇臂轴装配到发动机盖上，按规定力矩拧紧固定螺栓。

4) 调整气门间隙。

5) 安装气缸盖罩，并连接曲轴箱通风管和分电器真空管。

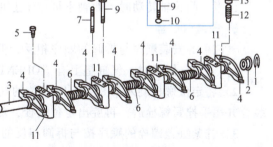

图 7-9 摇臂轴的结构

1—止动弹簧 2—锥形弹簧 3—摇臂轴 4—摇臂 5—锁紧螺钉 6—压缩弹簧 7—摇臂支座双头螺柱 8—螺母 9—摇臂支座固定螺栓 10—垫圈 11—摇臂轴支座 12—气门调整螺钉 13—气门调整螺母

（四）配气机构的组装

1. 安装气门

装上气门后，在气门导管上装上新的气门油封。安装气门油封时（图 7-10），应先套上塑料保护套，最好用专用工具压入。气门杆部先涂以润滑油，插入导管中时不要损伤油封。装上气门弹簧和气门锁片后，用塑料锤轻敲几下，以确保气门锁片安装可靠（凡是使用过的锁片不许再次使用）。

2. 检查凸轮轴轴向间隙（图 7-11）

测量轴向间隙时，不装液力挺柱，装好 1 号和 5 号轴承盖。轴向间隙应不大于 0.15mm。

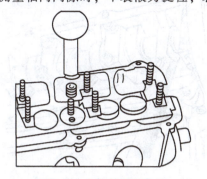

图 7-10 气门油封的安装

图 7-11 凸轮轴轴向间隙的检查

3. 装入液压挺柱总成

4. 安装凸轮轴和油封

1) 安装凸轮轴时，1 缸的凸轮必须朝上。

2) 安装凸轮轴轴承盖时，注意轴孔上、下两部分必须对准。

3) 将凸轮轴放到各轴承座上，按与拆卸相反的顺序安装、紧固轴承盖。拧紧力矩为 20N·m。

4）用专用工具安装凸轮前油封时，不要压到底，否则会堵塞油道。

5）放入半圆键，安装凸轮轴正时齿轮并加以紧固。拧紧力矩为80N·m。

注意：凸轮轴转动时，曲轴不可位于上止点，否则将损坏气门和活塞顶部。

5. 安装气缸盖

气缸盖的安装顺序与拆卸的顺序相反，但应注意以下几点：

1）安装气缸垫时，气缸垫上有"OPENTOP"字样的一面朝向气缸盖。

2）将定位螺栓旋入第8、第10号位的气缸盖螺栓孔内，以便起到定位作用。待气缸盖装合并用手拧紧螺栓后，再旋出定位螺栓，然后旋入第8、第10号螺栓。

3）拧紧缸盖螺栓的顺序按与拆卸相反的顺序分4次进行；第1次拧紧力矩为40N·m；第2次拧紧力矩为40N·m；第3次拧紧力矩为40N·m；第4次用扳手转动1/4圈。使用中不允许将缸盖螺栓再次拧紧。

4）安装气缸盖时，各缸活塞不可置于上止点，否则气门会顶坏活塞。当任一活塞被确认为处于上止点时，必须再旋转1/4圈。

5）将润滑油道清洗干净，并用压缩空气吹通。

6. 安装正时同步带

1）将同步带套在曲轴和中间轴同步带轮上。

2）装上曲轴带盘（螺栓不必拧紧），注意带盘的定位。

3）将凸轮轴同步带轮上的标记与同步带护罩上的标记对齐。

4）使曲轴带盘上的上止点标记和中间轴同步带轮上的标记对齐。

5）将同步带套在凸轮轴同步带轮上。

6）按图7-12所示转动张紧轮来张紧同步带，张紧至用手指捏在同步带中间（凸轮轴同步带轮和中间轴同步带轮的中间）刚好可以扭转90°为止。

7）拧紧中间轮紧固螺母，转动曲轴两周（图7-13），再次检查正时标记是否正确。

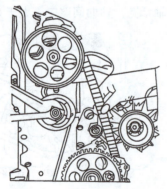

图7-12 同步带张紧度的检查

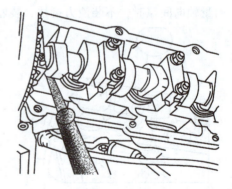

图7-13 转动曲轴

8）拆下曲轴V带盘，装上同步带下护罩，再安装V带盘，并以20N·m的力矩拧紧固定螺栓。

五、注意事项

1）气门弹簧和锁片拆装用气门弹簧装卸钳。锁片装好后，用塑料锤轻敲几下，以确保锁止可靠。用尖嘴钳夹取气门锁夹,禁止用手取出。内、外弹簧的旋向应相反。

2)各缸气门无互换性,拆下的气门若无记号,应做好相应的标记,按缸号顺序放在零件安放架上,不得错乱。

3)拆装凸轮轴轴承盖时,注意轴承盖的顺序、方位,勿错乱。拧紧轴承盖紧固螺栓时,要按要求的顺序(从中间到两头,对角交替)和力矩分次均匀地拧紧;旋松时,以相反方向进行。

4)安装正时同步带-带轮(或正时链-链轮)时,应将正时记号对准,正时同步带的方向要与原方向一致。

六、评分标准

序号	考核项目	配分	考核内容	评分标准	扣分	得分	考核记录
1	工作态度	10	迟到、早退、旷工	迟到、早退每次扣5分,旷课1节扣10分			
			嬉戏打闹	酌情扣分			
			认真、严谨、团结、协作	酌情给分			
2	安全文明操作	10	遵守安全操作规程,正确使用工具、量具,保持操作现场整洁	酌情给分			
			安全用电、火,无人身、设备事故	若因违规操作发生重大人身和设备事故,按0分计			
3	考核过程	20	配气机构的拆卸	根据操作内容是否正确酌情给分			
		15	凸轮轴弯曲变形的检测	根据操作内容是否正确酌情给分			
		15	用外径千分尺测量凸轮轴轴颈直径	根据操作内容是否正确酌情给分			
		20	配气机构的装配	根据操作内容是否正确酌情给分			
4	考核结果	10	任务完成时间	酌情给分			
			任务完成质量	酌情给分			
5	分数	100					

七、实训报告

实训项目:_____

姓名:_____   班级:_____
学号:_____   日期:_____

一、工具和材料

答:_____
_____

（续）

二、实训练习

1. 凸轮轴的作用有哪些？

答：_____
_____
_____

2. 摇臂轴的组装顺序是怎样的？

答：_____
_____
_____

3. 配气机构拆装的注意事项有哪些？

答：_____
_____
_____

三、指导教师评语

_____
_____

实训任务8　气门间隙的调整

一、实训目标

1. 知识目标

通过对本田雅阁发动机气门间隙的调整，掌握气门间隙调整的原则和方法。

2. 技能目标

1) 会使用塞尺测量气门间隙值。
2) 能够对可调气门间隙进行熟练的调整。

二、实训设备、仪器和工具

1. 实训设备

本田雅阁发动机。

2. 实训工具

气门拆装和调整工具。

三、相关知识

1. 气门间隙的作用

如果没有气门间隙，冷态时气门关闭严密，但当发动机起动后温度升高，气门及传动件受热膨胀伸长，便会把气门顶开，使气门关闭不严。为此，要留有供机件热膨胀用的间隙，以确保气门关闭严密。

2. 气门间隙的定义

发动机冷态装配时，在气门与其传动件之间留有适当的间隙，以补偿气门受热后的膨胀量。这一间隙通常称为气门间隙。

3. 气门间隙的调整原则

气门间隙调整时，挺柱（或摇臂短臂端头）落在凸轮的基圆上，也就是正在进气、将要进气、进气刚结束的进气门不能调整；正在排气、将要排气、排气刚结束的排气门不能调整。

四、实训操作

下面以广州本田雅阁汽车发动机气门间隙的检查与调整为例介绍气门间隙的调整。

操作时气缸盖的温度要求必须低于38℃，该汽车气门间隙的调整规定使用"逐缸法"。

1) 拆下缸盖罩。
2) 使1缸活塞处于压缩行程上止点位置，即使凸轮轴带轮上的"UP"标记朝向正上方（此时带轮上的两个上止点凹槽标记应恰好与缸盖上平面平齐），如图8-1所示。

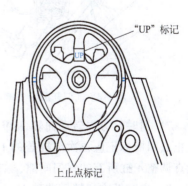

图8-1　1缸活塞压缩行程上止点位置标记

3）使用塞尺检查图 8-2 和图 8-3 所示 1 缸所有气门的间隙。进气门间隙应为 0.20mm，排气门间隙应为 0.25mm。

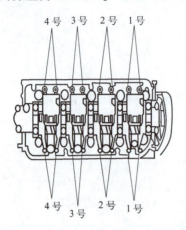

图 8-2 气门间隙的检查（一）

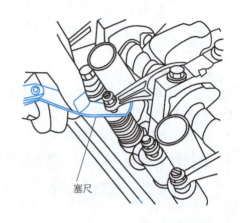

图 8-3 气门间隙的检查（二）

4）若气门间隙不符合上述要求，则应拧松锁紧螺母，旋动调整螺钉进行调整（间隙小时，应逆时针旋松调整螺钉；间隙大时，应顺时针旋进调整螺钉），直到前后推拉塞尺时感觉有轻微阻力为止，如图 8-4 所示。

5）拧紧调整螺母（注意防止调整螺钉跟随转动），并再次检查气门间隙，必要时重新进行调整。

6）逆时针方向转动曲轴 180°（凸轮轴带轮转动 90°），使"UP"标记处于排气歧管侧且对正缸盖上平面（3 缸活塞处于压缩行程上止点），此时，可按上述方法检查调整 3 缸所有气门的间隙，如图 8-5 所示。

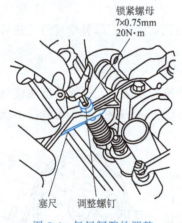

图 8-4 气门间隙的调整

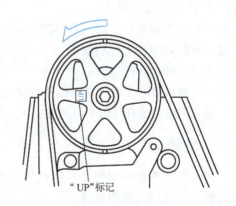

图 8-5 3 缸活塞压缩行程上止点位置标记

7）逆时针方向转动曲轴 180°，使"UP"标记朝向正下方（此时凸轮轴带轮上的两个上止点凹槽标记应再次与缸盖的上平面平齐，4 缸活塞处于压缩行程上止点），此时，可以检查调整 4 缸所有的气门间隙，如图 8-6 所示。

8）逆时针方向转动曲轴 180°，使"UP"标记处于进气歧管侧且正对缸盖上平面（2 缸活塞处于压缩行程上止点），此时，可检查调整 2 缸所有气门的间隙，如图 8-7 所示。

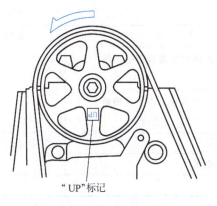

图 8-6　4缸活塞压缩行程上止点位置标记

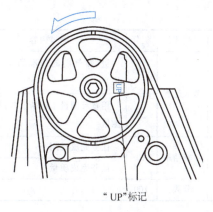

图 8-7　2缸活塞压缩行程上止点位置标记

9）调好间隙后，应反复检查，直到符合规定为止。

五、注意事项

1）调整时，应注意温度影响（气门摇臂、气门杆的温度会对气门间隙产生影响）。一般来说，热机时气门间隙值应比冷机时要求的间隙值小。有些汽车要求在冷机时调整气门间隙，有的汽车在热、冷态时均可调整，但其间隙值各不相同。

2）各缸气门间隙应调整一致，以免在工作中发动机运转不平衡。

3）调整气门间隙时，所调的气门应完全在关闭状态，这时调整的间隙值才是准确的。

4）调整前，应注意检查摇臂头工作面。发动机工作中，摇臂头弧形工作面不断地与气门杆端部撞击、滑磨，在润滑不良的情况下会引起磨损，磨出凹坑；严重时，气门杆端部会卡入凹坑而使摇臂折断，所以应根据磨损情况予以修复或更换新件，以免影响其调整的准确性。

六、评分标准

序号	考核项目	配分	考核内容	评分标准	扣分	得分	考核记录
1	工作态度	10	迟到、早退、旷工	迟到、早退每次扣5分，旷课1节扣10分			
			嬉戏打闹	酌情扣分			
			认真、严谨、团结、协作	酌情给分			
2	安全文明操作	10	遵守安全操作规程，正确使用工具、量具，保持操作现场整洁	酌情给分			
			安全用电、火，无人身、设备事故	若因违规操作发生重大人身和设备事故，按0分计			
3	考核过程	20	气门间隙调整的过程（口述）	根据叙述内容是否正确酌情给分			
		15	指出1缸压缩行程上止点标记（口述）	根据叙述内容是否正确酌情给分			

(续)

序号	考核项目	配分	考核内容	评分标准	扣分	得分	考核记录
3	考核过程	15	进、排气门的标准间隙值（口述）	根据叙述内容是否正确酌情给分			
		20	用塞尺测量1缸所有气门的间隙值	根据操作内容是否正确酌情给分			
4	考核结果	10	任务完成时间	酌情给分			
			任务完成质量	酌情给分			
5	分数	100					

七、实训报告

实训项目：_____

姓名：_____　　　　　　　　班级：_____
学号：_____　　　　　　　　日期：_____

一、工具和材料

答：_____

_____

二、实训练习

1. 气门间隙的调整原则是什么？

答：_____

_____

_____

2. 为何进气门和排气门的间隙值不一样？

答：_____

_____

_____

3. 气门间隙调整的注意事项有哪些？

答：_____

_____

_____

三、指导教师评语

_____

_____

实训任务9　电控汽油机总体结构认识

一、实训目标

1. 知识目标
1) 了解发动机电子控制系统的总体组成。
2) 了解发动机电子控制系统的工作原理。

2. 技能目标
1) 根据实物指出电控汽油喷射系统的三大组成部分。
2) 识别发动机电子控制系统的主要传感器和执行器。

二、实训设备、仪器和工具

1. 实训设备
丰田电喷发动机故障实验台、动态或静态解剖发动机台架、桑塔纳时代超人实验台架。

2. 实训工具
常用工具。

三、相关知识

电子控制单元通过进气歧管绝对压力传感器或空气流量计的信号计算进气量，并根据进气量和发动机的转速获得基本喷油持续时间和基本点火提前角，然后通过冷却液温度、进气温度、节气门开启角度、蓄电池电压等各种工作参数进行修正，得到发动机在这一工况下运行的最佳喷油持续时间或最佳点火提前角。

电喷汽车的发动机控制是由发动机电子控制系统来完成的，其主要功能是控制进气量与喷油量的空燃比、喷油时刻与点火时刻；除此之外，还有控制发动机的冷热车起动、急速转速、最大转速、废气再循环、二次空气喷射、爆燃、电动燃油泵、故障自诊断以及给其他电控系统发送状态信号等功能。

电控燃油喷射系统由空气供给系统、燃油供给系统和电子控制系统组成。电控汽油喷射系统的基本结构如图9-1所示。

1. 空气供给系统
（1）功用　为发动机提供清洁的空气并控制发动机正常工作时的进气量。

（2）组成和原理　发动机工作时，空气经空气滤清器过滤后，通过空气流量计（L型）节气门体进入进气总管，再通过进气歧管分配给各缸。图9-2所示为L型空气供给系统的组成，图9-3所示为D型空气供给系统的组成。

1) 空气流量计：分为翼片式（图9-4a、b）、卡门旋涡式、热线式（图9-5a、b）和热膜式。

2) 进气歧管绝对压力传感器：分为压敏电阻式和三线可变电阻式。

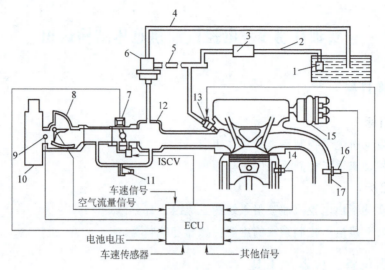

图 9-1 电控汽油喷射系统基本结构

1—电动汽油泵 2—输油管 3—汽油滤清器 4—回油管 5—供油总管 6—燃油压力调节器 7—节气门位置传感器 8—空气流量计 9—进气温度传感器 10—空气滤清器 11—怠速空气控制阀 12—进气总管 13—喷油器 14—冷却液温度传感器 15—曲轴位置传感器 16—氧传感器 17—排气管

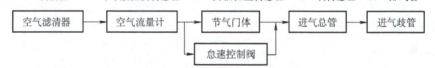

图 9-2 L型空气供给系统的组成

图 9-3 D型空气供给系统的组成

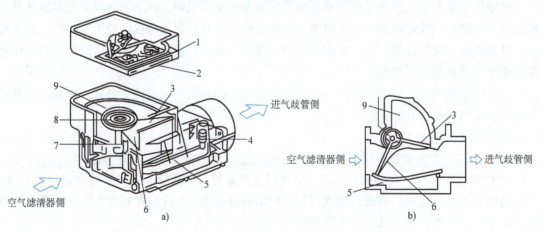

图 9-4 翼片式空气流量计

1—电位计 2—电插头 3—缓冲叶片 4—调整螺钉 5—旁通道
6—测量叶片 7—进气温度传感器 8—回位弹簧 9—缓冲室

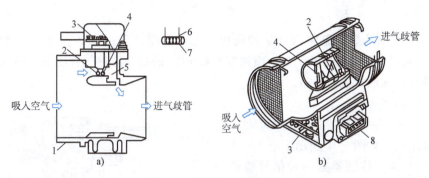

图 9-5 热线式空气流量计

1—空气流量计壳体 2—白金热线 3—控制线路板 4—温度补偿电阻（冷线）
5—旁通道 6—热线与冷线 7—陶瓷绕线管 8—电插头

3）节气门体：带节气门位置传感器，如图 9-6 所示。

4）急速空气阀和急速控制装置。

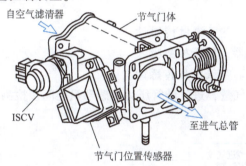

图 9-6 节气门体

2. 燃油供给系统

燃油供给系统的组成如图 9-7 所示。

（1）功用 供给喷油器（图 9-8）一定压力的燃油，喷油器根据 ECU 的指令喷油。

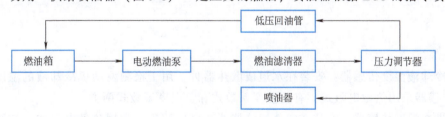

图 9-7 燃油供给系统的组成

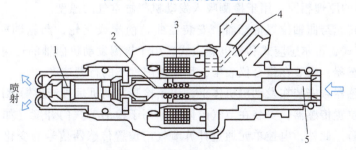

图 9-8 喷油器

1—针阀 2—电磁衔铁 3—电磁线圈 4—电插头 5—滤网

(2)原理　电动燃油泵将汽油从油箱内吸出，经滤清器过滤后，由压力调节器（图9-9）调压，通过油管输送给喷油器，喷油器根据ECU的指令向进气管喷油。燃油泵供给的多余汽油经低压回油管流回油箱。

3. 电子控制系统

电子控制系统由传感器、电控单元和执行器三部分组成，如图9-10所示。

（1）传感器　传感器是一种信号检测与转换装置，安装在发动机的各个部位，其功能是：检测发动机运行状态的各种电量参数、物理量和化学量等，并将这些参量转换成计算机能够识别的电量信号输入电控单元。

1）空气流量传感器：空气流量传感计或进气歧管绝对压力传感器，用于检测吸入发动机气缸进气量的多少。空气流量传感计

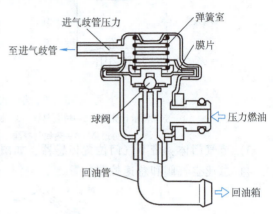

图9-9　燃油压力调节器

可以直接检测发动机的进气量，进气歧管压力传感器只能间接检测发动机的进气量。它们安装在进气道上。

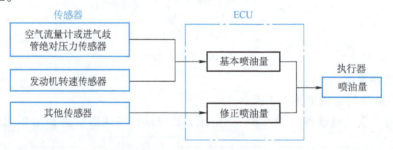

图9-10　电子控制系统的组成

2）冷却液温度传感器：安装在水道或散热器处，用于检测发动机冷却液的温度。冷却液温度传感器采用热敏电阻式，有正温度系数式和负温度系数式两类。

3）进气温度传感器：安装在空气滤清器或节气门体处，常用热敏电阻式，其原理与冷却液温度传感器的原理相同，用于检测吸入发动机气缸空气的温度。

4）发动机转速与曲轴位置传感器：安装在曲轴前端或飞轮、凸轮轴前端或分电器内，主要有电磁感应式、霍尔感应式和光电感应式，用于检测发动机曲轴的转速和转角。

5）车速传感器：安装在组合仪表中，用来检测汽车的行驶速度。

6）爆燃传感器：安装在发动机机体上，用于检测发动机是否产生爆燃以及爆燃强度。

7）节气门位置传感器：安装在节气门体上，用于检测节气门开度（如节气门关闭、部分开启和全开等）。此外，电控单元通过计算节气门位置传感器信号的变化率，便可得到汽车加速或减速信号。

8）氧传感器：安装在排气管处，用于检测排气管排出废气中氧离子的含量来反映可燃

混合气空燃比的大小。

（2）电控单元　电控单元（Electronic Control Unit，ECU）又称为电子控制器，俗称电脑，是发动机电子控制系统的核心部件。其功能是根据各种传感器和控制开关输入的信号参数，对喷油量、喷油时刻和点火时刻等进行实时控制。

电控单元主要由输入回路、单片微型机（单片机）和输出回路三部分组成。

发动机电控单元的主要功用是接收各种传感器和控制开关输入的发动机工况信号，根据电控单元内部预先编制的控制程序和存储的试验数据，通过数学计算和逻辑判断确定适合发动机工况的喷油时间和点火提前角等参数，并将这些参数转换为电信号控制各种执行元件完成执行动作，从而使发动机保持最佳运行状态。

发动机工作时，空气流量传感器检测进入发动机的进气量信号，曲轴位置传感器检测发动机曲轴的转速信号，节气门位置传感器检测驾驶人操作的节气门开度信号，这 3 个信号作为计算确定燃油喷射量的主要信息输入 ECU，再由 ECU 计算确定基本喷油量。与此同时，ECU 根据冷却液温度传感器、进气温度传感器和氧传感器等输入的信号计算确定辅助喷油量，用以对基本喷油量进行必要的修正，最终确定实际喷油量。当实际喷油量确定后，ECU 根据曲轴位置传感器输入的曲轴转速和转角信号确定最佳喷油时刻和最佳点火时刻，并向执行器发出控制指令，控制喷油器、点火线圈等动作，实现相应的控制功能。

发动机电子控制系统常用开关信号有以下几种：

1）起动开关信号。起动开关信号（STA）用于判断发动机是否处于起动状态。

2）空档起动开关信号。用于 ECU 识别变速器是处于"P"或"N"位置（驻车或空档），还是处于行驶状态。

3）空调信号。空调信号（A/C）用来检测空调压缩机是否工作。

（3）执行器　执行器又称为执行元件，是控制系统的执行机构，其功用是接受 ECU 发出的控制指令并完成具体的执行动作，从而使发动机处于最佳的运行状态。

发动机电子控制系统常用的执行器有以下几种：

1）电动燃油泵：用于供给发动机电子控制系统规定压力的燃油。

2）电磁喷油器：用于接收 ECU 发出的喷油脉冲信号，按给定的燃油喷射量进行喷油。

3）点火控制器和点火线圈：用于接收电控单元发出的控制指令，适时接通或切断点火线圈一次绕组电流，并产生高压电点着可燃混合气。

4）怠速控制阀：装在节气门旁通空气孔上，其功用是根据 ECU 控制信号来改变旁通节气门体至进气歧管的空气量，以维持怠速的稳定性。

5）废气再循环（EGR）阀：用于降低 NO_x 排放量。其基本原理是：将 5%～20% 的废气引入进气管，与新鲜混合气一起进入燃烧室，使最高燃烧温度降低，从而减少 NO_x 的生成量。

6）活性炭罐电磁阀：发动机工作时，ECU 根据发动机的转速、温度、空气流量等信号，控制活性炭罐电磁阀的动作来控制排放电磁阀上部的真空度，从而控制排放电磁阀的开闭动作。当排放控制阀打开时，汽油蒸气通过阀中的定量排放小孔吸入进气歧管，然后进入气缸中燃烧。

四、注意事项

1）遵守实验室规章制度，未经许可，不得移动和拆卸仪器与设备。

2)注意人身安全和教具完好。
3)未经许可,严禁擅自扳动教具、设备的电器开关、点火开关和起动开关。

五、评分标准

序号	考核项目	配分	考核内容	评分标准	扣分	得分	考核记录
1	工作态度	10	迟到、早退、旷工	迟到、早退每次扣5分,旷课1节扣10分			
			嬉戏打闹	酌情扣分			
			认真、严谨、团结、协作	酌情给分			
2	安全文明操作	10	遵守安全操作规程,正确使用工具、量具,操作现场整洁	酌情给分			
			安全用电、火,无人身、设备事故	若因违规操作发生重大人身和设备事故,按0分计			
3	考核过程	15	根据实物指出电控汽油喷射系统的三大组成部分	根据叙述和操作内容是否正确酌情给分			
		20	曲轴位置传感器与转速传感器有哪3种?该车型中的传感器属于哪一种?在什么位置	根据叙述和操作内容是否正确酌情给分			
		15	介绍并找出至少3种电控汽油喷射系统的执行器	根据叙述和操作内容是否正确酌情给分			
		20	找出冷却液温度传感器的位置,并介绍其工作原理	根据叙述和操作内容是否正确酌情给分			
4	考核结果	10	任务完成时间	酌情给分			
			任务完成质量	酌情给分			
5	分数	100					

六、实训报告

实训项目:_____

姓名:_____   班级:_____
学号:_____   日期:_____

一、工具和材料
答:_____

二、实训练习
1. 发动机电子控制系统由哪几部分组成?
答:_____

（续）

2. 发动机电子控制系统有哪些传感器，其安装位置是怎样的？

答：_____

_____

_____

3. 发动机电子控制系统有哪些执行器？

答：_____

_____

_____

三、指导教师评语

_____

_____

_____

实训任务 10　汽油发动机燃油供给系统的拆装

一、实训目标

1. 知识目标

1）掌握典型电控燃油喷射系统的工作过程。
2）掌握燃油箱、燃油滤清器的结构特点。

2. 技能目标

1）具备汽油发动机燃油供给系统拆装的技能。
2）掌握电动汽油泵、燃油滤清器、油压调节器等的拆检方法。

二、实训设备、仪器和工具

1. 实训设备

典型车型的发动机燃油供给系统。

2. 实训工具

拆装专用工具、常用拆装套筒等。

三、相关知识

电喷汽油机燃油供给系统的作用是向发动机及时地供应各种工况下所需要的燃油量。它一般包括油箱、电动汽油泵、汽油滤清器、汽油压力调节器、喷油器和冷起动喷油器等装置，有的汽车燃油供给系统中还装有汽油压力缓冲器。

在电控燃油喷射系统（EFI）中，由电动汽油泵将汽油从燃油箱中泵出，经过汽油滤清器过滤杂质，再由汽油压力调节器将压力调整到比进气管压力高一定压力值，然后经输油管配送给各喷油器和冷起动喷油器；喷油器根据 ECU 发出的喷射信号把适量汽油喷射到进气歧管中。当油路压力超过规定值时，汽油压力调节器工作，多余的汽油返回燃油箱，从而保证送给喷油器的燃油压力不变；当发动机冷却液温度低时，冷起动喷油器工作，将燃油喷入进气总管，以改善发动机低温时的起动性能。

四、实训操作

下面以帕萨特 B5 型乘用车燃油供给系统为例进行说明，其组成如图 10-1 所示。

1. 燃油箱附件的拆装

（1）燃油箱盖法兰的安装位置　法兰上的标记 1 必须与燃油箱上的标记 2 对应，如图 10-2 所示。安装燃油输送装置上的法兰以后，要检查进油管、回油管和燃油箱上的管是否还在燃油箱盖上固定良好。

（2）透气阀的检查　如图 10-3 所示，当平衡杆在静止位置时，透气阀关闭；当平衡杆朝图中箭头方向压下时，透气阀打开。在安装透气阀之前要拧下燃油箱上的透气盖。

2. 燃油输送装置的拆卸和安装

（1）拆卸

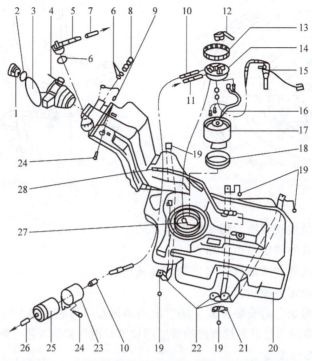

图 10-1 帕萨特 B5 型乘用车燃油供给系统的组成

1—密封盖 2、18—密封圈 3—燃油箱加油口盖 4—紧固螺栓 5—重力阀 6—O 形圈 7、28—透气管 8—透气阀 9—搭铁线 10、26—进油管 11、27—回油管 12—插头 13—紧固螺母（60N·m） 14—法兰 15—燃油量指示灯 16—输油管 17—燃油泵 19—螺栓（25N·m） 20—燃油箱 21—托架 22—夹带 23—防护套 24—螺栓（10N·m） 25—燃油滤清器

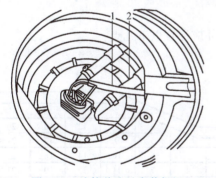

图 10-2 油箱盖法兰安装标记

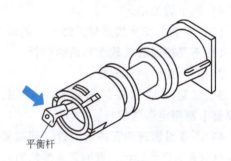

图 10-3 透气阀

1）检查是否安装有编过码的无线电设备。如果有，查询防盗编码。

2）点火开关断开时，拆下蓄电池负极接线。拔下图 10-4 中箭头所指的 4 芯插头以及进油管和回油管（图 10-5）。

3）拧下紧固螺母，从燃油箱的开口处拆下法兰和密封圈。

4）拔下法兰下部的燃油管和插头，拆下燃油箱中挡油罩、燃油量指示器。

5）逆时针方向扳动燃油泵罩约 15°，直到被限位，拆下燃油泵罩。

（2）安装 燃油输送装置的安装按照与拆卸相反的顺序进行，并应注意以下几点：

1）在安装燃油量指示器时不要弯折。

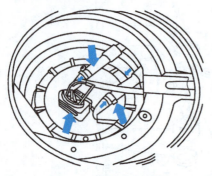
图 10-4　拆卸进回油管

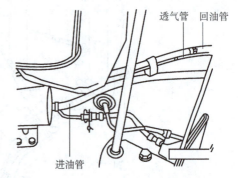
图 10-5　进油管的拆卸

2) 安装时，用燃油浸润法兰的密封圈。

3) 注意燃油软管的固定是否牢靠。

4) 不要对换进油管和回油软管（回油管是蓝色的）。

5) 用弹簧卡箍固定燃油软管。

6) 注意燃油箱盖法兰的安装位置，法兰上的标记必须与燃油箱上的标记对应。

7) 安装燃油箱盖的法兰后要检查进油管、回油管和透气管是否还在燃油箱盖上固定良好。

3. 燃油箱的拆卸和安装

（1）拆卸

1) 拆下右后轮的挡泥板，排空燃油，并清洁燃油加油管周围。

2) 拧下加油接管的紧固螺栓，从燃油滤清器入口处拔下进油管。

3) 标记出回油管和透气管，并从连接处分离开。

4) 拆下燃油箱。

（2）安装　安装按照与拆卸相反的顺序进行，并应注意以下几点：

1) 不要扭曲透气软管和燃油软管。

2) 不要扭曲燃油软管。

3) 注意燃油软管的固定是否牢固，用弹簧卡箍固定燃油软管。

4) 不要对换进油管和回油管（回油管是蓝色的或有蓝色标记，进油管是黑色的）。

4. 检查燃油泵

1) 准备万用表 V.A.G1715、带转接器 V.A.G1348/33 的遥控器 V.A.G1348/3A 等专用工具。

2) 要保证蓄电池电压不低于 11.5V，同时保证 28 号易熔丝正常。易熔丝的位置如图 10-6 所示。

3) 检查燃油泵的功能和电源。短促起动起动机，应该能够听到燃油泵运转的声音。

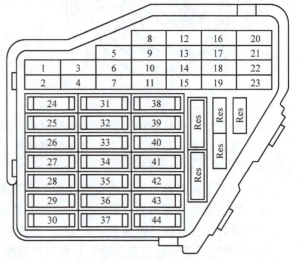
图 10-6　易熔丝的位置

4）检查燃油泵供油量。

① 应保证燃油泵电源正常。

② 从燃油加油套管处取下盖子，拆下进气歧管盖子。

③ 打开图 10-7 中燃油管上的螺纹联接件，并用抹布收集流出的燃油，给系统卸压。

④ 将压力表 V.A.G1318 接到进油管上，如图 10-8 所示，并把管子插入量杯中，打开压力表的截止阀。

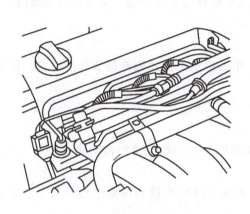

图 10-7　系统卸压

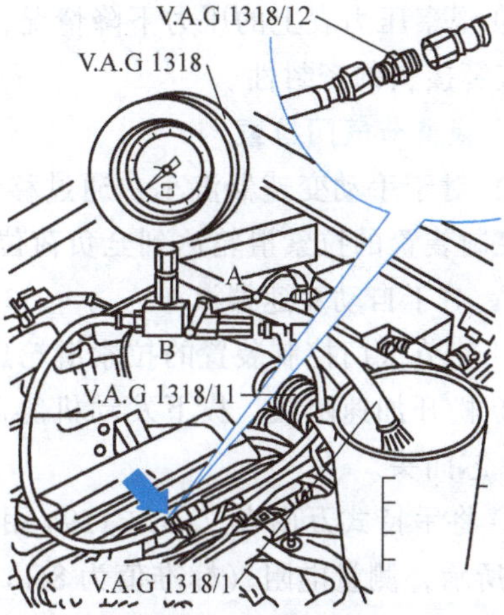

图 10-8　供油量的检测

⑤ 缓慢关上截止阀直到压力表上显示 3bar（$1bar = 10^5 Pa$）的压力，然后保持这一位置，排空量杯。

⑥ 将万用表用辅助导线 V.A.G1594 连接到汽车的蓄电池上，操作遥控器 30s 后测量蓄电池电压，将供油量与标准值进行比较。在发动机静止而燃油泵运转的情况下，燃油泵的电压比蓄电池电压约低 2V，所以最少供油量为 $550 cm^3/30s$。

⑦ 若没有达到最低的供油量，则检查燃油管道是否弯曲或阻塞。从燃油滤清器上拔下进油管，如图 10-9 所示，用转接器 1318/10 将压力表 V.A.G1318 接到软管，重新检查供油量。若达到了最低的供油量，则更换燃油滤清器；若还是不能达到最低的供油量，则拆下燃油输送装置并检查吸油网是否阻塞。

⑧ 当确定没有故障时，检查燃油泵的电流消耗。将松开的燃油管重新连接好，用电流钳将万用表 V.A.G1715 连接到导线束的蓝色和黄色导线上，如图 10-10 所示。

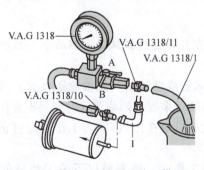

图 10-9　在燃油滤清器处检测供油量

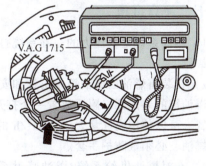

图 10-10　检查燃油泵的电流消耗

⑨ 起动发动机并急速运转，测试燃油泵的电流消耗。消耗电流的标准值：最大为8A。如果电流超出范围，说明燃油泵有故障，需更换。

5）检查燃油泵单向阀。

① 将压力表V.A.G1318连接到燃油进油管上。

② 关闭压力表截止阀，直到建立起约3bar的压力。过高的压力可以通过小心地打开截止阀来降低。注意：打开截止阀可能会有燃油喷射出来，应该把量杯置于压力表的自由端下面。

③ 观察压力表上的压力下降情况，10min之内不允许低于2.5bar。如果压力继续降低，应检查管接头的密封性。

5. 调整节气门拉索

1）对于手动变速器汽车，通过移动图10-11中支座上的插片来调整节气门拉索，使节气门控制装置的拉索滑轮达到全负荷位置。

2）对于自动变速器汽车

① 使节气门控制装置的拉索滑轮达到全负荷位置。

② 松开加速踏板，拔下发动机舱前部（车厢前壁上）的换低速档自动跳合开关（F8）上的2芯插头。

③ 将手持式万用表V.A.G1594用辅助导线V.A.G1594连接到换低速档开关上，如图10-12所示，测量电阻（标准值为8Ω）。

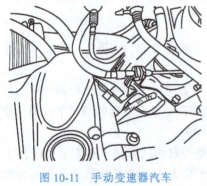

图10-11　手动变速器汽车调整节气门拉索

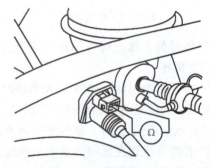

图10-12　自动变速器汽车调整节气门拉索

④ 将加速踏板缓慢地朝全负荷方向移动，在短促地按下开关的压力触点之后电阻降为0Ω。在这种情况下，加速踏板必须紧靠在挡块前面。

五、注意事项

1）燃油系统是有压力的，在系统打开之前要先在开口处放置抹布，然后小心地松开接头以卸压。

2）在装有燃油的燃油箱中拆卸和安装燃油量指示器或燃油泵（燃油输送装置）前，必须在燃油箱的装配开口附近放置一个打开的排气收集装置来收集燃油蒸气。如果没有排气收集装置，可以使用换气量大于$15m^3/h$的排风扇（发动机放在出风口）。工作中应防止皮肤接触燃油，必须戴防护手套。

3）在对燃油供给系统/燃油喷射系统进行维修工作时，要遵循以下关于清洁的5个规定：

① 在打开系统之前要彻底地清洁连接处及其周围部分。
② 将拆下的零件放置在干净的地方并覆盖，不要使用带纤维的布。
③ 不能立即进行修理工作时，开口处要覆盖住或连接上。
④ 只能安装清洁的零部件。
⑤ 当系统打开时，应避免使用压缩空气，避免移动车辆。

六、评分标准

序号	考核项目	配分	考核内容	评分标准	扣分	得分	考核记录
1	工作态度	10	迟到、早退、旷工	迟到、早退每次扣5分，旷课1节扣10分			
			嬉戏打闹	酌情扣分			
			认真、严谨、团结、协作	酌情给分			
2	安全文明操作	10	遵守安全操作规程，正确使用工具、量具，操作现场整洁	酌情给分			
			安全用电、火，无人身、设备事故	若因违规操作发生重大人身和设备事故，按0分计			
3	考核过程	20	发动机燃油供给系统的组成（口述）	根据叙述内容是否正确酌情给分			
		10	发动机燃油供给系统的供油路线（口述）	根据叙述内容是否正确酌情给分			
		10	燃油输送装置的拆卸与安装	根据操作内容是否正确酌情给分			
		15	燃油箱的拆卸和安装	根据操作内容是否正确酌情给分			
		15	检查燃油泵	根据操作内容是否正确酌情给分			
4	考核结果	10	任务完成时间	酌情给分			
			任务完成质量	酌情给分			
5	分数	100					

七、实训报告

实训项目：_____

姓名：_____　　班级：_____
学号：_____　　日期：_____

一、工具和材料
答：_____

（续）

二、实训练习

1. 发动机燃油供给系统的组成是怎样的？

答：_____

_____

_____

2. 发动机燃油供给系统的供油路线是怎样的？

答：_____

_____

_____

_____

_____

3. 电控燃油喷射系统的工作过程是怎样的？

答：_____

_____

_____

_____

_____

三、指导教师评语

_____

_____

_____

实训任务 11　喷油器的拆装及校验

一、实训目标

1. 知识目标

1）熟悉喷油器的作用和组成。

2）了解喷油器的工作原理和喷油器的类型。

2. 技能目标

1）熟悉喷油器的拆装过程。

2）正确检测喷油器的针阀开启压力、喷雾质量和针阀密封性。

二、实训设备、仪器和工具

1. 实训设备

喷油器手泵试验台、喷油器校验器、多孔喷油器。

2. 实训工具

常用工具、专用工具。

三、相关知识

1. 喷油器的功用

喷油器的功用是将喷油泵供给的高压燃油以一定的压力呈雾状喷入燃烧室。

2. 喷油器的要求

1）雾化均匀。

2）具有一定的喷射压力、射程和合适的喷注锥角。

3）断油迅速、无滴漏现象。

3. 喷油器的形式

目前采用的喷油器都是闭式喷油器,有孔式喷油器和轴针式喷油器两种。

四、实训操作

1. 喷油器的拆卸

1）从发动机上拆卸喷油器时,首先拆下高压油管和固定螺母,然后用木锤震松喷油器,取出总成（视需要可用顶拔器拉出）。

2）从发动机上拆下喷油器总成后,应先清洗外部,然后逐一在喷油器手泵试验台上进行检验,检查喷射初始压力、喷雾质量和漏油情况。如果质量良好,则不必解体。

3）分解时,先分解喷油器的上部。旋松调压螺钉紧固螺母,取出调压螺钉、调压弹簧和顶杆,将喷油器倒夹在台虎钳上,旋下针阀体紧固螺母,取下针阀体和针阀。

4）针阀偶件应成对浸泡在清洁的柴油里。如果针阀和针阀体难以分开,可用钳子垫上橡胶片夹住针阀尾端拉出。

2. 喷油器零件的清洗

1）用钢丝刷清理零件表面的积炭和脏物，喷油器体和针阀体的油道可用通针或直径适当的钻头疏通。

2）针阀体偶件应单独清洗。零件表面积垢的褐色物质可用乙醇或丙酮等有机溶剂浸泡后再仔细擦除。最后，将喷油器偶件放在柴油中来回拉动针阀清洗，堵塞的喷孔用直径0.3mm的通针清理。清理时，注意避免损伤喷孔。

3）清洗过的零件用压缩空气吹去孔道中遗留的杂质，最后用汽油浸洗吹干备用。

3. 喷油器的校验

（1）**喷油器在校验器上的安装**　安装方法如图11-1所示。

（2）**喷油器针阀开启压力的检验**　用手缓慢地下压泵油手柄多次，观察压力表指针。当喷油器开始喷油的瞬时，指针突然下降前

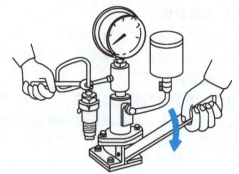

图11-1　喷油器在校验器上的安装

所指示的最高压力值即为喷油器针阀开启压力。如果开启压力达不到规定值，可拧动喷油器上端的调整螺钉调整调压弹簧的弹力。

开启压力标准：新喷油器为14.8~15.6MPa，旧喷油器为14.2~15.2MPa。

（3）**喷油器喷雾质量的检验**　将校验器手柄每分钟按动15~60次，检查喷雾形状。喷出的燃油应呈雾状，不应有肉眼可见的飞溅油粒、连续油粒和局部浓稀不均现象，如图11-2所示。否则，应更换或清洗喷油器。

（4）**喷油器针阀密封性检验**　将油压保持在开启压力以下约2MPa进行检查，10s之内喷油孔或固定螺母周围应无滴油现象，如图11-3所示。否则，应更换或清洗喷油器。

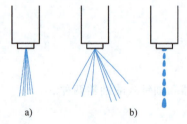

图11-2　喷油器喷雾质量的检验
a）正常　b）有故障

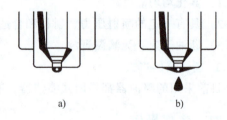

图11-3　喷油器针阀密封性的检验
a）正常　b）有故障

4. 喷油器的装配

1）将针阀、针阀体、紧固螺母装到喷油器体上，螺母的拧紧力矩为60~80N·m。

2）从喷油器体上部装入顶杆、调压弹簧、调压螺钉，拧上调压螺钉紧固螺母。

3）安装进油管接头。总成调试完毕后，安装护帽。

五、注意事项

1）分解过程中应注意保护针阀的精加工表面。

2）在分解后，喷油器垫片应与原配喷油器体放置在一起保存好，喷油器与座孔间的锥

形垫圈也应与原喷油器体放置在一起。装配时,注意针阀体和定位销钉对准。

3）喷油器零件经清洗吹干检验合格后,必须在高度清洁的场所进行装配。

六、评分标准

序号	考核项目	配分	考核内容	评分标准	扣分	得分	考核记录
1	工作态度	10	迟到、早退、旷工	迟到、早退每次扣5分,旷课1节扣10分			
			嬉戏打闹	酌情扣分			
			认真、严谨、团结、协作	酌情给分			
2	安全文明操作	10	遵守安全操作规程,正确使用工具、量具,操作现场整洁	酌情给分			
			安全用电、火,无人身、设备事故	若因违规操作发生重大人身和设备事故,按0分计			
3	考核过程	10	喷油器的组成及原理(口述)	根据叙述内容是否正确酌情给分			
		20	喷油器的拆卸	根据操作内容是否正确酌情给分			
		20	喷油器的校验	根据操作内容是否正确酌情给分			
		20	喷油器的装配	根据操作内容是否正确酌情给分			
4	考核结果	10	任务完成时间	酌情给分			
			任务完成质量	酌情给分			
5	分数	100					

七、实训报告

实训项目:＿＿＿＿＿＿＿

姓名:＿＿＿＿＿＿＿　　　班级:＿＿＿＿＿＿＿
学号:＿＿＿＿＿＿＿　　　日期:＿＿＿＿＿＿＿

一、工具和材料
答:＿＿

二、实训练习
1. 喷油器的一对精密偶件指什么?
答:＿＿

(续)

2. 喷油器的工作原理是怎样的？

答：_____

_____

_____

3. 如何检测喷油器的针阀开启压力？

答：_____

_____

_____

_____

4. 如何检测喷油器的针阀密封性？

答：_____

_____

_____

_____

5. 如何检测喷油器的针阀喷雾质量？

答：_____

_____

_____

_____

三、指导教师评语

_____

_____

_____

实训任务12 柴油机喷油泵的拆装与调试

一、实训目标

1．知识目标

1）了解柴油机供给系统的组成。

2）掌握柴油机供给系统中主要机件的名称、作用和连接关系。

3）掌握喷油泵的工作原理。

2．技能目标

1）熟悉喷油泵的拆装过程。

2）掌握喷油泵各缸供油量不均匀、喷油时间不准确、调速器作用时刻不准确的调整方法。

二、实训设备、仪器和工具

1．实训设备

A型喷油泵、喷油泵试验台。

2．实训工具

常用工具、专用工具（喷油泵凸轮轴柱塞弹簧拆卸器等）、常用量具。

三、相关知识

1．喷油泵的作用

1）提高油压（定压）：将喷油压力提高到10～20MPa。

2）控制喷油时间（定时）：按规定的时间喷油和停止喷油。

3）控制喷油量（定量）：根据柴油机的工作情况改变喷油量的多少，以调节柴油机的转速和功率。

2．喷油泵的要求

1）按柴油机工作顺序供油，而且各缸供油量均匀。

2）各缸供油提前角要相同。

3）各缸供油延续时间要相等。

4）油压的建立和供油的停止都必须迅速，以防止滴漏现象发生。

3．喷油泵的分类

1）柱塞式喷油泵。

2）喷油泵-喷油器式。

3）转子分配式喷油泵。

四、实训操作

下面以A型直列柱塞式喷油泵为例介绍喷油泵的拆装与调试。

1．喷油泵的拆装

1）先堵住低压油路进、出油口和高压油管接头，防止污物进入油路，用柴油、煤油、汽油或中性金属清洗剂清洗泵体外部，旋下调速器底部的放油螺钉，放尽润滑油。

2）将油泵固定在专用拆装架或自制的T形架上，拆下输油泵总成、检视窗盖板、油尺等总成附件及泵体底部螺塞。

3）转动凸轮轴，使1缸滚轮体处于上止点，将滚轮体托板（或销钉）插入调整螺钉与锁紧螺母之间（或挺柱体锁孔中），使滚轮体和凸轮轴脱离。

4）拆下调速器后盖固定螺钉，将调速器后壳后移并倾斜适当角度，拔开连接杆上的锁夹或卡销，使供油齿杆和连接杆脱离。用尖嘴钳取下起动弹簧、取下调速器后壳总成。

5）用专用扳手固定住供油提前角自动调节器，在喷油泵另一端用专用套筒拆下调速飞块支座固定螺母，用顶拔器拉下飞块支座总成，用专用套筒拆下提前器固定螺母，用顶拔器拉下提前器。

6）拆凸轮轴部件。拆卸前，先检查凸轮轴的轴向间隙（0.05～0.10mm）。将测得值与标准进行比较，即可在装配时知道应增垫片的厚度。若不需要更换凸轮轴轴承，先测间隙也可减少装配时的反复调整。拆下前轴承盖，收好调整垫片，拆下凸轮轴支撑轴瓦。用木锤从调速器一端敲击凸轮轴，将轴和轴承一起从泵体前端取下。若需要更换轴承，可用顶拔器拉下轴承。

7）将泵体检视窗一侧向上放平。从油底塞孔中装入滚轮挺柱顶持器，顶起滚轮部件，拔出挺柱托板（或销钉），取出滚轮体总成。按上述方法，依次取出各缸滚轮体总成。如果需要对滚轮体进行解体，则应先测量，记下其高度，取出柱塞弹簧、弹簧上下座、油量控制套筒，旋出齿杆限位螺钉，取出供油齿杆，旋出出油阀压紧座，用专用工具取出出油阀偶件及减容器、出油阀弹簧、柱塞偶件，按顺序放在专用架上。

2. 喷油泵的调试

下面以两速调速器柱塞式喷油泵为例介绍调试步骤。

(1) 调试前的准备

1）将喷油泵安装在试验台上，调整喷油泵凸轮轴与试验台输出轴同心。不同类型喷油泵的安装高度可通过喷油泵与试验台安装导轨之间的垫块予以调整。

2）喷油泵调试前应试运转，以排除低压油路和高压油路内的空气。调整进油压力为0.1MPa，进油温度为40±2℃，检查喷油泵运转是否平稳、有无异常现象，供油齿杆移动是否自如，各油路接头有无渗漏等。

(2) 供油时间的调试（溢油校验法）

1）把喷油泵试验台变速杆放在"0"位，油路转换阀控制杆移至高压油的位置，旋松标准喷油器上的放气螺钉，起动电动机，使柴油自喷油器回油管中连续流出。

2）将喷油泵供油齿杆推到全负荷位置，并沿凸轮轴的工作旋转方向用手缓慢转动喷油泵驱动盘，推动柱塞上行。当1缸喷油器的回油管停止出油（即该柱塞副柱塞开始供油）时，停止转动。调节刻度盘指针，选择"0"位，此时即为1缸开始供油的时刻。检查喷油泵联轴器上的刻线与喷油泵前轴承盖上供油始点标记是否对正，如图12-1所示；如果不能对正，应调整。

3）依照喷油泵的供油顺序，以1缸为准调整其

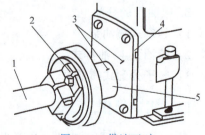

图12-1 供油正时

1—驱动轴 2—联轴器的驱动盘 3—供油正时刻度线 4—喷油泵 5—联轴器的从动盘

他各缸的供油时间。例如,四缸发动机的供油顺序为 1-3-4-2,在调整 3 缸供油时间时,应以 1 缸开始供油时间在刻度盘上的标记为起点,旋转 90°,正好是 3 缸开始供油时间。各缸供油时间在刻度盘上的误差应在±0.5°范围内。

4)若某缸供油时间过迟,应将该柱塞副挺柱上的正时螺钉旋出;若供油时间太早,则将挺柱上的正时螺钉旋入。反复调试,直至符合标准。

(3)调速器高速起作用时的转速调试

1)起动试验台,把调速器操纵臂向加油方向推到底。

2)慢慢提高试验台的转速,并注意观察供油齿杆的变化。当供油齿杆开始向减小供油的方向移动时的转速就是调速器高速起作用的转速,记录下此时的转速。

3)如果该转速与标准值不相符,可分别通过高速限位螺钉和全负荷调整螺钉进行调整,从而增减高速弹簧的弹力来达到要求。一般将高速起作用的转速调整到比最高实际使用转速高 5~10r/min(指喷油泵转速)。

4)继续提高试验台转速,检查其高速断油转速。记录下此时的转速。

5)如果该转速与标准值不相符,应通过拉力杆螺钉进行调整,并重新检查调速器高速起作用的转速及所对应的齿杆行程。

(4)调速器怠速起作用时的转速调试

1)起动试验台,将试验台调整到低于喷油泵怠速工况的转速。

2)扳动操纵臂使供油齿杆移动到规定行程位置,并将操纵臂固定。

3)逐渐增加试验台转速,同时观察供油齿杆的变化。当齿杆开始向减少供油的方向移动时的转速就是调速器怠速起作用的转速。

4)继续增大试验台的转速,检查其怠速断油转速。

5)如果怠速起作用的转速与标准值不相符,应调节怠速弹簧的弹力或更换怠速弹簧来使其达到要求。

(5)额定转速供油量的调整

1)将喷油泵操纵臂置于最大供油位置,使试验台缓慢加速至柴油机额定转速对应的喷油泵转速(即四冲程柴油机喷油泵的转速是柴油机转速的一半)。

2)将量杯倒净,在计数器上设定计量 300 次,观察各缸的供油量。一般要求额定转速供油不均匀度不大于 3%,其计算公式如下:

$$供油不均匀度=(最大供油量-最小供油量)/平均供油量×100\%$$
$$平均供油量=(最大供油量-最小供油量)/2$$

3)不符合标准或不均匀时,松开调节齿圈或柱塞拨叉的夹紧螺钉,将柱塞控制套筒相对于调节齿圈转过一定角度,或柱塞拨叉相对于调节拉杆移动一定距离,再紧固螺钉,即可调整供油量及供油不均匀度。

4)反复进行上述调试,直至供油量及供油不均匀度完全达到规定要求为止。

(6)怠速供油量的调整

1)将喷油泵操纵臂置于最小供油位置,抵到怠速限位螺钉。使试验台以标定怠速转速对应的喷油泵转速运转。

2)将量杯倒干净,在计数器上设定计量 300 次,观察各缸供油量。一般要求供油不均匀度不大于 7%。

3）若供油量不合适，可调整怠速限位螺钉。各缸供油不均匀时，其调试方法同额定转速供油量的调试。

4）反复进行上述调试，直至供油量及供油不均匀度完全达到规定要求为止。

(7) 调整后的复验和注意事项

1）在试验调整的最后阶段，应对所有的试验项目做一次复验。如果发现问题，应及时排除。

2）紧固各部位的调整螺钉，如调节齿圈或拨叉夹紧螺钉、正时螺钉锁紧螺母、调速器各种调节螺钉的锁紧螺母。

3）从试验台上拆下喷油泵后，倒掉内部的润滑油，用柴油冲洗后按规定标准注入干净的柴油。

3. 喷油泵的装配

1）装配时，应在清洁干净的零件表面涂上清洁的润滑油。

2）装供油齿杆。将供油齿杆上的定位槽对准泵体侧面上的齿杆限位螺钉孔，装复限位螺钉，检查供油齿杆的运动阻力（当泵体倾斜45°时，供油齿杆应能靠自重滑动）。

3）装柱塞套筒。将柱塞套筒从泵体上方装入座孔中，其定位槽应恰好卡在定位销上，保证柱塞套完全到位。注意座孔必须彻底清理，防止杂物卡在接触面间，造成柱塞套筒偏斜和接触面不密封。

4）将出油阀偶件、密封垫圈、出油阀弹簧、减容器体和出油阀压紧座依次装入泵体。必须注意出油阀座与柱塞套上端面之间的清洁，并保证密封垫圈完好。用35N·m的力矩拧紧出油阀压紧座，若过紧，会引起泵体开裂、柱塞咬死及齿杆阻滞、柱塞套变形，加剧柱塞副磨损。装配后，应检查喷油泵的密封性。

5）装复供油齿圈和油量控制套筒。油量控制套筒通过齿圈凸耳上的夹紧螺钉和齿圈固定成一体，两者不能相对转动。一般零件上有装配记号；没有记号时，应使齿圈的固定凸耳处在油量控制套筒两孔之间居中位置。确定供油齿杆中间位置。将供油齿杆上的记号（刻线或冲点）与泵体端面对齐，或与齿圈上的记号对齐。如果齿杆上无记号，则应使供油齿杆前端面伸出泵体前端面达到说明书规定的距离。装上齿圈和油量控制套筒（左右拉动供油齿杆到极限位置时，齿圈上凸耳的摆动角度应大致相等），并检查供油齿杆的总行程。

6）装入柱塞弹簧上座及柱塞弹簧，将柱塞装入对应的柱塞套，再装上下弹簧座。注意柱塞下端十字凸缘上有记号的一侧应朝向检视窗。下弹簧有正反之分，不能装反。

7）装复滚轮挺柱体，调整滚轮挺柱体调整螺钉达到说明书规定高度或拆下时记下的高度。将滚轮体装入座孔，导向销必须嵌入座孔的导向槽内。用力推压滚轮体或用滚轮顶持器和滚轮挺柱托板支起滚轮挺柱。逐缸装复各滚轮体。每装复一个滚轮体都要拉动供油齿杆，检查供油齿杆的阻力。

8）装复凸轮轴和中间支撑轴瓦，装上调速器壳和前轴承盖。注意凸轮轴的安装方向，无安装标记时可根据输出泵驱动凸轮位置确定安装方向。凸轮轴的中间支承应与凸轮轴一起装入泵体，否则，凸轮轴装复后无法装上中间支承。

喷油泵凸轮轴装到泵体内应有确定的轴向位置和适当的轴向间隙。凸轮轴装复后，应转动灵活，轴向间隙为0.05~0.10mm。装复供油提前角自动调节器，转动凸轮轴，取下各滚轮体托板。拉动供油齿杆，阻力应小于15N；否则，应查明原因并予以排除。

9）装复输出泵、调速器总成等附件。

五、注意事项

1）喷油泵拆卸后的零部件应按原装配关系放置在清洁的工作台上；精密偶件要放在单独器皿内，用滤清过的轻柴油清洗或存放。

2）零部件进行清洗后用压缩空气吹干。柱塞偶件表面上刻有配偶编号及标记，不得错乱，必要时要补印识别标记。

六、评分标准

序号	考核项目	配分	考核内容	评分标准	扣分	得分	考核记录
1	工作态度	10	迟到、早退、旷工	迟到、早退每次扣5分，旷课1节扣10分			
			嬉戏打闹	酌情扣分			
			认真、严谨、团结、协作	酌情给分			
2	安全文明操作	10	遵守安全操作规程，正确使用工具、量具，操作现场整洁	酌情给分			
			安全用电、火，无人身、设备事故	若因违规操作发生重大人身和设备事故，按0分计			
3	考核过程	10	喷油泵的作用及原理（口述）	根据叙述内容是否正确酌情给分			
		20	喷油泵的拆卸	根据操作内容是否正确酌情给分			
		20	喷油泵的装配	根据操作内容是否正确酌情给分			
		20	喷油泵的调试	根据操作内容是否正确酌情给分			
4	考核结果	10	任务完成时间	酌情给分			
			任务完成质量	酌情给分			
5	分数	100					

七、实训报告

实训项目：_____

姓名：_____ 班级：_____
学号：_____ 日期：_____

一、工具和材料

答：

（续）

二、实训练习

1. 喷油泵的组成是怎样的？

答：_____
_____
_____

2. 喷油泵的工作原理是怎样的？

答：_____
_____
_____
_____

3. 如何调整喷油泵的供油时间？

答：_____
_____
_____
_____
_____

三、指导教师评语

_____
_____
_____

实训任务 13　润滑系统的拆装

一、实训目标

1. 知识目标

1) 掌握典型发动机润滑系统的工作过程。
2) 掌握润滑系统主要机件的结构及工作原理。

2. 技能目标

1) 熟悉发动机润滑系统的拆装步骤。
2) 熟悉润滑系统主要机件的结构及装配关系。

二、实训设备、仪器和工具

1. 实训设备

帕萨特 B5 发动机、相应资料及润滑系统主要部件（机油泵、滤清器、润滑油散热器、限压阀、旁通阀等）。

2. 实训工具

常用工具、专用工具、塞尺。

三、相关知识

汽车发动机润滑系统的基本任务是将润滑油不断地供给各零件的摩擦表面，减少零件的摩擦和磨损。润滑系统虽然不参加发动机的功能转换，却能保证发动机正常工作，使其具有较长的使用寿命。

1. 润滑系统的作用

润滑系统的主要作用是对发动机主要摩擦零件进行润滑。

润滑油流经各零件表面时，还会带走零件摩擦产生的热量，洗掉零件表面的金属磨屑、空气带入的尘土及燃烧产生的炭粒等杂质（这些作用对气缸壁来说尤为重要）；在零件表面形成的油膜，还会保护零件免受水、空气和燃气的直接作用，防止零件受到化学及氧的腐蚀。润滑油有一定的粘性，可以填补缸壁与活塞环之间的微小间隙，减少气体的泄漏，起到密封作用。所以润滑油的作用除润滑外，还具有散热、清洗、保护及密封等作用。

2. 润滑方式

（1）压力润滑　利用机油泵将具有一定压力的润滑油送到摩擦面间，形成具有一定厚度并能承受一定机械负荷而不破裂的油膜，尽量将两摩擦零件完全隔开，实现可靠的润滑。

（2）飞溅润滑　利用发动机工作时某些运动零件（主要是曲轴与凸轮轴）飞溅起的油滴与油雾，对摩擦表面进行润滑的一种方式。飞溅润滑适用于暴露的零件表面，如缸壁、凸轮等；相对运动速度较低的零件，如活塞销等；机械负荷较轻的零件，如挺柱等。气缸壁采用飞溅润滑还可防止由于润滑油压力过高、油量过大，进入燃烧室导致发动机工作条件恶化。

（3）**定期润滑** 对一些不太重要、分散的部位，采用定期加注润滑脂的方式进行润滑。如发动机水泵轴承、发电机、起动机及分电器等总成的润滑，即采用这种方式。

3. 润滑系统的组成

发动机的润滑系统组成大体相同，一般由下面这些装置组成。

（1）**油底壳** 用来储存润滑油。在大多数发动机上，油底壳还起到为润滑油散热的作用。

（2）**机油泵** 将一定量的润滑油从油底壳中抽出加压后，源源不断地送至各零件表面进行润滑，维持润滑油在润滑系统中的循环。机油泵大多装于曲轴箱内，也有些柴油机将机油泵装于曲轴箱外面，机油泵都采用齿轮驱动方式，通过凸轮轴、曲轴或正时齿轮来驱动。

（3）**机油滤清器** 用来过滤掉润滑油中的杂质、磨屑、油泥及水分等杂物，使送到各润滑部位的都是干净清洁的润滑油。由于过滤能力与流动阻力成正比，润滑系统的滤清器按过滤能力的不同分成两种（粗滤器和细滤器），设于润滑系统不同部位。润滑油粗滤器用来滤掉润滑油中粒度较大的杂质，其流动阻力小，串联安装于机油泵出口与主油道之间。润滑油细滤器能滤掉润滑油中的细小杂质，但流动阻力较大，故多与主油道并联安装，只有少量的润滑油通过细滤器过滤。

（4）**润滑油集滤器** 多为滤网式，能滤掉润滑油中粒度大的杂质，其流动阻力小，串联安装于机油泵进油口之前。

（5）**主油道** 是润滑系统的重要组成部分，直接在缸体与缸盖上铸出，用来向各润滑部位输送润滑油。

（6）**限压阀** 用来限制机油泵输出的润滑油压力；用来限制进入细滤器的油量，防止因进入细滤器的油量过多，导致主油道压力降低而影响润滑。

（7）**旁通阀** 旁通阀与粗滤器并联，当粗滤器发生堵塞时，旁通阀打开，机油泵输出的润滑油直接进入主油道。

润滑系统还设有机油压力表、润滑油温度表等。某些热负荷较大的发动机，如越野汽车发动机和柴油发动机上，还设有润滑油散热器，对润滑油进行散热冷却。

四、实训操作

下面以帕萨特 B5 发动机润滑系统的拆装为例进行介绍，其组成如图 13-1 所示。

1. 油底壳的拆卸和安装

（1）拆卸

1）断开蓄电池负极电缆，拆下机油标尺。

2）抬起车辆并确保支承安全。

3）放出发动机机油。

4）拆下发动机与变速驱动桥的连接螺栓。

5）拆下油底壳固定螺栓和油底壳。

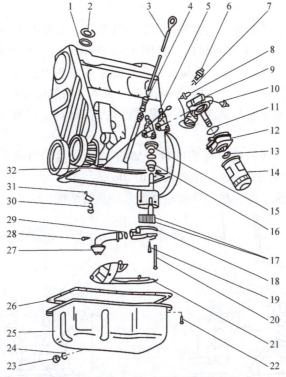

图 13-1 帕萨特 B5 发动机润滑系统的组成

1—密封垫圈 2—加油口盖 3—机油标尺 4—机油标尺导管口 5—机油滤清器支架垫片
6—螺栓（30N·m） 7、24—密封圈 8、13、20—螺栓（25N·m） 9—机油滤清器支架
10—机油压力传感器 11、29—O 形圈 12—润滑油冷却器 14—机油滤清器 15—密封盖
16—主动齿轮 17—从动齿轮 18—带压力阀的机油泵盖 19、28—螺栓（10N·m）
21—挡油板 22—螺塞（15N·m） 23—放油螺栓（30N·m） 25—油底壳 26—油底壳垫片
27—吸油管 30—卸压阀（27N·m） 31—机油喷嘴 32—单向阀（5N·m）

（2）安装

1）彻底清洗和干燥所有密封面、螺栓和螺栓孔。

2）安装新油底壳垫片或用硅密封件来密封，把油底壳安装到发动机上。

3）安装固定螺栓，以 15N·m 的力矩拧紧油底壳螺栓，以 45N·m 的力矩拧紧油底壳与变速器之间的螺栓，以 45N·m 的力矩拧紧油底壳与缸体之间的 M10 螺栓。

4）安装机油标尺，把适量的发动机机油注入发动机。

5）连接蓄电池负极电缆，起动发动机，检查是否有渗漏。

2. 机油泵的拆装与调整

（1）拆卸

1）旋松限位压板的紧固螺栓，拆去压板。

2）旋松并拆卸紧固机油泵盖、机油泵体的紧固螺栓，将机油吸油部件一起拆下。

3）拧松并拆下吸油管紧固螺栓，拆下吸油管组件，检查并清洗滤网。

4）旋松并拆下机油泵盖紧固螺栓，取下机油泵组件，检查泵盖上的限压阀。

5）分解主动齿轮、从动齿轮，再分解齿轮和轴，垫片更换新件。

（2）检验与装配

1）检查主动齿轮、从动齿轮的磨损程度、有无损伤，必要时更换（最好成对更换）。

2）检查机油泵盖与齿轮端面间隙，如图13-2所示，其标准为0.05mm，使用极限为0.15mm。检查时，将金属直尺直边紧靠在带齿轮的泵体端面上，将塞尺插入两者之间的缝隙进行测量。若间隙不符合标准，可以增减泵盖与泵体之间的垫片进行调整。

3）主动齿轮、从动齿轮与泵腔内壁间隙超过0.30mm时，应更换新件。测量的方法是用塞尺进行测量。

4）主动齿轮与从动齿轮啮合间隙的检查如图13-3所示，用塞尺插入啮合齿间，测量120°三点齿侧，标准为0.05mm，使用极限为0.20mm。

5）将所有零件清洗干净，按与分解相反的顺序进行装配。

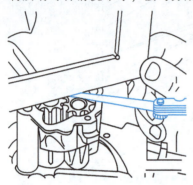

图13-2 检查机油泵端面间隙

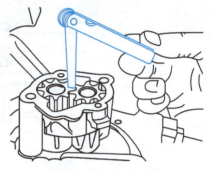

图13-3 机油泵齿轮啮合间隙

3. 轿车润滑系统油路的分析

（1）润滑系统的特点

1）由于轿车发动机转速高、功率大，凸轮轴多为顶置，机油泵一般由中间轴驱动。

2）配气机构多采用液力挺柱，有油道向液力挺柱供油。

3）在主油道与机油泵之间多采用单级全流式滤清器，以简化滤清系统。

4）集滤器为固定淹没式，可避免机油泵吸入表面泡沫，保证润滑系统工作可靠。

（2）润滑油路 如图13-4所示，发动机工作时，机油经集滤器初步过滤后进入机油泵，机油泵输出的机油全部流经机油滤清器，然后进入纵向主油道。主油道中的机油分别由各分油道进入曲轴主轴承和连杆轴承，再通过连杆杆身的油道润滑活塞销，并对活塞进行喷油冷却。

中间轴的润滑由发动机前边第一条横向斜油道和从机油滤清器出来的油道供油。气缸盖

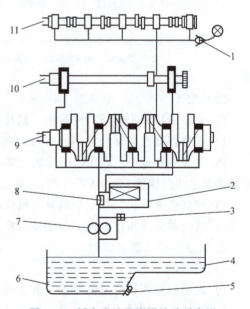

图13-4 轿车汽油机润滑油路示意图

1、8—油压开关 2—机油滤清器 3—限压阀
4—油底壳 5—放油螺塞 6—润滑油集滤器
7—机油泵 9—曲轴 10—中间轴 11—凸轮轴

上的纵向油道与主油道相通,并通过横向油道润滑凸轮轴轴颈及向液力挺柱供油。在缸盖和缸体的一侧布置了回油孔,使缸盖上的机油流回曲轴箱。

(3) 两个油压开关

1) 油压开关1:为30kPa,位于气缸盖后端。打开点火开关,仪表板中的机油压力警告灯即闪烁。起动发动机,当机油压力大于30kPa时,油压开关1触点开启,该警告灯自动熄灭。当发动机低速运转时,若机油压力低于30kPa,则油压开关1触点闭合,机油压力警告灯闪烁。

2) 油压开关8:为180kPa,位于机油滤清器支架上。当发动机转速超过2150r/min时,如果机油压力达不到180kPa,油压开关8触点断开,机油压力警告灯闪烁,且警报蜂鸣器同时报警。

4. 机油加注

使用符合VW标准50000或50101的发动机机油。当发动机无机油滤清器时,加注3.3L;发动机带机油滤清器时,加注3.8L。

5. 机油标尺上的标记

如图13-5所示,a—高于阴影区直至最高限度标记的范围内不要补注发动机机油;b—机油液面在阴影区的范围内可以补注发动机机油;c—最低限度标记直至阴影区的范围内要补注发动机机油,最多补注0.5L。注意,机油液面不允许超过最高限度标记,否则会造成三元催化转化器的损坏。

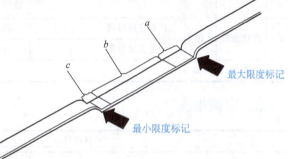

图13-5 机油标尺上的标记

五、注意事项

1) 正确操作,注意人身及机件安全。
2) 注意拆装顺序,保持场地整洁及零部件、工具、量具清洁。

六、评分标准

序号	考核项目	配分	考核内容	评分标准	扣分	得分	考核记录
1	工作态度	10	迟到、早退、旷工	迟到、早退每次扣5分,旷课1节扣10分			
			嬉戏打闹	酌情扣分			
			认真、严谨、团结、协作	酌情给分			
2	安全文明操作	10	遵守安全操作规程,正确使用工具、量具,操作现场整洁	酌情给分			
			安全用电、火,无人身、设备事故	若因违规操作发生重大人身和设备事故,按0分计			

(续)

序号	考核项目	配分	考核内容	评分标准	扣分	得分	考核记录
3	考核过程	10	认识润滑系统各零件及其功用	根据叙述内容是否正确酌情给分			
		20	分析润滑系统的油路	根据叙述和操作内容是否正确酌情给分			
		20	检查机油泵的"两隙",并测量准确	根据操作内容是否正确酌情给分			
		20	润滑系统的拆装	根据操作内容是否正确酌情给分			
4	考核结果	10	任务完成时间	酌情给分			
			任务完成质量	酌情给分			
5	分数	100					

七、实训报告

实训项目：_____

姓名：_____ 班级：_____
学号：_____ 日期：_____

一、工具和材料
答：_____

二、实训练习
1. 润滑系统的功用及组成是怎样的？
答：_____
_____
_____

2. 润滑系统的工作过程是怎样的？
答：_____
_____
_____

3. 润滑油标尺上的标记表示什么？
答：_____
_____
_____

三、指导教师评语
_____
_____
_____

实训任务 14　冷却系统的拆装

一、实训目标

1. 知识目标

1) 掌握典型发动机冷却系统的工作过程。
2) 掌握冷却系统主要机件的结构及工作原理。

2. 技能目标

1) 了解水冷系统的组成和工作过程。
2) 了解冷却系统主要机件的结构及安装关系。
3) 掌握水泵的拆装要领。

二、实训设备、仪器和工具

1. 实训设备

帕萨特 B5 型轿车发动机台架、水泵、节温器等。

2. 实训仪器和工具

顶拔器、冷却液温度计、加热装置、常用工具和量具、拆装专用工具、卡簧钳、一字螺钉旋具、常用拆装套筒等。

三、相关知识

冷却系统的功用是将受热零件吸收的部分热量及时散发出去，以保证发动机在最适宜的温度状态下工作。

发动机的冷却系统有风冷和水冷之分。以空气为冷却介质的冷却系统称为风冷系统；以冷却液为冷却介质的冷却系统称为水冷系统。

1. 冷却系统的循环

汽车发动机的冷却系统为强制循环水冷系统，即利用水泵提高冷却液的压力，强制冷却液在发动机中循环流动。

强制循环水冷系统中包括了两种工作循环，即小循环和大循环。冷车起动后，发动机在渐渐升温，冷却液的温度还无法打开系统中的节温器，此时的冷却液只是经过水泵在发动机内进行小循环，其目的是使发动机尽快地达到正常的工作温度。随着发动机温度的升高，冷却液温度升到了节温器的开启温度（通常为 80℃）后，冷却循环开始了大循环。这时候的冷却液从发动机出来，经过车前端的散热器散热后，再经水泵进入发动机。

2. 冷却系统部件分析

冷却系统主要零部件有节温器、水泵、水泵传动带、散热器、散热风扇、冷却液温度感应器和蓄液罐。

（1）冷却液　　冷却液是由防冻添加剂及防止金属产生锈蚀的添加剂和水组成的液体。它需要具有防冻性、防蚀性、热传导性和不变质的性能。

（2）节温器　　节温器是决定小循环还是大循环的主要部件。节温器在 80℃ 后开启，

95℃时开度最大。若节温器不能关闭，会使循环从开始就进入大循环，这样就造成发动机不能尽快达到或无法达到正常温度。

（3）水泵　水泵的作用是对冷却液加压，保证其在冷却系统中循环流动。

（4）散热器　发动机工作时，冷却液在散热器芯内流动，空气在散热器芯外通过，热的冷却液由于向空气散热而变冷。散热器上还有一个重要的小零件，就是散热器盖。随着温度的变化，冷却液会"热胀冷缩"，散热器会因冷却液的膨胀而内压增大，当内压达到一定值时，散热器盖开启，冷却液流到蓄液罐；当温度降低时，冷却液回流入散热器。

（5）散热风扇　正常行驶中，高速气流已足以散热，风扇一般不会在这时候工作；但在慢速和原地运行时，风扇就会转动来帮助散热器散热。风扇的起动由冷却液温度感应器控制。

（6）冷却液温度感应器　冷却液温度感应器其实是一个温度开关，当发动机冷却液温度超过90℃时，冷却液温度感应器将接通风扇电路。如果循环正常，当温度升高时，风扇不转，则冷却液温度感应器和风扇需要检查。

（7）蓄液罐　蓄液罐的作用是补充冷却液和缓冲"热胀冷缩"的变化，所以不要加液过满。如果蓄液罐完全用空，不能仅仅在罐中加液，还需要开启散热器盖检查液面并添加冷却液，否则蓄液罐就失去功用。

3. 冷却系统的设计

冷却系统的作用是在所有工况下保证发动机在最适宜的温度下工作，冷却系统匹配得是否合适将直接影响到发动机的使用寿命和燃油经济性，所以在冷却系统的设计及计算中，散热器的选型以及风扇的匹配对冷却系统起着至关重要的作用。

为便于组织气流，散热器布置在整车的前面，但由于受到整车布置空间的限制，在其前面还布置了空调冷凝器，这会增加风阻，影响散热器的进风量，从而影响冷却系统的冷却能力。风扇布置在散热器后面，靠风扇电动机带动。

四、实训操作

当发动机温度高的时候冷却系统是有压力的，要先卸掉压力。软管接头都是用弹簧卡箍，在进行紧固修理时也只能用弹簧卡箍。在安装时，要保证冷却软管的松弛，不要让它与其他结构部件相接触（注意冷却液和软管连接的标记）。

下面以帕萨特B5型轿车发动机冷却系统为例进行介绍。冷却系统拆装时所需拆装的零部件如图14-1、图14-2所示。

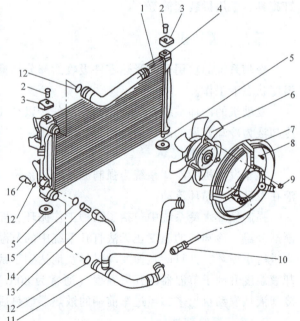

图14-1　帕萨特B5型轿车冷却系统部件组成

1—散热器　2—固定夹　3—固定橡胶　4—上部冷却液软管
5—橡胶垫　6—冷却风扇　7—风扇罩壳　8—紧固螺栓
9—螺钉（10N·m）　10—双头插式接头　11—下部冷却液软管
12—O形圈　13—连接插头　14—散热风扇的热敏开关
15—密封圈　16—排水螺栓（10N·m）

项目二　汽车发动机的拆装与调整

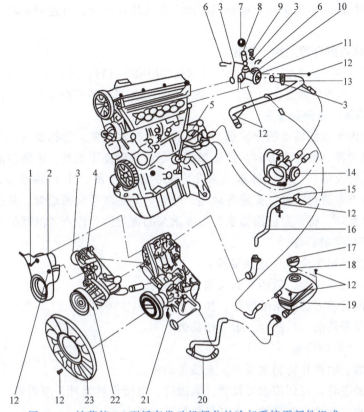

图14-2　帕萨特B5型轿车发动机部分的冷却系统零部件组成

1—螺栓（20N·m）　2—同步带防护罩下部　3、18—O形圈　4—水泵　5—润滑油冷却器　6—保持夹
7—连接插头　8—冷却液温度传感器　9—塞子　10—通向散热器　11—连接管　12—螺栓（10N·m）
13—上部冷却液管　14—节气门控制单元　15—从散热器来　16—下部冷却液管　17—塞盖
19—散热器　20—下部冷却液管　21—组合支架　22—传动带　23—风扇叶轮

1. 散热器的拆卸和安装

1）拆卸散热器时，要先排空冷却液。

2）从散热器上拔下冷却液软管。

3）拔下热敏开关的插头。对于带自动变速器的汽车，从散热器上拆下ATF管。

4）拆下散热器上部固定夹子并朝前取下散热器。

5）散热器的安装按照与拆卸相反的顺序进行。

2. 硅油风扇离合器的拆卸和安装

（1）硅油风扇离合器的拆卸

1）先将固定支架移到维修位置，拆下传动带，从硅油风扇离合器上拆下风扇叶轮。

2）用心轴（φ5mm）固定住硅油风扇离合器的带轮，如图14-3所示。

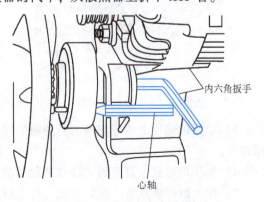

图14-3　硅油风扇离合器的拆卸

89

3）用8mm的内六角扳手拧下硅油风扇离合器的固定螺栓，并连同带轮一起拆下硅油风扇离合器。

4）从硅油风扇离合器上拆下带轮。

（2）硅油风扇离合器的安装　按照与拆卸相反的顺序进行，注意以10N·m的力矩把风扇拧紧固定到硅油风扇离合器上，以45N·m的力矩把硅油风扇装到组合支架上，安装传动带。

3. 水泵传动带的拆卸和安装

拆卸前，应先检查前轴承的松旷量、泄水孔有无漏水现象。拆卸要点：拆卸水泵轴有从上部和下部取出两种，要注意方向，避免损坏。尽量使用专用工具，不能硬敲、硬撬。检修时，重点检查水封及座口、轴、轴承、承孔之间的配合，前（上）轴承松旷量。装配时，要重点注意和检查卡簧与轴承、突缘与轴端、叶轮与下底座平面的端隙。装合后，将水泵倒置，封闭进、出水口，将水室注满温水，检查水泵的密封性。检查节温器的开启温度。

（1）水泵传动带的拆卸

1）拆下硅油风扇离合器（连同带轮）。

2）标记水泵的带轮前、后两片的安装位置。

3）用心轴固定动力转向泵的带轮，如图14-4所示。

4）拧下水泵带轮前、后两片，折下传动带。

（2）水泵传动带的安装

1）将带轮前、后两片装到水泵上，安装传动带。

2）均匀拉紧带轮，直到传动带张紧。紧固时，可缓慢转动叶片泵带轮。

3）用心轴固定叶片泵的带轮。水泵带轮拧紧力矩为25N·m。

4. 冷却液的加注

1）先安装并紧固下部冷却液软管。

2）更换O形圈，在水泵上安装放气螺钉，拧紧力矩为30N·m。将转接器V.A.G1274/9拧到散热器上，如图14-5所示。

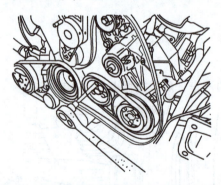

图14-4　水泵驱动带的拆卸

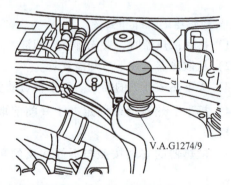

图14-5　转接器的安装

3）松开散热器上的冷却液软管并将它拉回到冷却液软管的透气口处，不要被连接套筒所遮盖。

4）加注冷却液，直至到达冷却液软管的透气口。

5）接上冷却液软管，夹紧卡箍。拧上散热器盖。

6）将暖风控制打开到最大位置。起动发动机并保持发动机转速2000r/min约3min，降低发动机转速到怠速状态，直至散热器的下部冷却液软管发热为止。

5. 检查冷却液液面位置

在发动机暖机状态下，冷却液液面必须到达最大标记处；在冷机时，冷却液液面应位于最大和最小标记之间。

五、注意事项

1）放出冷却液时要小心，因冷却液有毒。
2）冷却液要按照厂家规定来选择和添加。

六、评分标准

序号	考核项目	配分	考核内容	评分标准	扣分	得分	考核记录
1	工作态度	10	迟到、早退、旷工	迟到、早退每次扣5分，旷课1节扣10分			
			嬉戏打闹	酌情扣分			
			认真、严谨、团结、协作	酌情给分			
2	安全文明操作	10	遵守安全操作规程，正确使用工具、量具，操作现场整洁	酌情给分			
			安全用电、火，无人身、设备事故	若因违规操作发生重大人身和设备事故，按0分计			
3	考核过程	10	叙述冷却系统的组成及作用（口述）	根据叙述内容是否正确酌情给分			
		20	结合实验台指出冷却系统的大、小循环路线（口述）	根据叙述和操作内容是否正确酌情给分			
		20	硅油风扇离合器的拆卸和安装	根据操作内容是否正确酌情给分			
		20	水泵的拆卸与安装	根据操作内容是否正确酌情给分			
4	考核结果	10	任务完成时间	酌情给分			
			任务完成质量	酌情给分			
5	分数	100					

七、实训报告

实训项目：_____

姓名：_____ 班级：_____
学号：_____ 日期：_____

一、工具和材料

答：_____

（续）

二、实训练习

1. 发动机冷却系统的组成是怎样的？

答：_____
_____
_____

2. 分别绘出发动机过热、过低的故障诊断树。

答：_____
_____
_____
_____
_____

3. 写出冷却系统大、小循环路线。

答：_____
_____
_____

三、指导教师评语

_____
_____

项目二 汽车发动机的拆装与调整

实训任务 15　传统点火系统的拆装与调整

一、实训目标

1. 知识目标

1）掌握传统点火系统的组成及工作原理。

2）掌握分电器的结构特点。

3）掌握分电器的拆装工艺及要点。

2. 技能目标

1）掌握分电器的结构、拆卸工艺及要点。

2）掌握分电器的装配工艺及调整方法。

二、实训设备、仪器和工具

1. 实训设备

典型车型的点火系统。

2. 实训工具

螺钉旋具、尖嘴钳、冲子、台虎钳、锉刀、FD642 分电器、锤子和塞尺。

三、相关知识

1. 点火系统的作用

在汽油发动机中，气缸内的混合气是由高压电火花点燃的，而产生电火花是由点火系统来完成的。点火系统将电源的低电压变成高电压，再按照发动机点火顺序轮流送至各气缸，点燃压缩混合气并适应发动机工况和使用条件的变化，自动调节点火时刻，实现可靠而准确的点火，还能在更换燃油或安装分电器时进行人工校准点火时刻。

2. 发动机对点火系统的要求

1）点火装置应能产生足以击穿火花塞间隙的高压电（正常工作时一般为 10kV，低温起动时一般需要 19kV 以上），一般最高电压达 20~30kV。

2）电火花应具有足够的点火能量，一般发动机正常工作时需 0.01~0.05J，低温起动时需 0.10J。

3）能根据发动机工况的变化提供最佳的点火时刻，以使发动机产生最大的功率（包括点火顺序和点火时机）。

4）在特殊使用条件下（热带、寒带、潮湿及空气稀薄地区）行驶时，点火系统必须可靠地工作。

3. 点火系统的分类

（1）按点火系统储存能量的方式分

1）电感储能式（点火能量以磁场能的形式储存在点火线圈中）。

2）电容储能式（点火能量以电场能的形式储存在储能电容中）。

(2) 按点火信号发生器的原理分

1）磁感应式（日本丰田车系统）。

2）霍尔效应式（德国大众车系统）。

3）光电式（日本日产车系统）。

(3) 按一次电路控制方式分

1）传统点火系统——蓄电池点火系统。

2）电子点火系统——应用于化油器式发动机。

3）计算机控制点火系统——广泛应用于电控发动机的点火系统。

(4) 按高压电的配电方式分

1）机械配电点火系统（有分电器）。

2）计算机配电点火系统（无分电器）。

说明：电感储能式点火系统中，电磁感应式和霍尔效应式应用广泛。有分电器点火系统在中低档车中应用广泛，无分电器点火系统在中高档车中应用广泛。

4. 点火系统的工作原理

(1) 点火系统的组成　汽车用汽油发动机中，点火系统一般由电源（蓄电池或发电机）、点火开关、点火线圈、分电器、点火控制器、火花塞、高压线等部件组成（图15-1）。

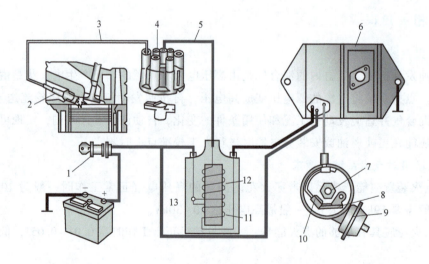

图 15-1　点火系统的组成

1—点火开关　2—火花塞　3—高压线　4—分电器盖及分火头　5—中央高压线
6—点火控制器　7—信号转子　8—永磁铁　9—真空调节器　10—信号线圈
11——次绕组　12—二次绕组　13—点火线圈

(2) 点火系统的工作原理（图15-2）　一次电流一般为7~8A，一次电压为12V，点火时，一次自感电动势为200~300V，二次电压一般为30kV。

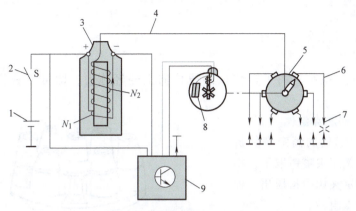

图 15-2　点火系统工作原理图

1—蓄电池　2—点火开关　3—点火线圈　4—中央高压线　5—配电器
6—分高压线　7—火花塞　8—信号发生器　9—点火控制器

四、实训操作

（一）分电器的解体

1．分电器的分解图（图 15-3）

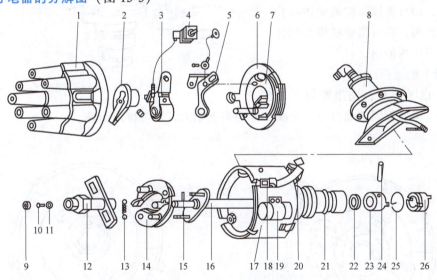

图 15-3　分电器的分解图

1—分电器盖　2—分火头　3—活动触点臂　4—断电器低压接线柱　5—固定触点与支架　6—断电器固定底板　7—断电器活动底板　8—真空点火提前机构　9—油毡　10—螺钉　11—平垫圈　12—断电器凸轮带离心提前机构横板　13—硬弹簧　14—离心重块　15—软弹簧　16—分电器轴　17—分电器壳　18—分电器盖卡簧　19—电容器　20—油杯　21—O形橡胶密封圈　22—平垫圈　23—固定销用万向节　24—固定销　25—万向节钢丝　26—扁尾万向节

2．拆卸外部零部件（图 15-4）

1）拆下分电器盖，用手将两个分电器盖卡簧分别拨开，即可取下分电器盖。

2）拔下分火头。

3）拆下电容器引线。

4）拆下电容器。

5）拔下低压接线柱，用手捏住该接线柱向上轻轻施力，即可将其从壳体的缺口中拔下。

3. 拆下断电器触点组件

将图15-5中①处的固定螺钉拆下，将③处的卡簧用尖嘴钳取下，将②处的断电臂固定夹用手指压出，即可拆下断电器触点组件。

4. 拆下断电器固定底板

用十字旋具将图15-6中①、②两处的固定螺钉拆下，再将③处的真空提前机构拉杆销上的卡环用尖嘴钳取下，即可拆下固定底板。

5. 拆下真空提前机构

将图15-7中①、②两处的固定螺钉拆下，即可使该机构的壳体与分电器外壳脱离，并可将该机构的拉杆从分电器壳体内抽出。

6. 拆下断电器凸轮

如图15-8所示，先用螺钉旋具取出油毡，再取下固定螺钉及平垫圈，轻轻向上施力，即可拔出凸轮。

图15-4 点火系统外部零件

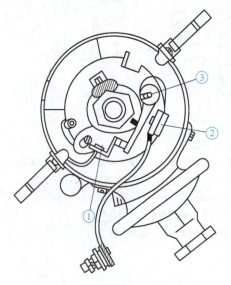

图15-5 断电器触点组件的拆卸

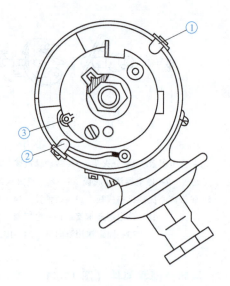

图15-6 断电器固定底板的拆卸

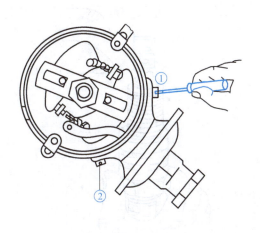

图 15-7　真空提前机构的拆卸

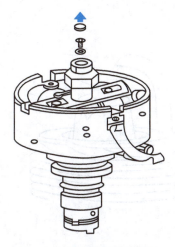

图 15-8　断电器凸轮的拆卸

7. 拆下离心提前机构

如图 15-9 所示，用尖嘴钳将两个弹簧取下，即可取出离心提前机构的两块重块。

8. 拆下分电器轴

如图 15-10 所示，先将连接分电器外壳与轴的固定销一端的铆接头用锉刀锉掉，再用冲子将固定销冲出，即可取下万向节，并可将分电器轴从壳体中抽出。

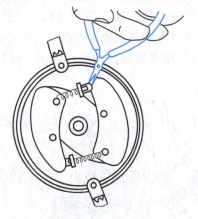

图 15-9　离心提前机构的拆卸

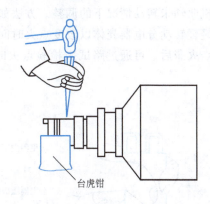

图 15-10　分电器轴的拆卸

（二）火花塞的检查、调整及点火正时

1. 火花塞的检查

（1）外观检查

1）如图 15-11 所示，检查电极烧损情况。先用火花塞清洗器将火花塞清洗干净，然后检查绝缘体是否有裂纹、破损，中心电极、侧电极是否烧损。严重者应进行更换。

2）螺纹部分损坏超过两牙者，应更换。

（2）火花塞电极间隙的检查　用钢丝式专用火花塞塞尺（见图 15-12）进行测量。火花塞电极间隙一般应为 0.65~0.85mm。注意：不宜用普通塞尺测量。

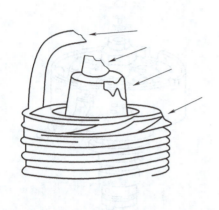
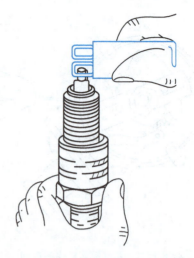

图 15-11　火花塞电极烧损情况检查　　　　　图 15-12　火花塞间隙的测量

2. 火花塞电极间隙的调整

如图 15-13 所示，用钢丝式专用火花塞塞尺，小心地弯曲侧电极来调整其间隙。注意：不可通过敲击中心电极来调整。

3. 点火正时

（1）**点火提前角的校正（微调）**　这种方法适用于分电器从发动机上拆下，或虽拆下但发动机曲轴未转动情况下的调整。方法如下：旋松固定分电器压板（图 15-14）的固定螺钉后，轻轻转动分电器壳体以改变点火时间。分电器壳体逆时针转动使点火提前，顺时针转动将使点火滞后。可通过路试来检验点火时间是否恰当。点火提前角的大小可用正时灯进行测量。

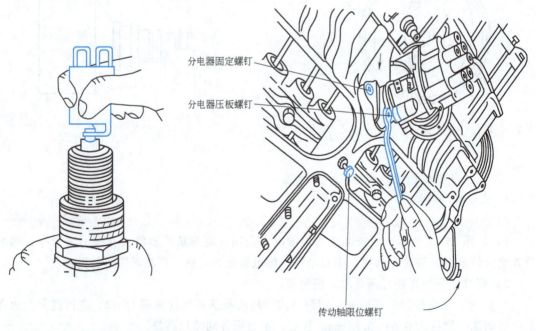

图 15-13　火花塞电极间隙的调整　　　　　图 15-14　固定分电器压板螺钉的旋松

(2) 重新调整点火正时　这种方法适用于重新安装分电器后的调整。方法如下：

1）检查断电器触点间隙是否在规定范围（0.35～0.45mm）内，否则应进行调整。

2）找出1缸压缩终了上止点位置：拧下1缸火花塞，用手指堵住火花塞孔，转动发动机曲轴，当手指感到有明显压力时即为压缩行程，此时慢慢转动发动机曲轴，注意观察飞轮上的正时记号，并使之与飞轮壳正时记号刻线对齐（图15-15），这时停止转动发动机，然后装回火花塞。

3）观察分电器传动轴的安装位置，分电器传动轴的偏心槽应在与曲轴中心线平行的位置上，以偏心槽的小面向上、大面向下（图15-16）。否则，应按以下方法重新安装：

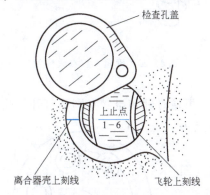

图15-15　飞轮壳正时记号

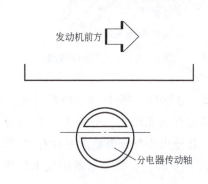

图15-16　分电器轴的安装位置

① 将传动轴端偏心转至接近水平位置，且小面向上、大面向下。

② 将传动轴逆时针旋转约60°（图15-17），插入缸体内，观察是否安装正确，若仍不正确应再重装，直至满足要求。

③ 用专用锁紧螺栓，以手的力量将其拧紧（且不可用扳手过分用力，以免使传动轴套变形而卡住传动轴）。

④ 用两只扳手将锁紧螺母锁牢。

4）安装分电器。如图15-18所示，让分电器万向节端部大、小面与分电器传动轴端大、小面相吻合，然后连同垫片一起插入缸体上的安装孔，并拧紧两个固定螺栓（图15-19）。

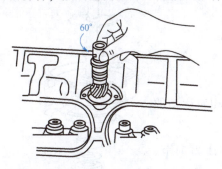

图15-17　分电器轴的安装

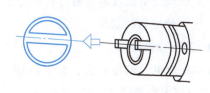

图15-18　分电器的安装

5）确定1缸点火位置。

① 如图15-20所示，打开点火开关至点火档，使点火线圈高压线端离缸体4～5mm。

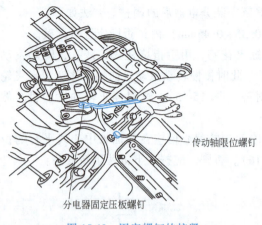

图 15-19 固定螺钉的拧紧

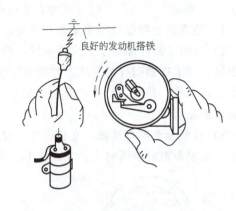

图 15-20 确定 1 缸点火位置

② 先顺时针方向转动分电器外壳，使触点闭合，再逆时针转至触点刚刚打开，此时高压线端应有火花产生，分火头所指的位置即为 1 缸点火位置，且分火头与分电器盖上标有"1"的插孔对应。

③ 停止转动，将分电器压板上的固定螺钉拧紧（图 15-19）。

6）按点火顺序（1-5-3-6-2-4）插好各缸高压线（图 15-21）。

4．点火正时的检验

1）起动发动机，使发动机冷却液的温度达到 70～80℃。

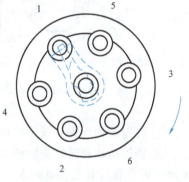

图 15-21 插高压线

2）汽车在平坦路面上用直接档以 20km/h 的速度行驶，将加速踏板突然踩到底，发动机发出轻微的爆燃声，当车速升到 40～50km/h 时，爆燃声自动消失，这说明点火正时恰当。若突然加速时有发"闷"之感（或同时排气管有放炮声），说明点火过迟；若发动机内出现较重的爆燃声，表明点火时间过早。

3）点火过早或过迟可通过转动分电器外壳校正。

（三）分电器的装配

1．装配分电器轴

1）在分电器轴与衬套、分电器轴与凸轮等有相对运动的部位涂以高温润滑脂。

2）将分电器轴装入分电器外壳，并在轴端装上万向节，穿上固定销，但暂不铆固（图 15-22）。

3）检查分电器轴的轴向间隙（图 15-23），若间隙过大，可在万向节和外壳之间加垫片调整，直至间隙为 0.08～0.25mm，然后将固定销钉铆固。

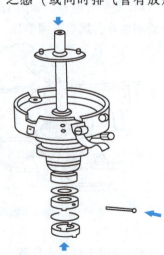

图 15-22 分电器轴的装配

2. 安装离心提前机构

1) 如图 15-24 所示,将离心重块装到与轴固联的底板上。重块与底板之间应有垫片,注意不要漏装。

2) 装上回位弹簧。注意:两弹簧为一软一硬。

3. 安装断电器凸轮

如图 15-25 所示,将凸轮套到分电器轴的上端,并将拨板上的两孔分别套入离心块的拨销上,然后装回垫片及螺钉。装回后,用手握住下端的万向节,试一下凸轮与轴之间是否能相对转动。若两者间不能相对转动,应增厚凸轮下的垫片予以调整(若两者间不能相对转动,离心提前机构将失效),但不能有明显的轴向间隙。

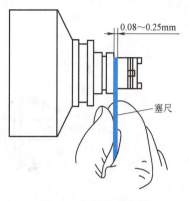

图 15-23 检查分电器轴的轴向间隙

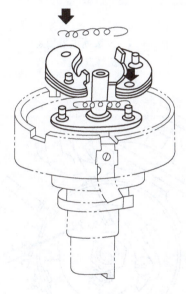

图 15-24 离心重块的装配

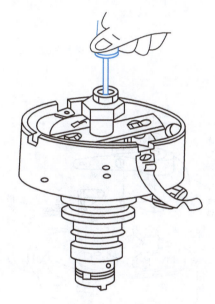

图 15-25 安装断电器凸轮

4. 安装真空提前机构

如图 15-26 所示,将真空提前机构的拉杆插入壳体后,拧紧真空提前机构壳体与分电器外壳之间的固定螺钉。

5. 安装断电器固定底板及触点组件

1) 用清洗纸片除去触点间的污物。

2) 将固定底板放入分电器外壳内,并将真空提前机构拉杆上的销钉从底板的相应孔中穿出,然后将底板固定在分电器外壳上,如图 15-27 所示。

3) 安装断电器触点组件,方法如图 15-28 所示。注意:搭铁线是固定在固定触点支架的固定螺钉处的,且此时螺钉应暂不拧紧,以便调整断电器触点间隙。

4) 确定触点间隙。如图 15-29 所示,用一字旋具旋动偏心螺钉,触点间隙即可改变,使触点间隙为 0.35~0.45mm,将固定触点支架的固定螺钉拧紧。

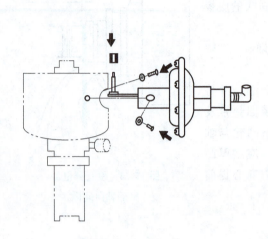

图 15-26 安装真空提前装置

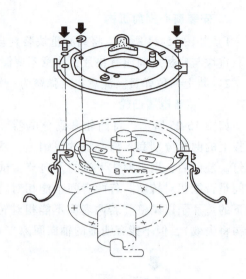

图 15-27 安装断电器固定底板及触点组件

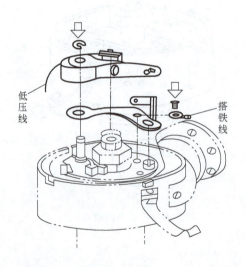

图 15-28 断电器触点组件的安装方法

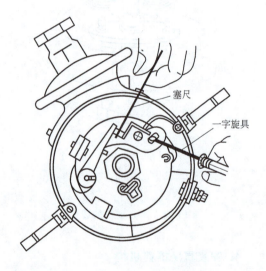

图 15-29 断电器触点间隙的确定

6. 安装电容器、分火头，装回分电器盖（图 15-30）

五、注意事项

1) 安装时，所有螺栓和螺母的紧固力矩应符合规定，所有自锁螺母必须更换新件。
2) 装复时，各零件应清洁干净，确保无油污、无残留物。
3) 安装分电器时，应将 1 缸活塞置于上止点，并调整点火正时。
4) 安装火花塞时，应检查火花塞电极间隙，并进行调整。
5) 安装高压导线时，应检查其电阻的阻值。

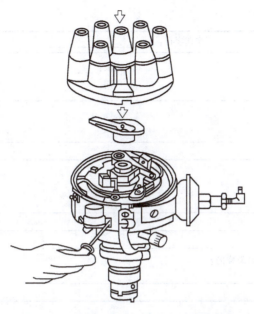

图 15-30　安装电容器、分火头、分电器盖

六、评分标准

序号	考核项目	配分	考核内容	评分标准	扣分	得分	考核记录
1	工作态度	10	迟到、早退、旷工	迟到、早退每次扣5分，旷课1节扣10分			
			嬉戏打闹	酌情扣分			
			认真、严谨、团结、协作	酌情给分			
2	安全文明操作	10	遵守安全操作规程，正确使用工、量具，操作现场整洁	酌情给分			
			安全用电、火，无人身、设备事故	因违规操作发生重大人身和设备事故，此题按0分计			
3	考核过程	15	分电器的分解（口述）	根据叙述内容是否正确酌情给分			
		15	分电器的装配（口述）	根据叙述内容是否正确酌情给分			
		20	火花塞电极间隙的调整	根据操作内容是否正确酌情给分			
		10	点火正时的调整	根据操作步骤是否正确酌情给分			
		10	断电器触点间隙的调整	根据操作步骤是否正确酌情给分			
4	考核结果	10	任务完成时间	酌情给分			
			任务完成质量	酌情给分			
5	分数	100					

七、实训报告

实训项目：_____

姓名：_____　　班级：_____
学号：_____　　日期：_____

一、工具和材料
答：_____

二、实训练习
1. 分电器解体步骤是怎样的？
答：_____
_____

2. 火花塞电极间隙的调整方法是怎样的？
答：_____
_____

3. 点火正时的调整方法是怎样的？
答：_____
_____

4. 断电器触点间隙的调整方法是怎样的？
答：_____
_____

三、指导教师评语
_____
_____

实训任务 16 电子点火系统的拆装与调整

一、实训目标

1. 知识目标

1) 掌握电子点火系统的组成及工作原理。
2) 掌握分电器的结构特点。
3) 掌握分电器的拆装工艺及要点。

2. 技能目标

1) 掌握分电器的结构、拆卸工艺及要点。
2) 掌握分电器的装配工艺及调整方法。
3) 掌握点火系统的拆装方法、步骤和技术要求。

二、实训设备、仪器和工具

1. 实训设备

典型车型的点火系统。

2. 实训工具

螺钉旋具、尖嘴钳、冲子、台虎钳、锉刀、锤子、塞尺和万用电表。

三、相关知识

1. 电子点火系统的种类

(1) 无触点电子点火系统
(2) 磁感应式电子点火系统
(3) 霍尔式电子点火系统
(4) 有分电器的计算机电子点火系统
(5) 无分电器电子点火系统

2. 无触点电子点火系统

(1) 无触点电子点火系统的组成

1) 分电器：内有配电器、信号发生器、机械式点火提前装置（离心式和真空式）。
2) 点火器：接收信号发生器的控制信号，控制点火线圈一次绕组电流的通、断。比较完善的点火器有闭合角控制、恒流控制等功能。
3) 点火线圈。
4) 火花塞。

(2) 无触点电子点火系统与传统点火系统的比较

1) 结构上，取消了断电器。用信号发生器代替凸轮，用点火器取代了白金触点。
2) 原理上，一次电流的通、断由信号发生器和点火器配合完成，其他工作过程变化不大。
3) 点火器除了控制一次电流的通、断外，内有控制电路（闭合角控制和恒流控制），可改善点火性能。

3. 无触点电子点火系统的优、缺点

优点：

1）由于采用了信号发生器，从根本上消除了由触点引起的一系列问题。

2）在所有转速范围内都能可靠地点火（闭合角控制和恒流控制），在提高点火电压和点火能量方面很有成效。

缺点：对点火时刻的控制依然依靠离心式和真空式两套机械式点火提前装置来完成，不能保证发动机点火时刻始终处于最佳状况（因为最佳点火提前角除了与转速和负荷有关外，还和其他因素有关）。

四、实训操作

1. 分电器总成的拆卸

1）关闭点火开关，拆下蓄电池负极线。

2）拔下各缸分缸线和中央高压线。

3）拔下霍尔传感器的信号线。

4）从分电器上拔下真空管。

5）拆下分电器压板固定螺栓，取下分电器总成。

2. 电子点火装置的构造及线路连接方法

1）上海桑塔纳无触点电子点火系统的组成如图16-1所示。

2）图16-2所示为点火装置实际接线图。

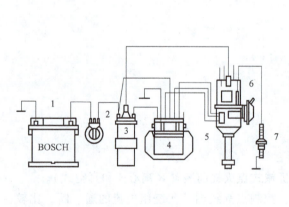

图16-1 上海桑塔纳无触点电子点火系统的组成

1—电源 2—点火开关 3—点火线圈 4—点火控制器 5—点火信号发生器 6—分电器 7—火花塞

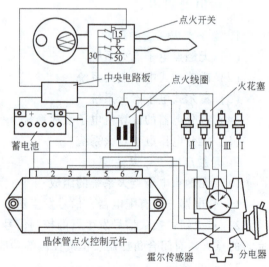

图16-2 点火装置实际接线图

3. 分电器的解体

图16-3为上海桑塔纳用无触点电子点火装置中分电器的分解图。

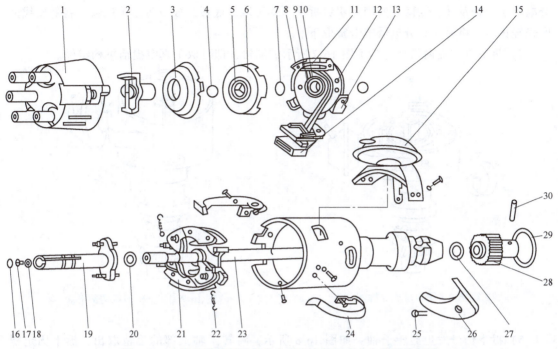

图 16-3 上海桑塔纳用无触点电子点火装置中分电器的分解图

1—分电器盖 2—分火头 3—防尘罩 4、7—挡圈 5、12、30—销子 6—触发器转子 8—断电器活动底板 9—卡环 10—垫圈 11—霍尔传感器 13—断电器固定底板 14—插座 15—真空提前机构 16—毛毡 17、25—螺钉 18—垫圈 19—触发器转子轴 20、27—平垫圈 21—离心提前机构 22—弹簧 23—分电器轴 24—分电器盖卡簧 26—压板叉 28—分电器齿轮 29—O形密封圈

1）按顺序拆下分电器盖，再拆下分火头、防尘罩（图16-4）。

2）拆下触发器转子：用专用工具取下弹簧挡圈（图16-5），然后用两把一字旋具插入转子相对的两个槽内，以分电器壳为支点，小心撬下触发器转子。

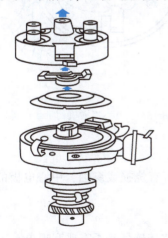

图 16-4 分火头、防尘罩的拆卸

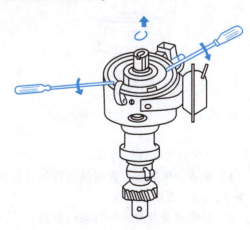

图 16-5 弹簧挡圈的拆卸

3）拆下底板总成（带霍尔传感器）：用专用工具取下图 16-6 所示的卡簧，再将①处的分电器盖卡簧及②、③两处的固定螺钉拆下，即可取下底板总成及霍尔传感器，将低压线插座轻轻拔出，将另一只分电器盖卡簧取下。

4）拆下真空提前机构：拆下图 16-7 所示的螺钉，即可取下真空提前机构组件。

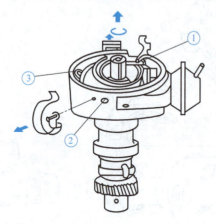

图 16-6　底板总成的拆卸

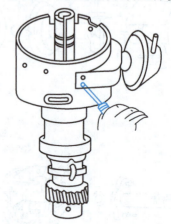

图 16-7　真空提前机构的拆卸

5）拆下信号发生器转子轴：如图 16-8 所示，将转子轴上部的毛毡取出，拆下固定螺钉，取下与其相连的两个弹簧，即可取下该轴。

6）拆下离心提前机构重块（图 16-9）。

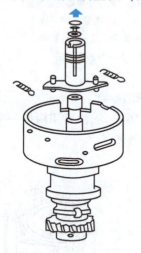

图 16-8　信号发生器转子轴的拆卸

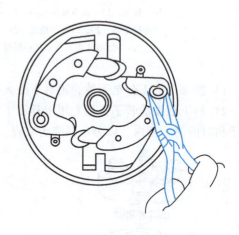

图 16-9　离心提前机构重块的拆卸

4. 分电器零部件的检修

1）检查分电器盖有无裂纹、污物，各插座电极是否有烧损或腐蚀，中心电极的长度应不小于 2mm，否则应更换。

2）分电器盖及分火头的漏电检查。

3）检查触发器叶片（转子）是否弯曲变形，与霍尔传感器是否有碰刮现象。

4）信号发生器转子轴和分电器轴径向间隙应不大于 0.05mm，如图 16-10 所示。若轴向磨出台阶，应在车床上车削后抛光，并在信号发生器转子轴向重新下套修复。

5）分电器轴的弯曲度应不大于0.05mm，检查方法见图16-11，若超过范围应校正。

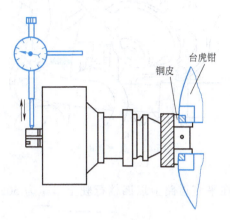

图16-10 转子轴和分电器轴径向间隙测量

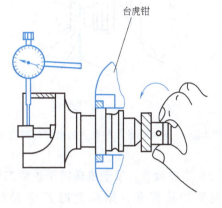

图16-11 分电器轴的弯曲度检查

6）检查分电器轴与衬套的配合间隙，应不大于0.05mm，检查方法如图16-12所示。

7）分电器底板与霍尔传感器活动盘在转动时应只有轻微阻力。用手转动时如果感觉阻力过大或明显阻滞，可先滴润滑油润滑，若仍不符合要求，应将其拆开，用细砂纸打磨，直至转动灵活（图16-13）。

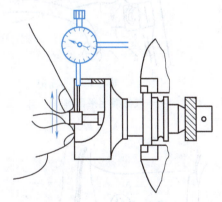

图16-12 分电器轴与衬套的配合间隙检查

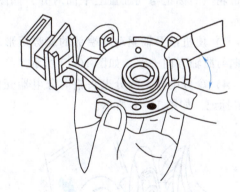

图16-13 分电器底板与霍尔传感器活动盘的转动调整

8）分电器轴在外壳上的轴向间隙应在0.08~0.25mm范围内，检查方法如图16-14所示，如果间隙过大，可通过加垫片来调整。

9）分电器齿轮磨损后的侧隙应不大于0.015mm，否则应修理或更换。

5. 点火正时检查、调整

(1) 点火正时的检查

1）利用正时灯检查：让发动机运转至正常工作温度。在急速运转时，正时灯亮时恰好能照到飞轮上的正时记号与变速器壳上的刻线对齐，如图16-15所示。

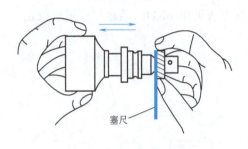

图 16-14 分电器轴在外壳上的轴向间隙检查

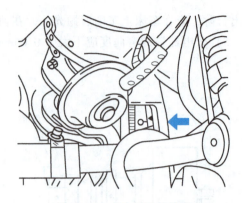

图 16-15 点火正时的检查

2)道路检查：发动机运转至正常工作温度，在平直道路上以四档行驶至车速为 50km/h，急踩加速踏板，如果此时产生轻微爆燃声（"塔、塔"声），而车速达 70km/h 就消失，说明点火正时恰当。

(2) 点火正时的设定

1)将飞轮上的标记"O"与变速器壳观察孔上的标记对齐，如图 16-15 所示。

2)拆开凸轮轴齿带轮护罩，转动发动机，使齿带轮上的标记与气缸盖上平面对齐，如图 16-16 所示。

3)使机油泵轴驱动端端部的扁势矩形块长边方向与曲轴方向一致，如图 16-17 所示。

4)令分电器上的分火头指向分电器壳体上的 1 缸标记，如图 16-18 所示。

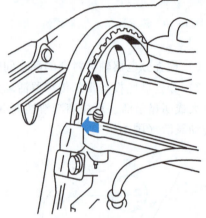

图 16-16 齿带轮上的标记与气缸盖上平面对齐

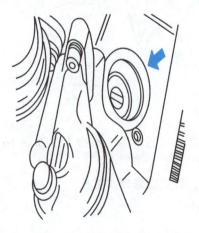

图 16-17 扁势矩形块长边方向与曲轴方向一致

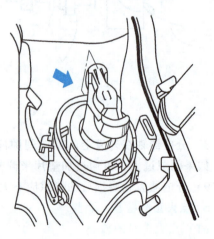

图 16-18 分火头指向分电器壳体

5）将分电器总成插入安装孔，使其轴端端部凹槽与机油泵轴驱动端部扁势相匹配，并进行点火初始角调整，最后用压紧板固定好，并将车辆起动进行微调和路试。

① 初始角的调整：若初始角为曲轴转角 6°时（指点火提前角），在分电器压板未固定前，将分电器壳体逆时针转动 30°，然后固定分电器。

② 点火正时微调：若经上述正时调整后仍不恰当，可将分电器压板松开，顺时针转动分电器外壳，点火时间将滞后，逆时针转动则点火时间提前。这种微调也适用于分电器未从发动机上拔出来或虽然分电器拔出但未转动发动机曲轴情况下的点火时间调整。

6. 分电器的装配

1）将所有零部件擦拭干净，在分电器轴与壳体、信号发生器转子、离心提前重块等有相对转动的部位涂上清洁的润滑油。

2）将离心重块装到分电器轴的托架上，将两重块轴上的卡环装回（图 16-19）。

3）将调整垫、信号发生器转子轴装到分电器轴上，如图 16-20 所示，并用平垫、固定螺钉将转子固定好。应检查转子在分电器轴上是否有轴向间隙，若有明显间隙，应进行调整。然后放入油毡并滴入润滑油，挂好两个弹簧后，按顺时针方向转动转子时应转动灵活，并能自动回位。

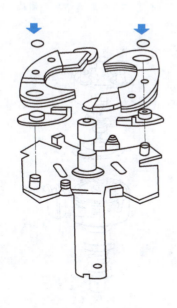

图 16-19 离心重块的装配

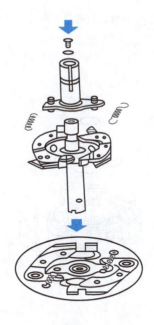

图 16-20 将调整垫、信号发生器转子轴装到分电器轴上

4）装上分电器底板总成及低压线束插座，如图 16-21 所示。由于真空提前机构及分电器盖卡簧共用一个螺钉固定，因此应暂不装回固定螺钉。

5）安装真空提前机构，如图 16-22 所示。先将分电器带霍尔传感器的活动底板逆时针转至极限位置，将膜片拉杆连接销孔套在活动底板上的销钉上，通过转动底板来回试一下，有一定阻力即可。

6）装上转子、销子及转子挡圈。注意加装调整垫片，使信号发生器转子在轴上无明显轴向间隙（图 16-23）。

7）依次装回防尘罩、分火头、分电器盖，如图 16-24 所示。

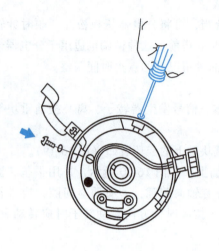

图 16-21　分电器底板总成及低压线束连接

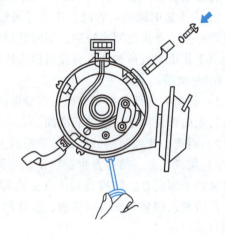

图 16-22　安装真空提前机构

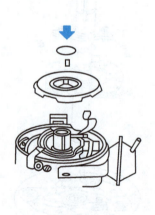

图 16-23　信号发生器转子轴
的轴向间隙调整

图 16-24　防尘罩、分火头、
分电器盖的装配

五、注意事项

1）安装时，所有螺栓和螺母的紧固力矩应符合规定，所有自锁螺母必须更换新件。

2）装复时，各零件应清洁干净，确保无油污、无残留物。

六、评分标准

序号	考核项目	配分	考核内容	评分标准	扣分	得分	考核记录
1	工作态度	10	迟到、早退、旷工	迟到、早退每次扣 5 分,旷课 1 节扣 10 分			
			嬉戏打闹	酌情扣分			
			认真、严谨、团结、协作	酌情给分			
2	安全文明操作	10	遵守安全操作规程,正确使用工量具,操作现场整洁	酌情给分			
			安全用电、火,无人身、设备事故	因违规操作发生重大人身和设备事故,此题按 0 分计			
3	考核过程	15	分电器的拆卸(口述)	根据叙述内容是否正确酌情给分			
		15	分电器的装配(口述)	根据叙述内容是否正确酌情给分			
		10	分电器轴间隙的检查与调整	根据操作步骤是否正确酌情给分			
		10	分电器轴弯曲度的检查	根据操作步骤是否正确酌情给分			
		20	点火正时的调整	根据操作步骤是否正确酌情给分			
4	考核结果	10	任务完成时间	酌情给分			
			任务完成质量	酌情给分			
5	分数	100					

七、实训报告

实训项目：_____

姓名：_____   班级：_____
学号：_____   日期：_____

一、工具和材料

答：_____

二、实训练习

1. 分电器的拆卸步骤是怎样的？

答：_____
_____
_____

2. 分电器的装配步骤是怎样的？

答：_____
_____
_____

（续）

3. 分电器轴的弯曲度和间隙的调整是怎样的？

答：_____
_____
_____

4. 点火正时的调整方法是怎样的？

答：_____
_____
_____

三、指导教师评语

_____
_____
_____

实训任务 17　起动机的拆装与检修

一、实训目标

1. 知识目标

1）掌握起动机的组成、结构和工作原理。

2）学会正确拆卸与装配起动机。

2. 技能目标

1）通过拆装掌握起动机的结构，熟练拆装技巧。

2）初步了解起动机的调整。

二、实训设备、仪器和工具

1. 实训设备

典型车型的起动机（以 QD124H 型起动机为例）。

2. 实训工具

蓄电池、卡尺、导线、锉刀、砂纸、万用表、千分表及拆装工具（一字螺钉旋具、十字螺钉旋具、钢丝钩、呆扳手等）。

三、相关知识

1. 起动系统的作用

起动系统的作用是在正常使用条件下，通过起动机将蓄电池储存的电能转变为机械能带动发动机以足够高的转速运转，以便发动机顺利起动。

2. 对起动系统的基本要求

1）起动机的功率应和发动机起动所必需的功率相匹配，以保证起动机产生的电磁力矩大于发动机的起动阻力矩，带动发动机以高于最低起动转速的转速运转。

2）蓄电池的容量必须和起动机的功率相匹配，保证为起动机提供足够大的起动电流和必要的持续时间。

3）起动电路的连接要可靠，起动主电路导线电阻和接触电阻要尽可能小，一般都在 0.01Ω 以下。因此，起动主电路的导线截面积比普通的导线截面积大得多，并且连接要非常牢固、可靠。

4）发动机起动后，起动机小齿轮自动与发动机飞轮退出啮合或滑转，防止发动机带动起动机运转。

3. 起动机的基本组成

起动机是起动系统的核心，主要由直流电动机、传动机构和控制装置三部分组成。

4. 起动机分类

1）按控制装置的操纵方式分为机械操纵起动机和电磁操纵起动机。

2）按直流电动机磁场产生的方式分为永磁起动机和励磁起动机。

3）按传动机构有无减速装置分为减速起动机和非减速起动机（普通起动机）。

4）按驱动齿轮的啮入方式分为惯性啮合式起动机、电枢移动式起动机、齿轮移动式起动机和强制啮合式起动机。

四、实训操作

1. 起动机的分解

图 17-1 所示为起动机的分解图。

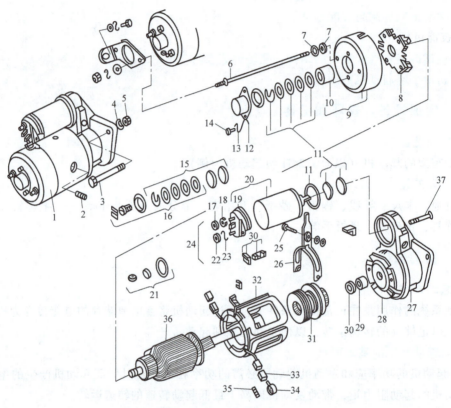

图 17-1　起动机的分解图

1—起动机总成　2—励磁绕组固定螺栓　3—起动机固定螺栓　4、18、23—弹性垫圈　5、17、22—螺母　6—端盖连接螺栓　7—垫圈　8—电刷架　9—电刷端盖　10—衬套　11—垫片组件（配件成组供应）　12—衬套座　13—弹性垫圈　14—螺钉　15—垫片组件　16—活动接柱的垫片组件（包括24）　19—电磁开关端盖　20—电磁开关总成　21—垫块及密封圈　24—电磁开关活动接柱组件　25—拨叉销　26—拨叉　27—驱动端端盖　28—中间支承盘　29—电枢轴驱动齿轮衬套　30—止动垫圈　31—驱动齿轮与单向离合器　32—励磁绕组　33—电刷　34—电刷弹簧　35—弹簧　36—电枢　37—螺栓

1）如图 17-2 所示，用扳手旋下电磁开关的接线柱"30"及"50"的螺母，取下导线。

2）如图 17-3 所示，旋下起动机贯穿螺钉和衬套螺钉，取下衬套座和端盖，取出垫片组件和衬套。

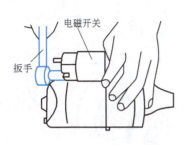

图 17-2 起动机导线的拆卸

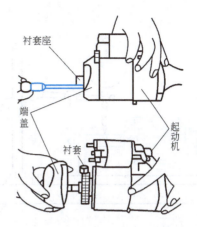

图 17-3 起动机衬套及端盖的拆卸

3）如图 17-4 所示，用尖嘴钳将电刷弹簧抬起，拆下电刷架及电刷。

4）如图 17-5 所示，取下励磁绕组后，用扳手旋下螺栓，从驱动端端盖上取下电磁开关总成。

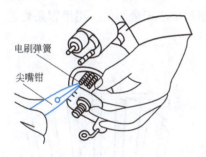

图 17-4 起动机电刷的拆卸

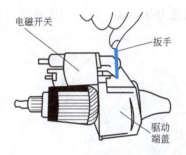

图 17-5 起动机电磁开关的拆卸

5）如图 17-6 所示，在取出转子后，从端盖上取下传动叉，然后取出驱动齿轮与单向离合器，再取出驱动齿轮端衬套。

2. 起动机的检查

（1）电枢轴的检查　用千分表检查起动机电枢轴是否弯曲，如图 17-7 所示。若摆差超过 0.10mm，应进行校正。若电枢轴上的花键齿槽严重磨损或损坏，应进行修复或更换。电枢轴轴颈与衬套的配合间隙不得超过 0.15mm；若间隙过大，应更换新套，进行铰配。

（2）换向器的检查

1）检查换向器有无脏污和表面烧蚀，若出现此情况，用 400 号砂纸或在车床上修整。

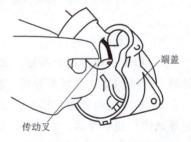

图 17-6 起动机传动叉的拆卸

2）检查换向器的径向圆跳动量，如图 17-8 所示。将换向器放在 V 形块上，用百分表测量圆周上径向圆跳动量，最大允许径向圆跳动量为 0.05mm。若径向圆跳动量大于规定值，应在车床上校正。

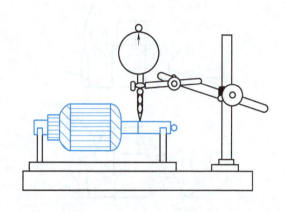

图 17-7 电枢轴弯曲度的检查

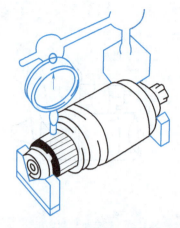

图 17-8 检查换向器径向圆跳动量

3）用游标卡尺测量换向器的直径，如图 17-9 所示。其标准值为 30.0mm，最小直径为 29.0mm。若直径小于最小值，应更换电枢。

4）检查换向器底部凹槽深度，应清洁无异物，边缘光滑。测量如图 17-10 所示。标准凹槽深度为 0.6mm，最小凹槽深度为 0.2mm。若凹槽深度小于最小值，用手锯条修正。

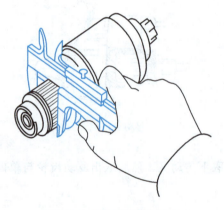

图 17-9 测量换向器直径

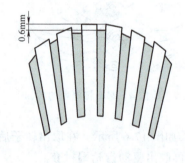

图 17-10 检查换向器底部凹槽深度

（3）电枢绕组的检查

1）检查换向器是否断路，如图 17-11 所示。用万用表检查换向器片之间的导通性，应导通。若换向器片之间不导通，应更换电枢。

2）检查换向器是否搭铁，如图 17-12 所示。用万用表检查换向器与电枢绕组铁心之间的导通性，应不导通。若导通，应更换电枢。

（4）励磁绕组的检查

1）检查励磁绕组是否断路，如图 17-13 所示。用万用表检查引线和励磁绕组电刷引线之间的导通性，应导通。否则，更换磁极框架。

2）检查励磁绕组是否搭铁。用万用表检查励磁绕组末端与磁极框架之间的导通性，应不导通，如图 17-14 所示。若导通，修理或更换磁极框架。

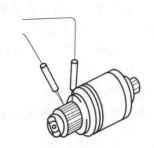

图17-11　检查换向器是否断路　　　　　图17-12　检查换向器是否搭铁

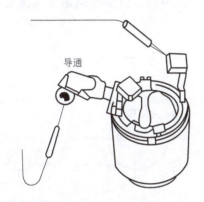
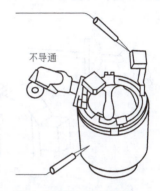

图17-13　检查励磁绕组是否断路　　　　图17-14　检查磁场绕组是否搭铁

(5) **电刷弹簧载荷的检查**　检查电刷弹簧，如图17-15所示，读取电刷弹簧从电刷分离瞬间的拉力计读数。标准弹簧安装载荷为17~23N，最小安装载荷为12N。若安装载荷小于规定值，应更换电刷弹簧。

(6) **电刷架绝缘情况的检查**　用万用表检查电刷架正极（+）与负极（-）之间的导通性，应不导通，如图17-16所示。若导通，修理或更换电刷架。

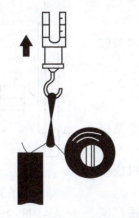
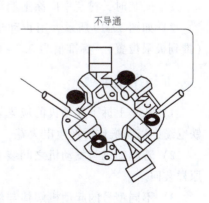

图17-15　检查电刷弹簧载荷　　　　　　图17-16　检查电刷架绝缘情况

（7）离合器和驱动齿轮的检查

1）检查离合器和驱动齿轮是否严重损伤或磨损。如有损坏，应进行更换。

2）检查起动机离合器是否打滑或卡滞，如图17-17所示。将离合器驱动齿轮夹在台虎钳上，在花键套筒中套入花键轴，将扳手接在花键轴上，测得力矩应大于规定值（24～26N·m），否则说明离合器打滑。反向转动离合器应不卡滞，否则，应修理或更换离合器总成。

（8）电磁开关的检修

1）检查电磁开关内部线圈断路、短路或搭铁故障，可用万用表测线圈电阻后与标准值比较进行判断。

2）按照图17-18所示连接好电路，接通开关S后应能听到活动铁心动作的声音，同时试灯L应亮，开关S断开后，试灯L应立即熄灭。否则，应更换电磁开关或更换起动机总成。

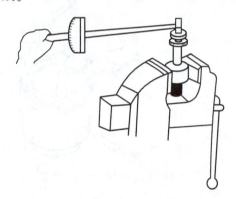

图17-17 检查起动机离合器工作是否正常

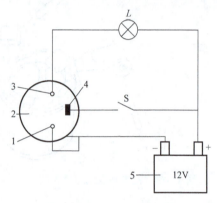

图17-18 电磁开关的检查

1—磁场线圈接线柱 2—起动机开关
3—蓄电池接线柱 4—点火开关接
线柱 5—蓄电池

3．起动机的组装

可按与起动机分解相反的顺序进行，但应注意以下事项：

1）安装时，衬套中应涂上润滑脂。

2）如图17-19所示，用止动垫圈调整驱动齿轮的轴向间隙（推到极限位置），标准值为0.3～1.5mm。

五、注意事项

1）从车上拆下起动机前应先切断点火开关、拆下蓄电池搭铁电缆，以防操作时产生电火花，避免损坏电子元件。

2）若起动机与发动机之间装有薄金属垫片，在装配时应按原样装回。

3）不同型号的起动机解体与组装顺序有所不同，应按厂家规定的操作顺序进行。

图17-19 起动机驱动
齿轮轴向间隙的调整

1—止动垫圈 2—驱动齿轮
3—驱动齿轮轴向间隙

4）部分组合件无故障时不必彻底解体，如电磁开关、定子铁心及绕组。
5）组装时，各螺栓应按规定转矩旋紧，应检查调整各部分间隙。
6）部分起动机组装时接合面应涂密封剂。
7）各润滑部位应使用厂家规定的润滑剂润滑。

六、评分标准

序号	考核项目	配分	考核内容	评分标准	扣分	得分	考核记录
1	工作态度	10	迟到、早退、旷工	迟到、早退每次扣5分，旷课1节扣10分			
			嬉戏打闹	酌情扣分			
			认真、严谨、团结、协作	酌情给分			
2	安全文明操作	10	遵守安全操作规程，正确使用工量具，操作现场整洁	酌情给分			
			安全用电、火，无人身、设备事故	因违规操作发生重大人身和设备事故，此题按0分计			
3	考核过程	15	起动机的分解（口述）	根据叙述内容是否正确酌情给分			
		15	起动机的组装（口述）	根据叙述内容是否正确酌情给分			
		20	电枢轴、电枢绕组的检查	根据操作内容是否正确酌情给分			
		10	整流子的检查、励磁绕组检查	根据操作步骤是否正确酌情给分			
		10	离合器驱动齿轮的检查	根据操作步骤是否正确酌情给分			
4	考核结果	10	任务完成时间	酌情给分			
			任务完成质量	酌情给分			
5	分数	100					

七、实训报告

实训项目：_____

姓名：_____   班级：_____

学号：_____   日期：_____

一、工具和材料

答：_____

二、实训练习

1. 起动机的分解步骤是怎样的？

答：_____

（续）

2. 电枢轴的检查方法是怎样的？

答：_____
_____
_____

3. 电枢绕组的检查方法是怎样的？

答：_____
_____
_____

4. 励磁绕组的检查方法是怎样的？

答：_____
_____
_____

5. 起动机的拆装注意事项有哪些？

答：_____
_____
_____

三、指导教师评语
_____
_____

项目二 汽车发动机的拆装与调整

实训任务 18　桑塔纳 2000AJR 型发动机总成的拆装

一、实训目标

1. 知识目标

1）掌握汽车发动机的基本构造与工作原理。

2）理解汽车发动机各组成系统的结构与工作原理。

3）掌握汽车发动机总成、各零部件及其相互间的连接关系、拆装方法及注意事项。

2. 技能目标

1）学会汽车发动机常用拆装工具和仪器设备的正确使用。

2）学会汽车发动机的总体拆装、调整和各系统主要零部件的正确拆装。

3）学会汽车发动机主要零部件的检查测量。

4）了解安全操作常识，熟悉零部件拆装后的正确放置、分类及清洗方法，培养良好的工作和生产习惯。

5）锻炼和培养动手能力。

二、实训设备、仪器和工具

1. 实训设备

桑塔纳 2000AJR 型发动机、吊装设备。

2. 实训仪器和工具

常用拆装工具（包括呆扳手、梅花扳手、套筒扳手、活扳手、内六方扳手、尖嘴钳、一字旋具、十字旋具、锤子、扭力表、撬杠、冲头等）、火花塞套筒、机油滤清器拆装专用扳手、气门拆装钳、錾子、活塞环卡箍、桑塔纳专用拆装工具、游标卡尺、塞尺、百分表。

三、相关知识

发动机由两大机构、五大系统组成。

1. 曲柄连杆机构

曲柄连杆机构是发动机实现工作循环、完成能量转换的主要运动零件。它由机体组、活塞连杆组和曲轴飞轮组等组成。

2. 配气机构

配气机构的功用是根据发动机的工作顺序和工作过程，定时开启和关闭进气门和排气门，使可燃混合气或空气进入气缸，并使废气从气缸内排出，实现换气过程。进、排气门的开闭由凸轮轴控制。凸轮轴由曲轴通过同步带或齿轮或链条驱动。进、排气门和凸轮轴以及其他一些零件共同组成配气机构。

3. 燃料供给系统

汽油机燃料供给系统的功用是根据发动机的要求，配制出一定数量和浓度的混合气后供入气缸，并将燃烧后的废气从气缸内排出到大气中去。

4. 润滑系统

润滑系统的功用是向作相对运动的零件表面输送定量的清洁润滑油，以实现液体摩擦，来减小摩擦阻力、减轻机件的磨损，并对零件表面进行清洗和冷却，在运动零件之间形成油膜，提高其密封性和防腐蚀性。润滑系统通常由润滑油道、机油泵、机油滤清器和一些阀门等组成。

5. 冷却系统

冷却系统的功用是将受热零件吸收的部分热量及时散发出去，以保证发动机在最适宜的温度状态下工作。水冷发动机的冷却系统通常由冷却液套、水泵、风扇、散热器、节温器等组成。

6. 点火系统

在汽油机中，气缸内的可燃混合气是靠电火花点燃的。在汽油机的气缸盖上装有火花塞，火花塞的头部伸入燃烧室内。点火系统通常由蓄电池、发电机、分电器、点火线圈和火花塞等组成。

火花塞有一个中心电极和一个侧电极，两电极之间是绝缘的。当在火花塞两电极间加上直流电压并且电压升高到一定值时，火花塞两电极之间的间隙就会被击穿而产生电火花。能够在火花塞两电极间产生电火花所需要的最低电压称为击穿电压。

7. 起动系统

要使发动机由静止状态过渡到工作状态，必须先用外力转动发动机的曲轴，使活塞做往复运动，气缸内的可燃混合气燃烧膨胀做功，推动活塞向下运动使曲轴旋转，发动机才能自行运转，工作循环才能自动进行。曲轴在外力作用下开始转动到发动机开始自动地怠速运转的全过程，称为发动机的起动。完成起动过程所需的装置称为发动机的起动系统。

四、实训操作

1. AJR 型发动机总成的拆卸

一般在拆卸发动机前，应先断开或松开所有电缆插头，并将发动机与变速器脱离，然后从前面将发动机拆卸下来。其具体的拆卸步骤如下：

1) 在点火开关断开的情况下拆下蓄电池搭铁线。
2) 拆下蓄电池。注意先向外拉出后再取下。
3) 旋松蓄电池支架紧固螺栓，拆下蓄电池支架，如图 18-1 所示。
4) 在发动机下放置一个收集盘。
5) 旋开冷却液储液罐盖。
6) 如图 18-2 所示，松开散热器下水管夹箍，拔下散热器的下水管，放出冷却液。冷却液必须用干净的容器予以收集，用于处理或再使用。

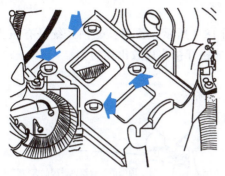

图 18-1　蓄电池支架的拆卸

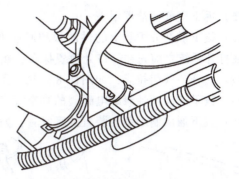

图 18-2　拔下散热器的下水管

7）拔下电动冷却风扇的导线插头，如图 18-3 所示。

8）拔下散热器左侧的热敏开关插头，如图 18-4 所示。

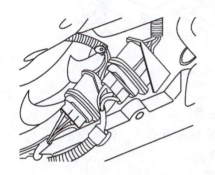

图 18-3　拔下电动冷却风扇的电线插头

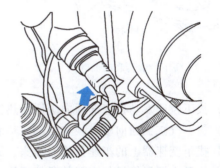

图 18-4　拔下散热器左侧的热敏开关插头

9）松开散热器上水管的夹箍，拔下散热器的上水管。

10）旋松电动冷却风扇的 4 个紧固螺栓，拆下电动冷却风扇和散热器。

11）拔下空气流量计的导线插头，如图 18-5 所示。

12）拔下活性炭罐电磁阀（ACF 阀）的导线插头，如图 18-6 所示。

13）从空气滤清器上取下活性炭罐电磁阀。

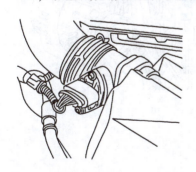

图 18-5　拔下空气流量计的导线插头

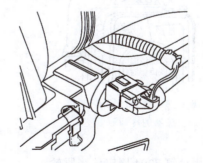

图 18-6　拔下活性炭罐电磁阀（ACF 阀）的导线插头

14）拆下空气滤清器至节气门控制器之间的空气管路。

15）拆下空气滤清器罩壳。

16）拔下燃油分配管上的供油管和回油管，如图18-7所示。注意：燃油系统是有压力的，在打开系统之前先在开口处放置抹布，然后小心地松开接头以放出压力。

17）松开节气门拉索，如图18-8箭头所示。

18）拔下通向活性炭罐电磁阀的真空管，如图18-8所示。

19）拔下通向制动助力装置的真空管，如图18-8所示。

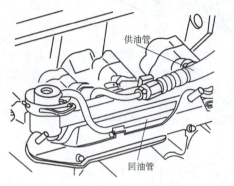

图18-7 拔下供油管和回油管

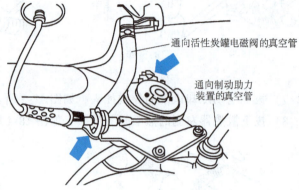

图18-8 松开节气门拉索

20）拔下位于发动机底部通向暖风换热器的冷却液管。

21）拔下气缸盖通向暖风换热器的冷却液管，如图18-9所示。

22）拔下变速器上的车速传感器插头、倒车灯开关。

23）松开空调压缩机与支架的联接螺栓，取下V带。

24）移开空调压缩机并将其悬挂在副梁上（使用电线），不要悬挂在制冷剂管道上。此时不要打开空调管路。

25）使用专用工具按图18-10所示的方向扳动张紧轮，使传动带松开。

图18-9 拔下气缸盖通向暖风换热器的冷却液管

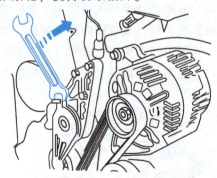

图18-10 用专用工具扳动张紧轮

26）使用销钉3204固定住张紧轮。

27）从发电机上取下V带。

28）取下销钉3204。

29）松开动力转向液压泵的 V 带带轮的螺栓，拆下 V 带带轮。

30）从支架上拆下动力转向液压泵，并将其固定在发动机舱内的一侧。

31）旋下排气歧管和前排气管的联接螺栓。

32）拔下起动机导线，并从变速器壳体上拆下起动机。

33）松开车身上的搭铁线。

34）旋下所有发动机与车身的联接螺栓。

35）使用变速器托架托住变速器的底部，或者将支承工具 10-222A 固定在车身两侧（图 18-11），使用变速器吊装工具 3147 吊住变速器。

36）旋下发动机与变速器的紧固螺栓，留下一个螺栓定位。

37）使用小吊车 V.A.G1202 和发动机吊架 2024A 吊住发动机的吊耳。

38）松开最后一个紧固螺栓。

39）小心地将发动机吊离发动机舱。

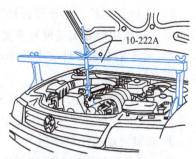

图 18-11　安装支承工具 10-222A

2. AJR 型发动机总成的安装

AJR 型发动机的安装按照与拆卸相反的顺序进行，但是要特别注意以下几点：

1）在安装时，应检查发动机和变速器之间的定位销是否安装好。

2）更换所有的锁紧螺母。

3）更换所有已经按照拧紧力矩紧固过的螺栓。

4）更换所有密封圈和衬垫。

5）在变速器输入轴上涂薄薄的一层 G000100 润滑脂。分离轴承的导向套不必润滑。

6）必要时，检查离合器膜片各分离杠杆的同轴度。

7）检查曲轴后部滚针轴承是否安装上。

8）如果气缸盖和气缸体都没有更换，则可以使用原来排出的冷却液。

9）安装发动机支架时，摇动发动机使其安装到位。

10）调整节气门拉索，使其活动灵活。

11）在不拧紧螺栓的情况下，调整排气管。

12）查询故障码。当拔下电气元件插头时，会导致故障码被存储。查询故障码，必要时删除故障码。

AJR 型发动机主要螺栓螺母拧紧力矩见表 18-1。

表 18-1　AJR 型发动机主要螺栓螺母拧紧力矩

零件名称	型号	拧紧力矩/N·m
一般螺栓螺母	M6	10
	M8	20
	M10	45
	M12	65
发动机支承与副梁螺栓		40±5
发动机支架与发动机支架螺栓		40±5

(续)

零件名称	型号	拧紧力矩/N·m
发动机扭力臂		23±3
前排气管与排气歧管联接螺栓		25±2.5
管子支承与车头联接螺栓		65±6

五、注意事项

1. 拆卸发动机注意事项

1）在松开螺栓、螺母等拆卸零部件之前，应仔细检查。在分解前或分解过程中所得到的知识，对成功的装配是极其重要的。

2）对于铝合金零件应十分小心地进行操作。铝合金零件比钢或铸铁零件软，其精加工表面很容易损伤。

3）准备好盘、盒，依次摆放分解的零件。在盘、盒内摆入零件时，应使这些零件易于识别。需要时，应在零件上作标记和加标签，以使这些零件能装回原来的位置。

2. 安装发动机注意事项

发动机安装程序按与拆卸相反的程序进行，同时应注意下列事项：

1）在发动机的安装件和安装托架固紧之前，不要完全松脱起吊装置，以免发生安全事故。

2）按规定程序和规定的牌号、数量，将发动机的润滑油、变速器润滑油和冷却液加至标准量。

3）按规定的方法，将阻风门、节气门和离合器拉索调整到标准要求。

4）按规定的拧紧力矩，将发动机安装部位、转向球节螺栓、稳定杆安装托架螺钉等紧固。

5）各导线的插接件要插接到位，接线要正确无误。

6）在发动机安装后和起动之前要全面检查安装部位的正确性。

7）起动发动机后，应检查点火正时是否正确。如果不正确，则按规定要求予以调整。

8）发动机起动后，要检查冷却系统、润滑系统和发动机运转部分是否有漏水、漏油、漏气部位及不正常的异响和噪声。

9）在发动机起动检查之后，应行驶1~3km，检查各拉索调整的正确性和各零部件的工作状况是否正常。

六、评分标准

序号	考核项目	配分	考核内容	评分标准	扣分	得分	考核记录
1	工作态度	10	迟到、早退、旷工	迟到、早退每次扣5分，旷课1节扣10分			
			嬉戏打闹	酌情扣分			
			认真、严谨、团结、协作	酌情给分			

(续)

序号	考核项目	配分	考核内容	评分标准	扣分	得分	考核记录
2	安全文明操作	10	遵守安全操作规程,正确使用工具、量具,操作现场整洁	酌情给分			
			安全用电、火,无人身、设备事故	若因违规操作发生重大人身和设备事故,按0分计			
3	考核过程	10	发动机的组成(口述)	根据叙述内容是否正确酌情给分			
		10	结合发动机实物叙述发动机的拆卸步骤	根据叙述和操作内容是否正确酌情给分			
		25	发动机的拆卸	根据操作内容是否正确酌情给分			
		25	发动机的安装	根据操作内容是否正确酌情给分			
4	考核结果	10	任务完成时间	酌情给分			
			任务完成质量	酌情给分			
5	分数	100					

七、实训报告

实训项目:＿＿＿＿＿＿＿＿＿＿

姓名:＿＿＿＿＿＿ 班级:＿＿＿＿＿＿
学号:＿＿＿＿＿＿ 日期:＿＿＿＿＿＿

一、工具和材料
答:＿＿＿＿＿＿＿＿＿＿＿＿＿＿＿＿＿＿＿＿＿＿＿＿＿＿＿＿＿＿＿＿＿＿
＿＿＿＿＿＿＿＿＿＿＿＿＿＿＿＿＿＿＿＿＿＿＿＿＿＿＿＿＿＿＿＿＿＿＿＿

二、实训练习
1. 发动机的组成是怎样的?
答:＿＿＿＿＿＿＿＿＿＿＿＿＿＿＿＿＿＿＿＿＿＿＿＿＿＿＿＿＿＿＿＿＿＿
＿＿＿＿＿＿＿＿＿＿＿＿＿＿＿＿＿＿＿＿＿＿＿＿＿＿＿＿＿＿＿＿＿＿＿＿
＿＿＿＿＿＿＿＿＿＿＿＿＿＿＿＿＿＿＿＿＿＿＿＿＿＿＿＿＿＿＿＿＿＿＿＿

2. 发动机的拆卸步骤是怎样的?
答:＿＿＿＿＿＿＿＿＿＿＿＿＿＿＿＿＿＿＿＿＿＿＿＿＿＿＿＿＿＿＿＿＿＿
＿＿＿＿＿＿＿＿＿＿＿＿＿＿＿＿＿＿＿＿＿＿＿＿＿＿＿＿＿＿＿＿＿＿＿＿
＿＿＿＿＿＿＿＿＿＿＿＿＿＿＿＿＿＿＿＿＿＿＿＿＿＿＿＿＿＿＿＿＿＿＿＿
＿＿＿＿＿＿＿＿＿＿＿＿＿＿＿＿＿＿＿＿＿＿＿＿＿＿＿＿＿＿＿＿＿＿＿＿

3. 安装发动机时要注意什么?
答:＿＿＿＿＿＿＿＿＿＿＿＿＿＿＿＿＿＿＿＿＿＿＿＿＿＿＿＿＿＿＿＿＿＿
＿＿＿＿＿＿＿＿＿＿＿＿＿＿＿＿＿＿＿＿＿＿＿＿＿＿＿＿＿＿＿＿＿＿＿＿
＿＿＿＿＿＿＿＿＿＿＿＿＿＿＿＿＿＿＿＿＿＿＿＿＿＿＿＿＿＿＿＿＿＿＿＿
＿＿＿＿＿＿＿＿＿＿＿＿＿＿＿＿＿＿＿＿＿＿＿＿＿＿＿＿＿＿＿＿＿＿＿＿

三、指导教师评语
＿＿＿＿＿＿＿＿＿＿＿＿＿＿＿＿＿＿＿＿＿＿＿＿＿＿＿＿＿＿＿＿＿＿＿＿
＿＿＿＿＿＿＿＿＿＿＿＿＿＿＿＿＿＿＿＿＿＿＿＿＿＿＿＿＿＿＿＿＿＿＿＿

项目三

汽车底盘的拆装与调整

实训任务19　离合器的拆装与调整

一、实训目标

1. 知识目标

1）掌握离合器的总体结构以及其零部件的结构特点。
2）掌握离合器操纵机构的结构和特点。
3）掌握离合器踏板自由行程的概念及其调整的必要性。

2. 技能目标

1）具备离合器总成拆装的技能。
2）掌握离合器踏板自由行程的调整方法。

二、实训设备、仪器和工具

1. 实训设备

典型车型的离合器总成装置、结构完备的离合器操纵机构。

2. 实训工具

拆装专用工具、卡簧钳、一字螺钉旋具、常用拆装套筒、直尺等。

三、相关知识

1. 离合器的功用

1）使发动机与传动系统平稳地接合，保证汽车平稳起步。
2）保证变速器换档平顺。
3）防止传动系统过载。

2. 离合器的安装位置

离合器是汽车传动系统中直接与发动机相连系统的总称。它位于发动机和变速器之间，通常与发动机曲轴飞轮组的飞轮安装在一起，其安装位置如图19-1所示。

3. 离合器的组成

离合器由主动部分、从动部分、压紧装置和操纵机构四部分组成。以摩擦式离合器为例，其基本结构如图 19-2 所示。

图 19-1 桑塔纳 3000 轿车离合器的安装位置
1—发动机 2—离合器 3—减速器
4—变速器 5—半轴

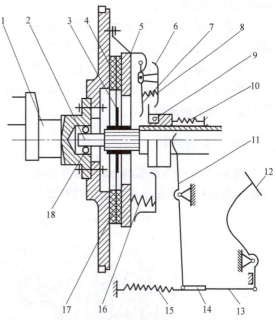

图 19-2 摩擦式离合器的基本结构
1—曲轴 2—输出轴（变速器第一轴） 3—从动盘 4—飞轮 5—压盘 6—离合器盖 7—分离杠杆 8、10、15—回位弹簧 9—分离轴承 11—分离叉 12—离合器踏板 13—分离拉杆 14—分离拉杆调节叉 16—压紧弹簧 17—从动盘摩擦片 18—轴承

1）主动部分。离合器主动部分包括飞轮、离合器盖和压盘。离合器盖用螺栓固定在飞轮上，离合器盖侧面开有窗口。压盘外圆周上制有凸台，凸台伸入离合器盖的窗口中，使压盘既能随离合器盖转动，又能沿窗口作轴向移动。

2）从动部分。离合器从动部分包括从动盘和从动轴。从动盘由两侧铆接的两块摩擦片、从动盘本体、波形弹簧片及扭转减振器等构成。带有双面摩擦衬片的离合器从动盘通过中心花键毂与从动轴（变速器第一轴）上的花键相配合，其前端通过轴承支承在曲轴后端的中心孔中，后端支承在变速器壳体上。

3）压紧装置。离合器的压紧装置由若干根沿圆周均匀布置的压紧弹簧组成。它们装在压盘与离合器盖间，用来将压盘和从动盘压向飞轮，使飞轮、从动盘和压盘三者压紧在一起，使离合器接合。

4）操纵机构。离合器的操纵机构由离合器踏板、分离拉杆、调节叉、分离套筒、分离轴承和回位弹簧等一系列离合器踏板到分离杠杆之间的零件组成。分离轴承和分离套筒压装成一体，松套在从动轴的轴套上，分离叉是中部有支点的杠杆，拉动分离叉下端便可通过分离轴承和分离杠杆向后拉动压盘，从而解除压盘对从动盘的压力，使离合器分离。

4. 离合器自由行程及对汽车的影响

离合器自由行程指离合器踏板踩下的前段的一个空程，它是离合器分离轴承端面与分杠杆（即膜片弹簧）端面之间的间隙在踏板上的体现，这个间隙一般是 3~4mm。调整离合器间隙就是指这个间隙。

若离合器自由行程过大，会导致在踩下离合器踏板后，离合器并未完全分离，即分离不彻底，不仅使换档困难、有冲击、起步困难，而且影响离合器的使用寿命。

若离合器自由行程过小，在松开离合器踏板时，离合器并未完全压紧，离合器压盘处于半分离状态，动力不能完全传递，即离合器打滑，使汽车起步困难、加速无力，并使离合器从动盘迅速磨损失效。

四、实训操作

图 19-3 所示为桑塔纳 2000 型轿车离合器分解图。拆装桑塔纳 2000 型轿车离合器可在不拆卸发动机的情况下进行，但需借助一些专用工具。

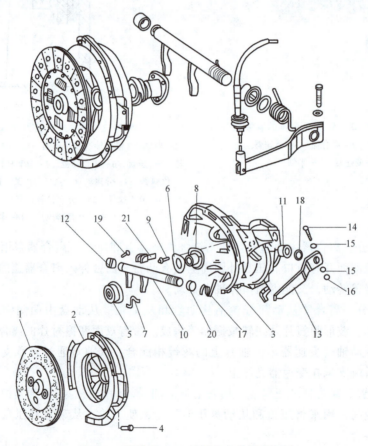

图 19-3　桑塔纳 2000 型轿车离合器分解图

1—离合器从动盘总成　2—离合器压盘总成　3—离合器罩壳　4、9、14—螺栓　5—分离轴承　6、15—垫圈　7—弹簧　8—分离轴承导向套　10—分离叉轴　11—衬套座　12—分离叉轴衬套　13—离合器驱动臂　16—螺母　17—回位弹簧　18—卡簧　19—固定螺钉　20—橡胶防尘套　21—拉索

（一）离合器的拆卸

1. 离合器总成的拆卸与分解

1）拆下变速器。

2）在离合器盖与飞轮上做装配记号。

3）对角拧松并拆下压盘与飞轮的固定螺栓,取下压盘总成、离合器从动盘。

4）在离合器盖与压盘之间及膜片弹簧之间做对合标记,进行分解。

5）拆下膜片弹簧装配螺栓,分解高压盘及膜片与离合器盖。

2. 分离叉轴的拆卸

1）松开螺栓 14,拆下驱动臂。

2）拆下分离轴承。

3）松开螺栓 9 取下分离轴承导向套和橡胶防尘套、回位弹簧。

4）用尖嘴钳取出卡簧和分离轴承后,分离叉轴即可取出。

（二）离合器的装配

离合器的装配应大致按与拆卸相反顺序进行,但应注意以下几点:

1）离合器盖与压盘及膜片弹簧的对合标记要对齐。

2）各支点和轴承表面以及分离轴承（轴承和套都是钢制的）在组装时应涂以锂基润滑脂。

3）离合器从动盘有减振弹簧保持架的一面应朝向压盘方向安装。

4）安装离合器压盘总成时,需用导向定位器或变速器输入轴进行中心定位,使从动盘与压盘同心,便于安装输入轴。

5）压盘须与飞轮接触才可紧固螺栓。紧固时,应按对角线方向逐次拧紧,紧固力矩为 25N·m。

6）分离叉轴两端衬套必须同心。

7）离合器驱动臂的安装位置与固定拉索螺母架之间的距离 $a = 200\text{mm} \pm 5\text{mm}$。

8）将离合器踏板的自由行程调到 15mm。

（三）离合器的调整

1. 离合器分离杠杆高度的调整

离合器分离杠杆的内端与分离轴承必须同时接触,汽车才能平稳起步。若分离杠杆内端高低不一,离合器接合时将发生抖动现象。因此,装配维护时需查看各分离杠杆内端与分离轴承的接触情况,要求各分离杠杆内端位于同一平面,误差应符合原厂规定,一般不大于 0.25mm。如果不符合要求,就应进行调整,方法是调整分离杠杆内端或在外端调整螺栓的位置。

对膜片弹簧式离合器,若膜片弹簧分离杠杆因磨损、锈蚀、破裂等致使膜片弹簧所受载荷不均匀或降低时,必须更新。膜片弹簧分离杠杆在圆周上必须均匀排列,同时各弹簧分离杠杆高度应处于同一平面上,其极限偏差不大于 0.5mm。如果弹簧分离杠杆高低不平,将使汽车起步不稳、发抖,离合器也不能彻底分离。

2. 离合器踏板自由行程的调整

离合器踏板自由行程的调整如图 19-4 所示,用一个钢直尺抵在驾驶室底板上,先测量踏板完全放松时的高度,再用手轻按踏板,当感到压力增大时,表示分离轴承端面已与分离杠杆内端接触,即停止按踏板,再次测量踏板高度。两次测量的高度差,即为踏板的自由行程。

操纵机构调整的关键是保持离合器正常的行程，如果离合器踏板行程过小，会造成离合器分离不彻底，并易导致离合器摩擦片早期磨损，离合器踏板的行程不得少于150mm。调整时，应先拧松放松螺母，再按需要拧紧或拧松螺母，以便将行程调至规定值。螺母拧紧可增大踏板行程，螺母拧松则减小踏板行程，调好后应拧紧防松螺母。

五、注意事项

1. 正确使用离合器

1）汽车起步和换档时力求接合平稳，不能猛抬离合器踏板。否则，在冲击载荷下，将会损坏压盘、摩擦片及传动部分。

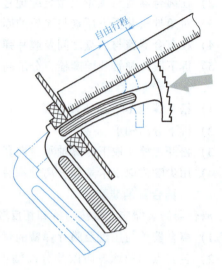

图19-4 离合器踏板自由行程的调整

2）正确驾驶操作。汽车行驶中，离合器频繁工作，每分离和接合一次都会产生大量的热，而这些热不能在很短的时间内迅速消失。频繁地使用离合器，会使其温度过高，引起摩擦片急剧磨损或开裂。驾驶人必须严格遵守操作规程，正确使用离合器。另外，应尽量减少离合器半联动的使用次数。

3）紧急制动时或接近停车前应同时踩下离合器，以减轻冲击。

4）严禁上坡脱档行驶；严禁下坡时踩下离合器，挂空档滑行，然后挂档、猛抬离合器踏板，强迫发动机重新起动。

5）当汽车在软路面、泥泞路段和冰雪路面驱动，驱动车轮打滑时，严禁用猛踩加速踏板、猛抬离合器踏板的方法来通过此路段。

6）离合器分离力求迅速，减少主动部分、从动部分的滑磨；防止变速器换档时的齿轮冲击，以保护轮齿及同步器。

2. 及时维护离合器

1）及时润滑、检查、紧固与调整。

2）二级维护时（6000~8000km），检查离合器及分离轴承的工作情况，检查踏板的自由行程，不可过大或过小。

3）三级维护时（35000~45000km），拆检并调整离合器，润滑分离轴承座与变速器第一轴轴承盖的配合表面。在分离叉球窝和球头螺栓接合处涂上锂基2号润滑脂。

4）拆检主缸或工作缸总成时，各零件在装配前应用酒精清洗干净。活塞、橡胶碗、橡胶圈应涂一层清洁的制动液，绝不能使用汽油、煤油等矿物油，以免腐蚀液压系统的橡胶件。

5）三级维护时，注意从动盘有"飞轮侧"标记的一面朝向飞轮安装，切勿装反。

6）必须按规定力矩拧紧离合器盖与发动机后端面、离合器盖与飞轮的紧固螺栓。拧紧时，应均匀、交叉地进行。

六、评分标准

序号	考核项目	配分	考核内容	评分标准	扣分	得分	考核记录
1	工作态度	10	迟到、早退、旷工	迟到、早退每次扣 5 分,旷课 1 节扣 10 分			
			嬉戏打闹	酌情扣分			
			认真、严谨、团结、协作	酌情扣分			
2	安全文明操作	10	遵守安全操作规程,正确使用工具、量具,操作现场整洁	酌情扣分			
			安全用电、火,无人身、设备事故	若因违规操作发生重大人身和设备事故,此题按 0 分计			
3	考核过程	15	离合器的作用（口述）	根据叙述内容是否正确酌情扣分			
		15	离合器的组成（口述）	根据叙述内容是否正确酌情扣分			
		20	离合器的拆装	根据操作内容是否正确酌情扣分			
		10	离合器分离杠杆高度的调整	根据操作步骤是否正确酌情扣分			
		10	离合器踏板自由行程的调整	根据操作步骤是否正确酌情扣分			
4	考核结果	10	任务完成时间	酌情扣分			
			任务完成质量	酌情扣分			
5	分数	100					

七、实训报告

实训项目：_____

姓名：_____　　　　　班级：_____
学号：_____　　　　　日期：_____

一、工具和材料

答：_____

_____

（续）

二、实训练习

1. 离合器的作用是什么？

答：_____

_____

2. 什么是离合器踏板的自由行程？离合器踏板的自由行程不得少于多少？

答：_____

_____

3. 如何调整离合器踏板的自由行程？

答：_____

_____

三、指导教师评语

答：_____

_____

实训任务20　手动变速器的拆装与调整

一、实训目标

1. 知识目标

1）掌握二轴式及三轴式变速器的各档动力传递路线。
2）掌握同步器的结构和工作原理。
3）掌握换档操纵机构的结构和工作原理。

2. 技能目标

1）掌握三轴式变速器传动总成拆装的技能。
2）掌握二轴式变速器传动总成拆装的要点。

二、实训设备、仪器和工具

1. 实训设备

典型车型的二轴式手动变速器、三轴式手动变速器。

2. 实训工具

常用工具、铜棒、变速器拆装车辆。

三、相关知识

1. 变速器的作用

变速器的作用如下：

1）**实现变速变矩**。变速器通过改变传动比，扩大驱动轮转矩和转速的变化范围，以适应汽车在各种行驶条件下所需的牵引力和合适的行驶速度，并使发动机能够经常在功率较高而油耗较低的有利工况下工作。

2）**实现倒车**。使汽车在发动机旋转方向不改变的前提下，利用变速器中的倒档实现倒向行驶。

3）**实现中断动力传递**。利用变速器中的空档中断动力传递，使发动机能够起动和怠速运转，满足汽车暂时停车或滑行的需要。

4）**实现动力输出，驱动其他机构**。如果有需要，可将变速器作为动力输出器，驱动其他机构，如自卸车的液压举升装置等。

2. 齿轮变速器的基本工作原理

（1）**变速原理**　普通齿轮变速器是利用不同齿数的齿轮啮合传动来实现转矩和转速的改变的。

齿轮传动的基本原理如图 20-1 所示。一对齿数不同的齿轮啮合传动时可以实现变速，而且两齿轮的转速比与其齿数成反比，主动齿轮（即输入轴）转速与从动齿轮（即输出轴）转速的比值称为传动比。设主动齿轮转速为 n_1、齿数为 z_1，从动齿轮转速为 n_2、齿数为 z_2，传动比用字母 i_{12} 表示，则

$$i_{12} = n_1/n_2 = z_2/z_1$$

当小齿轮为主动齿轮，带动大齿轮转动时，输出转速降低，即 $n_2<n_1$，称为减速传动，此时传动比 $i>1$，如图 20-1a 所示；当大齿轮驱动小齿轮时，输出转速升高，即 $n_2>n_1$，称为增速传动，此时传动比 $i<1$，如图 20-1b 所示。这就是齿轮传动的变速原理。汽车变速器就是根据这一原理，利用若干大小不同的齿轮副传动而实现变速的。

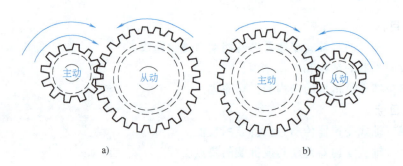

图 20-1　齿轮传动的基本原理
a）减速传动　b）增速传动

（2）变向原理　外啮合的一对齿轮旋向相反，因此每经过一对齿轮传动副，则动力方向改变一次，如图 20-1 所示。

四、实训操作

1. 三轴式变速器的拆装与调整

以解放 CA1091 型汽车 6 档变速器为例进行三轴式变速器的拆装与调整。图 20-2 所示为三轴式变速器分解图。

（1）三轴式变速器的分解

1）拧下放油螺塞，放尽变速器中的润滑油，然后将放油螺塞拧好。

2）将变速杆置于空档位置，拆下变速器盖固定螺栓，取下变速器盖总成。

3）将铆在第二轴末端沟槽中的锁紧片敲出，用加长扳手将锁紧螺母拆下，将凸缘从第二轴上拔出（注意不要损坏 O 形圈与凸缘上的挡尘罩）。

4）旋下驻车制动底板上的固定螺栓，取下驻车制动器底板总成，如图 20-3 所示。

5）旋下变速器后盖的固定螺栓，将后盖取下（勿损伤橡胶油封），如图 20-4 所示。

6）将变速器后盖上的偏心套固定螺栓拧下，抽出带速度表从动齿轮的偏心套，同时，将速度表从动齿轮从偏心套中抽出，再拆下第二轴上的速度表蜗杆。

7）拆卸第一轴轴承盖及第一轴。旋下轴承盖固定螺栓，取下轴承盖（应用塑料布包住第一轴花键，以免花键损伤轴承盖内的油封刃口）。再用顶拔器夹住第一轴花键，将第一轴总成拉出，如图 20-5 所示。用卡环钳取下轴承的内、外卡环，用压力机压下第一轴圆柱滚子轴承。

8）拆卸第二轴总成。用卡环钳拆下后端轴承外圈卡环，再用铜棒轻轻敲击第二轴前端，使其向后窜动一定距离，用顶拔器将第二轴后轴承取下。由壳体内取出第二轴前端的 5 档、6 档同步器总成，然后一只手托住第二轴总成前端，另一只手托住第二轴总成后端，慢慢地将第二轴总成取出。

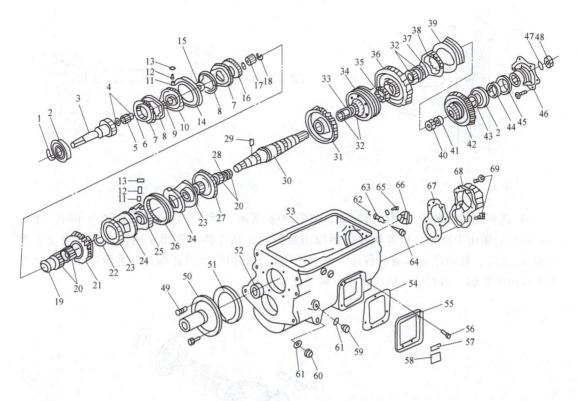

图 20-2 三轴式变速器分解图

1—第一轴后轴承内圈卡环 2—圆柱滚子轴承及卡环 3—第一轴 4—隔环 5—滚针轴承 6—滚针轴承卡环 7—第一轴齿轮接合齿圈 8—5档、6档同步器锁环 9、15、18、22—卡环 10—花键毂 11—同步器弹簧 12—定位块 13—推块 14—5档、6档结合套 16—第二轴5档齿轮 17—5档齿轮滚针轴承 19—4档齿轮衬套 20—滚针轴承 21—第二轴4档齿轮 23—3档、4档齿轮接合齿圈 24—3档、4档同步器锁环 25—花键毂 26—3档、4档接合套 27—第二轴3档齿轮 28、33—隔套 29—防转销 30—第二轴 31—第二轴2档齿轮 32—滚针轴承 34—2档同步器总成 35—1档接合齿圈 36—第二轴1档齿轮 37—1档齿轮衬套 38—倒档齿轮接合齿圈 39—倒档齿轮接合套 40—滚针轴承 41—倒档齿轮衬套 42—2轴倒档齿轮 43—倒档齿轮止动垫 44—后盖油封总成 45—挡尘罩总成 46—第二轴凸缘 47、62—O形圈 48—锁紧螺母 49—第一轴轴承盖螺栓 50—第一轴轴承盖 51、54、61、67—密封垫 52—第一轴油封总成 53—外壳 55—取力孔盖板 56—取力孔盖板螺栓 57—速度齿轮标牌 58—变速器标牌 59—加油螺塞 60—放油螺塞 63—偏心套 64—速度表从动齿轮 65—偏心固定螺栓 66—蜗杆 68—后盖 69—后盖螺栓

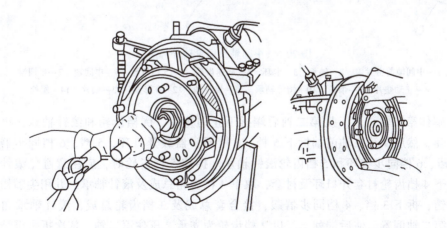

图 20-3 拔下第二轴凸缘

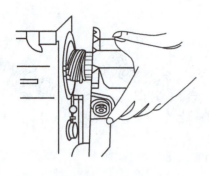
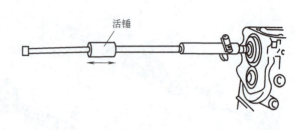

图 20-4 拆下离合器后盖　　　　　　图 20-5 用顶拔器拆下第一轴总成

9）拆卸中间轴总成、倒档惰轮轴。如图 20-6 所示，拆下中间轴后端的轴承卡环，用铜棒由前向后敲击中间轴，用薄钩顶拔器拉出后轴承，从壳体中取出中间轴总成（要防止损伤前密封件），按顺序分解轴上各件。拧下外壳后端的惰轮轴锁片螺栓，并拆下锁片，从外壳上拔出惰轮轴，由壳体内取出惰轮及两个止动垫片。

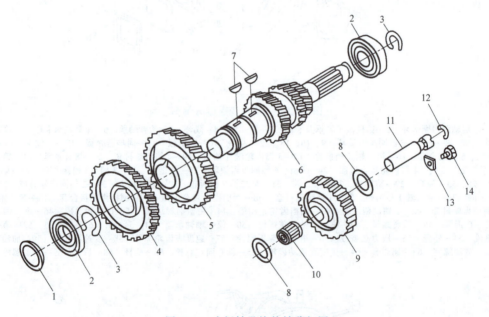

图 20-6 中间轴及惰轮轴分解图

1—中间轴前密封盖　2—轴承　3—卡环　4—减速齿轮　5—5档齿轮　6—中间轴　7—半圆键　8—止动垫片　9—惰轮　10—惰轮轴承　11—惰轮轴　12—O形圈　13—锁片　14—螺栓

10）解体第二轴总成。从第二轴后端拆下止动垫片、倒档齿轮和滚针轴承，再拆下倒档滑动齿套；然后从第二轴前端拆下5档、6档同步器毂开口环，5档、6档同步器毂，接合套，5档、6档同步锥环和5档齿轮滚针轴承。拆卸5档齿轮时，应注意避免滚针轴承掉出。再拆下4档齿轮衬套开口环及衬套，取下4档齿轮总成及滚针轴承，并用尖嘴钳取下衬套的防转销；拆下3档、4档同步器毂，接合套总成及3档齿轮总成，滚针轴承和轴承隔套；再将第二轴倒置，使后端朝上，以2档齿轮为支承，压住第二轴，依次拆去倒档齿轮衬套、倒档固定齿座、1档齿轮、滚针轴承、1档齿轮衬套、2档同步器总成和1档、2档固定齿座；最后拆下 2 档齿轮总成、滚针轴承及轴承隔套。

11）分解同步器总成。同步器分解图如图 20-7 所示。先将同步器接合套从同步器毂上压下，取出滑块定位块和弹簧。拆卸时注意不要让同步器弹簧弹出。

(2) 三轴式变速器的装合与调整

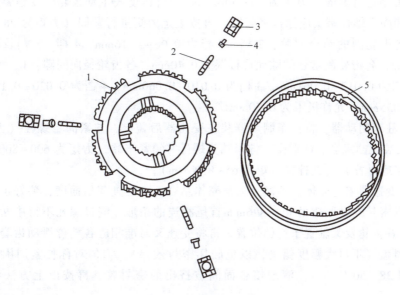

图 20-7　同步器分解图

1—同步器毂　2—弹簧　3—滑块　4—定位块　5—滑动齿套

1）装配同步器总成。依次装好弹簧、滑块和定位块，按装配标记装合同步锥环，用百分表检查锥面径向跳动量（其跳动量不得大于 0.1mm）并做出必要的调整，再装上卡环，如图 20-8 所示。

2）装合倒档轴与惰轮轴。按照与拆卸顺序相反的步骤进行装合，并锁止牢固。惰轮轴向间隙应符合规定（标准为 0.15～0.60mm，使用极限为 0.60mm）。若不符合要求，可用止动垫片进行调整。

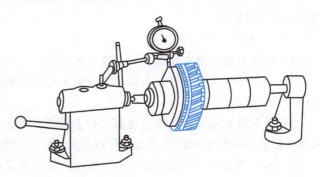

图 20-8　用百分表检查齿圈的跳动量

3）装合中间轴总成。按顺序装复各件，将其放入壳体内，将前、后轴承安装到位（注意轴承端环圆角的朝向）。轴承卡环与槽的标准侧隙应为零，若松旷，应更换卡环予以调整。再将前轴承盖垂直压入（注意不可用锤子乱敲以防止变形）。装毕后，正、反转动中间轴，应转动灵活、无异响。检查倒档齿轮与惰轮的啮合间隙（其标准为 0.08～0.16mm，使用极限为 0.40mm）。

4）装合第二轴总成。按顺序装合轴上各件后置入变速器壳内，装上同步器，并使各个齿轮分别与中间轴上的齿轮相啮合，再装上后端轴承并均匀压入到位（不可对轴承外圈加压或施加冲击载荷）。

5）装合第一轴总成。将第一轴总成缓慢压入壳体上并套好同步器，再压入轴承直至卡环贴靠前端面。将轴承盖密封垫两侧涂以密封胶后予以装复（勿堵住壳体上的油孔）。将油封唇部涂以润滑油，再将轴承盖边旋转边推入（用塑料布包住花键部位，以免损伤油封刃口）按规定力矩进行紧固（力矩为38~50N·m）。将速度表主动齿轮、变速器后盖依次装合，密封垫和固定螺栓端头应涂以密封胶，再按规定力矩进行紧固（力矩为28~50N·m）。装合后检查各齿轮副的啮合间隙：2档、3档为0.08~0.16mm，4档、5档及减速齿轮为0.04~0.12mm，各齿轮副啮合间隙允许极限为0.40mm；各齿轮径向间隙：1、倒档为0.23~0.10mm，2档为0.012~0.061mm，3档为0.010~0.060mm，4档为0.020~0.119mm，5档为0.010~0.055mm。允许极限为0.50mm。

6）装合驻车制动器。将驻车制动器装在变速器后盖上，拧紧固定螺栓（力矩为110~150N·m）。装上凸缘套、O形圈，拧紧轴头螺母并锁紧牢靠（力矩为600~800N·m），再将制动鼓固定螺母拧紧（其拧紧力矩为65~87N·m）。

7）装合变速器盖与壳体。擦净上盖与壳体结合面，检查其平面度，装好定位件，在壳体上表面涂以密封胶（胶迹呈 $\Phi 4$~$\Phi 6$mm首尾相连的条形，绕过螺孔不得中断，不得掉入壳体内）。将各齿轮及叉轴置于空档位置，再将变速叉对准相应各档位滑动齿套的槽口，轻轻放下变速器盖（不可大幅度错动，以免破坏密封效果）。均匀对称拧紧周围的紧固螺栓（紧固力矩为38~50N·m），清理接合面间被挤出的密封胶。再按以上方法装合变速器顶盖。

2. 二轴式变速器的拆装与调整

以奥迪100型轿车5档变速器为例进行二轴式变速器的拆装与调整。图20-9所示为二轴式变速器分解图。

（1）二轴式变速器的解体

1）将变速器安装在修理架上，放尽齿轮油。

2）按顺序拆下离合器分离轴承、分离叉与导向块。拆卸分离叉轴衬套及分离轴承时应使用专用顶拔器。

3）拆下输入轴前端垫圈（使其小径朝向导向套）及外锁环（并测量厚度）。用专用顶拔器从轴承座中拉出球轴承（勿伤保持架）。拆下内锁环并测量厚度。

4）拆下变速器前、后壳体的连接螺栓，取下变速器后壳体，拆下传感器。

5）拆下中继轴固定螺栓、档位锁止机构固定螺栓，再拆下输入轴、小齿轮轴、中继轴、换档轴、换档拨叉轴。

（2）二轴式变速器的装合要点

1）按照与变速器解体相反的顺序进行总成的装合。装合变速器时，应将输入轴、小齿轮轴、中继轴、换档轴、换档拨叉轴及拨叉组组装好后一起装入变速器壳内，并保证换档拨叉轴安装位置正确。

2）更换球轴承拨叉时，必须在同一地方使用同样厚度的拨叉。

3）安装输入轴同步器齿套时，小直径的一面应朝向3档齿轮。为了检查同步环的磨损情况，可把同步环放在同步器齿套中，沿圆周互差120°，用塞尺测量间隙，其平均间隙不得低于0.5mm。压入5档齿轮时，较高的台肩应朝向倒档，油槽朝向4档。

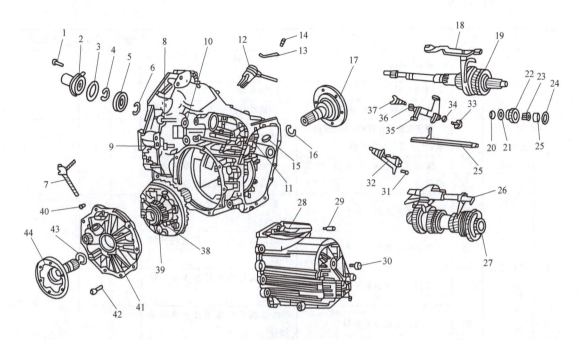

图 20-9 二轴式变速器分解图

1、9、14、29、31、42—螺栓 2—导向套 3、21—垫圈 4、6、16、20、43—锁紧环 5—球轴承 7—速度表传感器 8—变速器前壳体 10—多功能传感器插头 11—变速叉轴盖 12—多功能传感器 13—锁片 15—5 档和倒档保险装置 17—右驱动法兰（右半轴） 18—3 档、4 档换档拉杆和变速叉 19—输入轴 22—倒档齿轮 23—倒档齿轮滚针轴承 24—止动垫片 25—选档换档轴（内换档拉杆） 26—带 1 档、2 档、3 档、倒档换档拨叉的倒档拉杆 27—小齿轮 28—变速器后壳体（变速器盖） 30—倒档轴螺栓 32—换档锁止装置 33、35、37—中继轴（选档换档横轴）固定螺栓 34、36—调整垫片 38—速度表驱动轮 39—差速器 40—油封 41—主减速器盖（变速器侧盖） 44—左驱动法兰（左半轴）

4) 装配输出轴时，必须重新测量选择拨叉的厚度，必须保证拨叉刚刚能插入槽中。安装同步器齿套时，1 档、2 档同步器齿套小直径的一面应朝向 1 档齿轮，1 档同步器齿套斜面朝向倒档齿轮，而小直径的一面应朝向 5 档齿轮。压入 3 档齿轮时，凹槽应朝向 4 档；压入 4 档齿轮时，台肩应朝向 3 档。

五、注意事项

1) 变速器所有零件在装配前应彻底清洗，并用压缩空气吹净或擦干。
2) 安装各轴承、键槽、叉轴和齿轮时，应涂抹齿轮油或机油。
3) 安装滚动轴承时，应扶持平正，四周均匀用力，一般应用专用工具拉入或压入，尽量避免用锤子直接敲击。安装变速器操纵机构锁止装置的钢球及弹簧时，应采用专用工具或导向杆，利用导向杆斜面将锁止装置压入孔内。
4) 装配过程中，应按照零件相互配合的要求严格按标准控制，并注意不要金属锤直接在零件表面上敲击，以防零件打毛或受损。
5) 安装变速器盖时，应详细检查，不允许有任何杂质或污物遗留在壳体内。

六、评分标准

序号	考核项目	配分	考核内容	评分标准	扣分	得分	考核记录
1	工作态度	10	迟到、早退、旷工	迟到、早退每次扣5分，旷课1节扣10分			
			嬉戏打闹	酌情扣分			
			认真、严谨、团结、协作	酌情给分			
2	安全文明操作	10	遵守安全操作规程，正确使用工具、量具，操作现场整洁	酌情给分			
			安全用电、火，无人身、设备事故	若因违规操作发生重大人身和设备事故，此题按0分计			
3	考核过程	15	变速器的原理（口述）	根据叙述内容是否正确酌情扣分			
		15	变速器的作用（口述）	根据叙述内容是否正确酌情扣分			
		20	二轴式变速器的拆装	根据操作内容是否正确酌情扣分			
		20	三轴式变速器的拆装	根据操作步骤是否正确酌情扣分			
4	考核结果	10	任务完成时间	酌情给分			
			任务完成质量	酌情给分			
5	分数	100					

七、实训报告

实训项目：_____

姓名：_____   班级：_____
学号：_____   日期：_____

一、工具和材料
　　答：_____

二、实训练习
1. 变速器的作用是什么？
　　答：_____
_____

2. 变速器的变速原理是什么？变速器的变向原理是什么？
　　答：_____
_____

3. 变速器拆装的注意事项有哪些？
　　答：_____
_____

三、指导教师评语
　　答：_____
_____

实训任务 21　自动变速器的拆装

一、实训目标

1. 知识目标

1）掌握典型自动变速器各档动力传递路线的分析方法。
2）掌握换档执行元件离合器、制动器和单向离合器的结构特点。

2. 技能目标

1）掌握自动变速器传动部分拆装的技能。
2）掌握换档执行元件离合器、制动器和单向离合器的拆检方法。

二、实训设备、仪器和工具

1. 实训设备

典型车型的自动变速器。

2. 实训工具

油泵拆装、离合器和制动器活塞拆装专用工具，卡簧钳、一字型螺钉旋具、常用拆装套筒等。

三、相关知识

1. 自动速器的优点

自动变速器与机械变速器相比，具有以下几个明显的优点：

1）使驾驶操作简便省力，提高了行车的安全性。
2）提高了发动机和传动系统的使用寿命，因采用液力传动，发动机和传动系统是弹性连接，能缓和冲击，有利于延长相关零件的使用寿命。
3）能自动适应行驶阻力的变化，在一定范围内实现自动换档，提高了汽车的动力性和经济性。
4）提高了乘车的舒适性。
5）可避免因外界负荷突增而造成过载和发动机熄火现象，并且可以降低排放污染。

2. 自动变速器的类型

（1）按传动比的变化方式分类　按传动比的变化方式，汽车自动变速器分为有级式、无级式和综合式3种。

1）有级式自动变速器（AMT）。它指在机械齿轮变速器的基础上实现自动控制的变速器。这种自动变速器主要由3部分组成：自动离合器、齿轮式机械变速器和电子控制系统。
2）无级式自动变速器（CVT）。它指实现传动比连续变化的无级传动变速器。常用金属带式无级变速器具有传动比连续、传递动力平稳、操纵方便等优点。
3）综合式自动变速器（AT）。它指实现自动控制的液力机械式自动变速器。其基本形式以液力变矩器和行星齿轮变速器串联为特征，具有结构紧凑、传动平稳、换档冲击小等特点。

（2）按控制方式分类　自动变速器按控制方式可分为液压控制自动变速器和电子控制自动变速器两种。

3. 自动变速器的组成

自动变速器主要由液力变矩器、齿轮变速器、液压控制系统、电子控制系统等几部分组成，如图21-1所示。

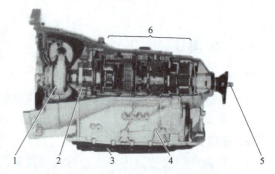

图21-1　自动变速器的组成
1—液力变矩器　2—油泵　3—油底壳　4—液压控制系统
5—输出轴　6—齿轮变速器叶片

1）液力变矩器　液力变矩器位于自动变速器的最前端。它利用液力传动的原理，将发动机的动力传给自动变速器的输入轴（是一种软连接）。

2）齿轮变速器　齿轮变速器可以使自动变速器实现不同的传动比，使之处于不同的档位，一般有3~4个前进档和1个倒档。齿轮变速器与液力变矩器配合可获得由起步至最高车速整个范围内的自动变速。

3）液压控制系统　液压控制系统包括由许多控制阀组成的阀板总成和液压管路。阀板总成接受节气门开度和车速信号，利用液压自动控制原理实现自动换档。

4）电子控制系统　目前采用电液式自动变速器越来越多。电液式控制系统除了阀板及液压管路之外，还包括微机、传感器、执行器及控制电路等。传感器将发动机和汽车的行驶参数转变为电信号，然后送给自动变速器 ECU，ECU 接收到这些信号后根据既定的换档规律实现自动换档。

四、实训操作

下面以丰田 A140E 自动变速器为例分析拆装过程。

1. 自动变速器的分解

（1）拆卸自动变速器油底壳及阀板

1）清洁变速器外部，拆除所有安装在自动变速器壳体上的零部件，如加油管、空档起动开关、车速传感器、锁止（SL）电磁阀等。

2）松开紧固螺栓，拆下自动变速器前端的液力变矩器。

3）拆下油底壳，取下15支油底壳连接螺栓后，用维修专用工具的刃部插入变速器与油底壳之间切开密封胶，注意不要损坏油底壳凸缘。

4）检查油底壳中的颗粒。拆下磁铁，观察其收集的金属颗粒：若是钢（磁性）性材料，则说明轴承、齿轮和离合器钢片存在磨损；若是黄铜（非磁性）材料，则说明是衬套磨损。

5）拆下油管保护支架和滤网，断开1号、2号电磁阀连接器，用大螺钉旋具撬起油管两端，拆下4根油管。

6）折下手控阀限位弹簧片，取出手控阀。

7）拆下阀板与自动变速器壳体之间的12个连接螺栓，取下阀板总成。

8）拆卸蓄压器活塞和弹簧。

（2）拆卸油泵总成　拆下油泵固定螺栓，用专用工具拉出油泵总成。图 21-2 所示为 A140E 自动变速器油泵分解图。拆下 2 个密封油环，取下止动垫圈；旋下 7 个螺栓，拆开油泵，用螺钉旋具拆出前油封。对油泵进行检测：

1）检查从动齿轮与泵体之间的间隙。将从动齿轮一侧贴紧泵体，用塞尺测量另一侧间隙，标准值为 0.07~0.15mm，极限值为 0.3mm。若间隙超限，应更换油泵。

2）检查主动、从动齿轮顶隙。测量主动、从动齿轮齿顶与泵体月牙隔板之间的间隙，标准值为 0.11~0.14mm，极限值为 0.3mm。若间隙超限，应更换油泵。

3）检查端隙：使用钢直尺和塞尺测量端隙，标准值为 0.02~0.05mm，极限值为 0.1mm。若端隙过大，可更换齿轮。齿轮厚度有 3 种规格，若最厚的齿轮也不能满足端隙要求，则应更换油泵总成。

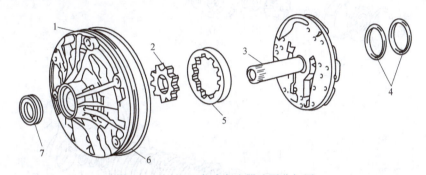

图 21-2　A140E 自动变速器油泵分解图

1—泵体　2—主动齿轮　3—固定轴　4—密封油环　5—从动齿轮　6—O 形密封圈　7—油封

（3）分解行星齿轮变速器　图 21-3 所示为 A140E 自动变速器前两排总成分解图。在分解自动速器时，应将所有组件和零件按分解顺序依次摆放，以便于检修和组装，要特别注意各个止动垫片、推力轴承的位置，不可错乱。

1）拆卸 2 档强制制动带 B_1 活塞，从外壳上拆下 2 档强制制动带液压缸缸盖卡环，用手指按住液压缸缸盖，从液压缸进油孔吹入压缩空气，将液压缸缸盖和活塞吹出。

2）拆下高速档、倒档离合器 C_2 和前进档离合器 C_1 组件，拆出 2 档强制制动带销轴，取出制动带，拆下前排齿圈，取出前排行星架、滚针轴承和座圈。

3）竖起变速器壳体，拆下 2 档强制制动器 B_1 的导向装置。

4）取出太阳轮输入毂、太阳轮和单向离合器 F_1。

5）拆下 2 档制动器 B_2 卡环和制动器鼓（如果拆卸困难，可借助木锤轻轻敲打），拆出 2 档制动器 B_2 活塞回位弹簧、压盘、摩擦片和凸缘盘。拆下 2 档制动器 B_2 制动鼓定位销。

6）拆下单向离合器 F_2 外圈卡环，取出单向离合器 F_2 和后排行星架，取下两侧止动垫片，取出后排齿圈、滚针轴承及座圈。

7）拆下制动器 B_3 的凸缘盘卡环，取出凸缘盘、压盘和摩擦片。

8）翻转变速器壳，拆下后端的 11 个螺栓，用橡胶锤敲击超速排四周，拆下超速排总成（注意：超速排总成很重，小心不要摔落）。图 21-4 所示为 A140E 自动变速器总成分解图。

9）取出超速排制动器鼓、超速排行星齿轮和中间轴总成。拆下活塞回位弹簧，从壳体油道吹入压缩空气，吹出低速档、倒档制动器活塞。取下超速离合器 C_0 和超速制动器 B_0 的

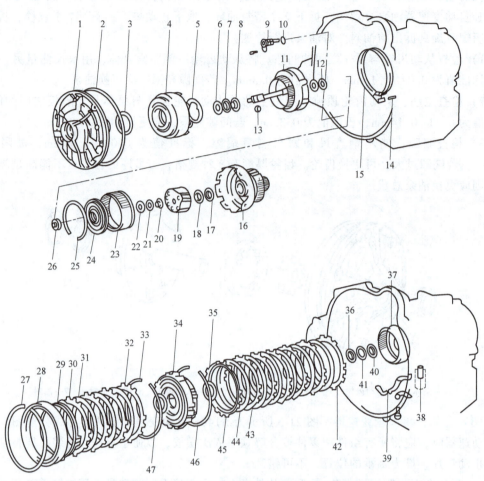

图 21-3 A140E 自动变速器前两排总成分解图

1—油泵 2、10—O 形密封圈 3、5、35、47—止动垫圈 4—高速档、倒档离合器 C_2
6、8、11、18、20、22、26、36、40—轴承座圈 7、12、17、21、41—滚针轴承
9—主动齿轮盖 13—密封油环 14—制动带销 15—2 档强制动器 B_1 16—中心轮及
中心轮输入毂 19—前排行星轮 23—前排齿圈 24—凸缘盘 25、27、33、46—卡环
28—2 档制动器毂组件 29—活塞回位弹簧 30、43—压盘 31、44—摩擦片
32、42、45—凸缘盘 34—单向离合器 F_2 和后排行星轮 37—后排
齿圈 38—2 档制动器鼓定位销 39—2 档制动器导向装置

密封垫圈。

10)拆下停车闭锁爪支架、控制杆,取出锁销、弹簧和闭锁爪。

2. 自动变速器的组装

在装配之前,检查已组装好的各个组件,若某一部分组装有误,应重新拆检组装。

(1) 行星齿轮变速器的组装

1)安装手控阀摇臂轴、停车闭锁爪。

2)安装超速排总成:装入超速制动器、离合器垫圈和超速制动器鼓,装上新的壳体衬垫。检测超速排壳体上平面到输出齿轮平面的距离(约为 24mm),将超速排总成装到变速

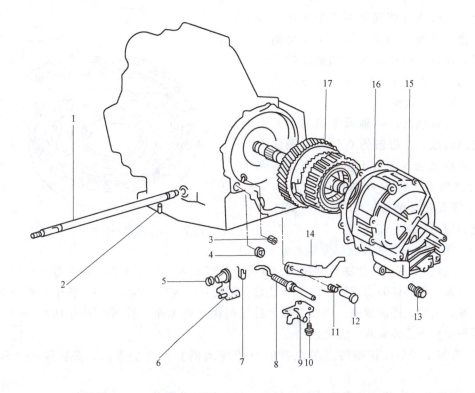

图 21-4 A140E 自动变速器总成分解图
1—手控阀轴 2—销 3—超速制动器密封垫圈 4—超速离合器密封垫圈 5—轴套 6—手控阀拨板
7、11—弹簧 8—闭锁控制杆 9—闭锁支架 10、13—螺栓 12—闭锁销 14—闭锁爪
15—超速排壳体 16—衬垫 17—超速排行星轮和中间轴

器壳上,安装并拧紧螺栓(力矩为 25N·m)。

3)安装低速档、倒档制动器 B_3 的内凸缘盘(平面朝向油泵)、压盘、摩擦片和外凸缘盘(平面朝向活塞)。将轴承和座圈涂上凡士林装到齿圈上,将后排齿圈装入壳体。安装后排行星齿轮。

4)装上单向离合器 F_2(注意方向性),并将止动垫圈装到行星架上。转动行星架,应顺时针转动自如而逆时针转动锁止。

5)装入 2 档制动器 B_2 的凸缘盘(平面朝向油泵)、压盘和摩擦片,安装活塞回位弹簧和 2 档制动鼓。用锤柄压缩活塞回位弹簧,将卡环装入槽中。

6)安装单向离合器 F_1。

7)将轴承、座圈涂上凡士林后分别装到前排齿圈和行星架上,再将行星齿轮装到齿圈上,将行星齿轮组件装到太阳轮上。

8)将 2 档强制制动带放入壳体,从油泵螺栓孔装上销子。

9)安装前进离合器 C_1 和高速档、倒档离合器 C_2,用塞尺测量离合器的自由间隙,如图 21-5 所示。将高速档、倒档离合器 C_2 和前进离合器 C_1 组件装入壳体。转动前进离合器 C_1,使前行星排齿圈、摩擦片与前进离合器相啮合。

10)安装 2 档强制制动带活塞及液压缸缸盖,在 2 档强制制动带活塞推杆上做个记号,将压缩空气吹入2档强制制动带液压缸进油孔，使活塞推杆伸出，然后用塞尺测量推杆的移动量，该值即为2档制动带自由间隙。如果不符合标准，应更换不同长度的活塞推杆予以调整。

11）安装油泵。将轴承座圈涂上凡士林装到油泵轴上，将新的O形密封圈涂上自动变速器油装到油泵上。对准泵体与壳体上的螺栓孔，将输入轴轻轻推入油泵（注意：不要损坏油封），安装并拧紧7个螺栓（力矩为22N·m）。

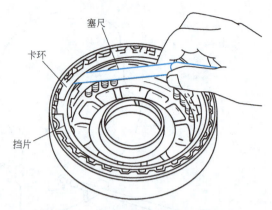

图21-5 离合器自由间隙的检查

（2）阀板、油底壳及前后壳体的组装

1）安装3个蓄压器活塞及其弹簧，将阀板总成装入自动变速器，用手扳下凸轮，装上节气门拉索，将阀体装在正确位置上（注意：不要将线缠在一起）。接上各个电磁阀的线束插头，安装油管、进油滤网，用扭力扳手拧紧阀体上的螺栓（拧紧力矩为10N·m）。安装手控阀阀体和锁止弹簧片，装上油底壳。

2）安装2号车速传感器（装上新的O形密封圈）及保护支架，安装锁止（SL）电磁阀。

3）安装自动变速器外壳上的其他部件，如空档起动开关、加油管等。

4）向液力变矩器内倒入干净的自动变速器油，将加满液压油的液力变矩器装入自动变速器前端。

A140E自动变速器各连接部位的拧紧力矩见表21-1。

表21-1 A140E自动变速器各连接部位的拧紧力矩　　　　　　　（N·m）

连接部位		拧紧力矩
变速器与发动机	M12螺栓	64
	M10螺栓	46
油泵与变速器		22
油泵体与油泵盖		10
2档强制制动器导向装置		5.4
上阀体与下阀体		5.4
阀体		10
蓄压器盖		10
滤网		10
油底盘		4.9
放油螺塞		49
冷却油管螺母		34
超速排壳体与变速器壳体		25
空档起动开关螺栓		5.4
空档起动开关螺母		6.9
闭锁支架		7.4

五、注意事项

1）应用尼龙布把零件擦净，禁止使用一般棉丝。

2）密封衬垫、密封圈和密封环一经拆卸都应更换。

3）阀体内部有许多精密的零件，在对它们进行拆检时，需要特别小心，防止弹簧、节流球阀和小零件丢失或散落。

4）在安装一些小零件（如推力轴承、止动垫片、密封环等）时，为了防止零件掉落，可在小件表面涂抹一些凡士林，以便将小零件固定在安装位置上，切记不要使用任何润滑脂。

5）在装配之前，给所有零件涂一层自动变速器油。

六、评分标准

序号	考核项目	配分	考核内容	评分标准	扣分	得分	考核记录
1	工作态度	10	迟到、早退、旷工	迟到、早退每次扣5分，旷课1节扣10分			
			嬉戏打闹	酌情扣分			
			认真、严谨、团结、协作	酌情扣分			
2	安全文明操作	10	遵守安全操作规程，正确使用工具、量具，操作现场整洁	酌情扣分			
			安全用电、火，无人身、设备事故	若因违规操作发生重大人身和设备事故，此题按0分计			
3	考核过程	15	自动变速器的优点（口述）	根据叙述内容是否正确酌情扣分			
		15	自动变速器的组成（口述）	根据叙述内容是否正确酌情扣分			
		20	自动变速器的分解与组装	根据操作内容是否正确酌情扣分			
		20	行星齿轮变速器的分解	根据操作步骤是否正确酌情扣分			
4	考核结果	10	任务完成时间	酌情扣分			
			任务完成质量	酌情扣分			
5	分数	100					

七、实训报告

实训项目：_____

姓名：_____   班级：_____

学号：_____   日期：_____

（续）

一、工具和材料

答：_____

_____

二、实训练习

1. 自动变速器的优点什么？

答：_____

_____

2. 自动变速器的分类有哪些？自动变速器的组成是什么？

答：_____

_____

3. 自动变速器拆装的注意事项有哪些？

答：_____

_____

_____

三、指导教师评语

答：_____

_____

实训任务 22　主减速器和差速器的拆装

一、实训目标

1. 知识目标

1）了解汽车主减速器及差速器的基本组成和工作原理。
2）掌握主减速器的拆装与调整方法。

2. 技能目标

1）掌握主减速器及差速器的拆装要领。
2）通过实践掌握主减速器的正确拆装与调整方法，熟悉各种专用工具、量具的使用。

二、实训设备、仪器和工具

1. 实训设备

前驱轿车、后驱轿车。

2. 实训工具

专用拆装工具、量具及吊装设备。

三、相关知识

1. 主减速器的功用

主减速器的功用是将变速器输出的动力进行降速、增矩后传至差速器再传递给驱动轮，以获得足够的汽车牵引力和适当的车速。对于纵向布置的发动机，主减速器在减速的同时还改变转矩的旋转方向并将动力传递给差速器。

2. 主减速器的分类

根据不同的使用要求，主减速器的结构形式也有所不同。

1）按减速传动齿轮副的级数不同，主减速器可分为单级式主减速器和双级式主减速器。在双级式主减速器中，若第二级减速器齿轮有两副并分置于两侧车轮附近，实际上成为独立部件，则称为轮边减速器。

2）按主减速器传动比的档位数不同，主减速器可分为单速式主减速器和双速式主减速器。

3）按齿轮副结构形式的不同，主减速器可分为圆柱齿轮式（分为定轴式和行星齿轮式）和圆锥齿轮式（分为螺旋锥齿轮式和双曲面锥齿轮式）。

3. 差速器的功用

差速器的功用是将主减速器传来的动力传给左、右两半轴或前、后两驱动桥，并在必要时允许同一驱动桥的左、右车轮或两驱动桥之间以不同角速度旋转，以满足两侧驱动轮或两驱动桥之间差速的需要，从而保证驱动车轮相对地面滚动而不滑动。

4. 差速器的分类

差速器按其功能可分为轮间差速器和轴间差速器。装在同一驱动桥两侧驱动轮之间的差速器称为轮间差速器，装在多轴驱动汽车的驱动桥之间的差速器称为轴间差速器。

无论是轴间差速器还是轮间差速器,按其工作特性都可分为普通齿轮式差速器和防滑差速器两大类。防滑差速器常见的有强制锁止差速器、高摩擦自锁差速器和托森差速器。

四、实训操作

1. 桑塔纳轿车主减速器和差速器的拆卸

图 22-1 所示为桑塔纳轿车主减速器和差速器的零件分解图。

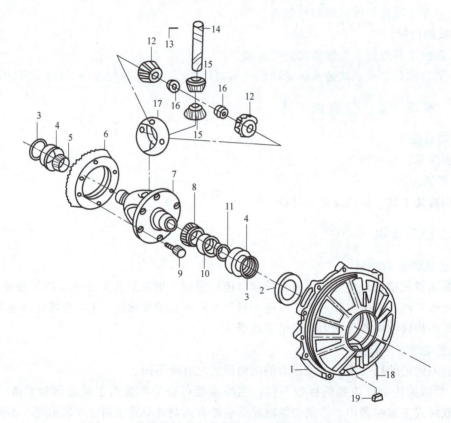

图 22-1 桑塔纳轿车主减速器和差速器的零件分解图
1—主减速器盖 2—密封圈 3—从动锥齿轮调整垫片 4—轴承外座圈 5、8—差速器轴承 6—从动锥齿轮 7—差速器壳 9—螺栓 10—车速里程表主动齿轮 11—锁紧套筒 12—半轴齿轮 13—夹紧销 14—行星齿轮轴 15—行星齿轮 16—螺纹管 17—复合式止动垫片 18—磁铁固定销 19—磁铁

1)将变速器上的轴承支座和后盖拆下,取出车速里程表传感器,如图 22-2 所示。

2)锁住传动轴后拆下紧固螺栓,取出传动轴,如图 22-3 所示。

3)取下车速里程表的主动齿轮导向器和齿轮。

4)从主减速器盖上拆下车速表的从动齿轮及其轴套。

5)拆下主减速器盖的紧固螺栓,从变速器壳体上取下差速器总成,如图 22-4 所示。

6)在从动齿轮和差速器罩上做标记,在台虎钳口上垫上软金属将差速器壳固定在上面,拆下从动锥齿轮的紧固螺栓(注意:从动锥齿轮上的紧固螺栓是自动锁紧的,一经拆卸就必须更换),然后用冲子从差速器壳上敲下从动锥齿轮,如图 22-5 所示。

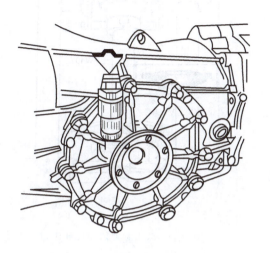

图 22-2 取下车速里程表传感器

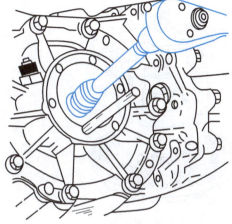

图 22-3 拆卸紧固螺栓

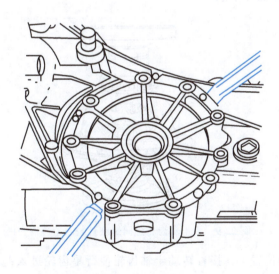

图 22-4 拆卸主减速器总成

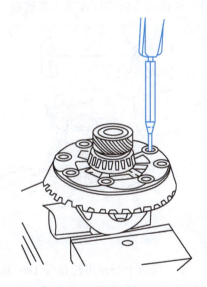

图 22-5 拆卸从动锥齿轮

7) 用顶拔器拉出与从动锥齿轮相对一边的差速器轴承的内圈,然后用同样的方法拉出从动锥齿轮背面的轴承的内圈,同时取下车速表主动齿轮和锁紧套筒,如图 22-6 所示。

8) 拆下变速器侧面的密封圈。

9) 从主减速器盖内取出油封;然后拆下差速器轴承外座圈和调整垫片,如图 22-7 所示。

10) 从变速器壳体上拆下另一边的差速器轴承外座圈和调整垫片。

11) 拆下行星齿轮轴的夹紧销,敲击行星齿轮轴并拆下,如图 22-8 所示,即可从差速器壳内取出行星齿轮和半轴齿轮。

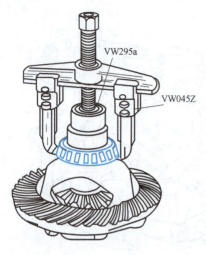

图 22-6 拉出轴承

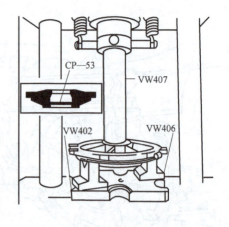

图 22-7 压出差速器轴承外座圈

2. 桑塔纳轿车主减速器和差速器的安装

1）将复合式止动垫片涂上润滑油后装入差速器壳内。在半轴齿轮上装入螺纹管，然后将半轴齿轮连同螺纹管装入差速器壳内，如图 22-9 所示。

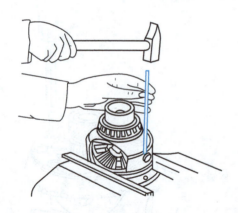

图 22-8 行星齿轮轴的拆卸

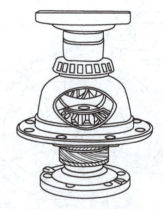

图 22-9 将半轴齿轮连同螺纹管装入差速器壳内

2）将两个行星齿轮错开 180°放在适当的位置上，接着转动半轴齿轮使行星齿轮进入差速器壳内，并使行星齿轮复合式止动垫片和差速器罩壳对正，如图 22-10 所示。

3）用芯棒和锤子装入行星齿轮轴，如图 22-11 所示，在行星齿轮轴上装上夹紧销，并检查行星齿轮和半轴齿轮间的啮合间隙（应为 0.05~0.20mm），或者用塞尺检查半轴齿轮与差速器壳之间的间隙（应为 0.10~0.20mm）。

4）将从动锥齿轮加热到 120℃后，以两个螺纹销作导向，将从动锥齿轮迅速装到差速器壳上，如图 22-12 所示，然后在螺栓孔中涂上齿轮油并装上紧固螺栓。以对角方式分 2~3 次将螺栓拧紧到 70N·m 的规定力矩。安装完毕后，检查从动锥齿轮的翘曲摆差值，应不超过 0.05mm。

5）将与从动锥齿轮相对一边的差速器轴承的内圈加热至 120℃后，装在差速器壳的轴颈上，并用专用压器把轴承压到位，如图 22-13 所示。

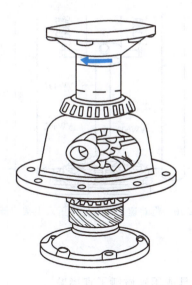

图 22-10　转动半轴齿轮使行星齿轮进入差速器壳

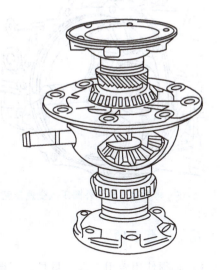

图 22-11　装入行星齿轮轴

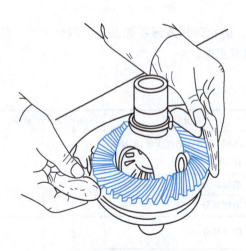

图 22-12　安装从动锥齿轮

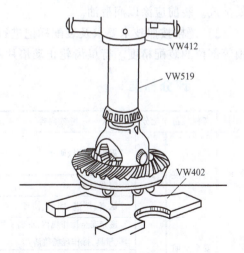

图 22-13　压入轴承

6）压入车速里程表主动齿轮，如图 22-14 所示，使 $X \approx 1.8\text{mm}$，然后旋紧锁紧套筒。

7）用同样的方法将从动锥齿轮背面的差速器轴承安装到位。

8）用专用工具将差速器外座圈分别压入变速器壳内和主减速器盖上，如图 22-15 和图 22-16 所示。

9）将差速器总成和主减速器盖一起装入变速器壳内，并用螺栓紧固。

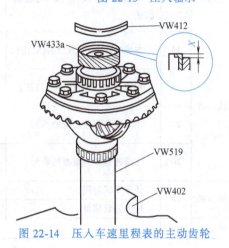

图 22-14　压入车速里程表的主动齿轮

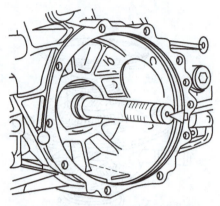

图 22-15　将差速器轴承外圈压入变速器壳内

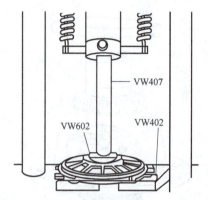

图 22-16　将差速器轴承外圈压入主减速器盖

五、注意事项

1) 必须使用专用工具、量具，不得使用非标准工具或用硬质锤子直接敲击。

2) 装配前必须彻底清洁，将零部件按装配顺序置于清洁的工作台或零件盒中，不得随处乱放。装前应涂以润滑油。

3) 严格按照技术要求及装配标记进行装合，防止破坏差速器壳及盖、调整垫片、传动轴等部位的装配精度。行星齿轮止动垫片不得随意更换。

六、评分标准

序号	考核项目	配分	考核内容	评分标准	扣分	得分	考核记录
1	工作态度	10	迟到、早退、旷工	迟到、早退每次扣5分，旷课1节扣10分			
			嬉戏打闹	酌情扣分			
			认真、严谨、团结、协作	酌情扣分			
2	安全文明操作	10	遵守安全操作规程，正确使用工具、量具，操作现场整洁	酌情扣分			
			安全用电、火，无人身、设备事故	若因违规操作发生重大人身和设备事故，此题按0分计			
3	考核过程	15	主减速器的作用及分类(口述)	根据叙述内容是否正确酌情扣分			
		15	差速器的作用及分类(口述)	根据叙述内容是否正确酌情扣分			
		20	主减速器和差速器的拆卸	根据操作内容是否正确酌情扣分			
		20	主减速器和差速器的装配	根据操作步骤是否正确酌情扣分			
4	考核结果	10	任务完成时间	酌情扣分			
			任务完成质量	酌情扣分			
5	分数	100					

七、实训报告

实训项目：_____

姓名：_____ 班级：_____
学号：_____ 日期：_____

一、工具和材料

答：_____
_____

二、实训练习

1. 主减速器的作用是什么？

答：_____
_____

2. 差速器的作用是什么？

答：_____
_____

3. 主减速器和差速器拆装的注意事项有哪些？

答：_____
_____

三、指导教师评语

答：_____
_____

实训任务 23　汽车行驶系统的拆装

一、实训目标

1. 知识目标

1）了解汽车行驶系统的基本组成和功用。

2）掌握悬架、车轮总成的拆装。

2. 技能目标

1）掌握行驶系统各总成的拆装要领。

2）通过实践提高各种专用工具、量具使用的熟练度。

二、实训设备、仪器和工具

1. 实训设备

轿车。

2. 实训工具

专用拆装工具、量具。

三、相关知识

1. 汽车行驶系统的功用

汽车行驶系统的功用是接收发动机经传动系统传来的转矩，并通过驱动轮与路面间的附着作用产生路面对汽车的牵引力，以保证整车正常行驶；支承全车，传递并承受路面作用于车轮上的各向反力及其形成的力矩；尽可能缓和不平路面对车身造成的各种冲击，并衰减其振动，保证汽车平顺行驶，并且与汽车转向系统协调配合工作，实现汽车行驶方向的正确控制，以保证汽车操纵稳定性。

2. 汽车行驶系统的组成

汽车行驶系统一般由车架、车桥、车轮和悬架四部分组成，如图 23-1 所示。

汽车行驶系统的结构如图 23-2 所示。

（1）车架的功用　车架的功用是连接或支承汽车各种零部件、总成，承受车内、外各种载荷。车架是一个形状复杂、强度和刚度要求较高的刚性结构。

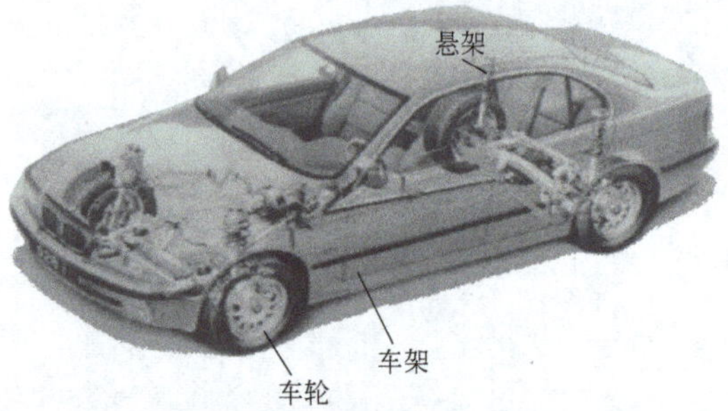

（2）车轮的功用和组成　车轮总成主要包括车轮和轮胎两大部分，除此之外还有装饰罩、平衡块等附属装置，如图 23-3 所示。车轮的结构如图 23-4 所示，主要包括轮毂、轮辐和轮辋等。

车轮与轮胎是汽车行驶系统的重要部件，其主要功用是：

1）承载整车质量。

图 23-1　汽车行驶系统

2）缓和、吸收汽车行驶时由路面传递来的各种冲击载荷。

3）保证轮胎与路面有良好附着性能，提高汽车的驱动力和制动力。

4）产生侧向力来平衡汽车转向离心力，以便顺利转向，并通过轮胎产生的自动回正力矩保证车轮具有良好的直线行驶能力。

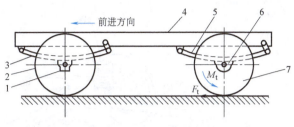

图 23-2　汽车行驶系统的结构

1—转向桥　2—前轮　3—前悬架　4—车架
5—后悬架　6—驱动桥　7—后轮
F_t—牵引力　M_t—驱动转矩

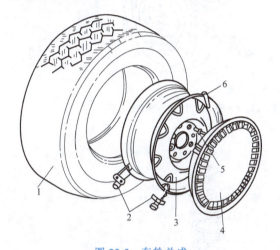

图 23-3　车轮总成

1—轮胎　2—平衡块　3—车轮
4—装饰罩　5—螺栓　6—气门嘴

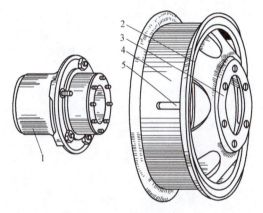

图 23-4　车轮的结构

1—轮毂　2—挡圈　3—轮辐　4—轮辋　5—气门嘴出口

（3）悬架的功用和组成

1）悬架的功用。

① 悬架弹性地连接车桥与车架（或车身），可起到缓和行驶中车辆受到的由不平路面引起的冲击力，保证乘坐舒适和货物完好的作用。

② 传递垂直、纵向、侧向反力及其力矩。

③ 迅速衰减由于弹性系统引起的振动。

④ 起导向作用，使车轮按一定轨迹相对车身运动。

悬架的功用可以用传力、缓冲、减振和导向来概括。

2）悬架的组成。悬架是车架（或承载式车身）与车桥（或车轮）之间一切传力连接装置的总称。现代汽车的悬架一般都由弹性元件、减振器、导向机构等组成，轿车一般还有横向稳定器，如图 23-5 所示。

四、实训操作

前桥及前悬架分解图如图 23-6 所示。

1. 前桥及前悬架的拆装

前悬架分解图如图 23-7 所示。

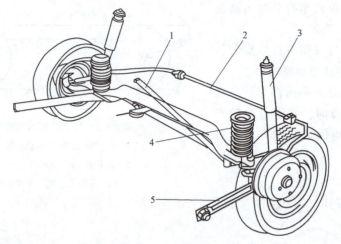

图 23-5 悬架的组成

1—横向推力杆 2—横向稳定器 3—减振器 4—弹性元件 5—纵向推力杆

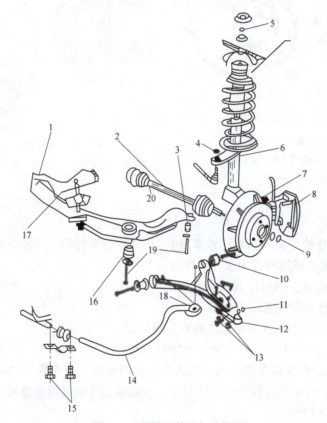

图 23-6 前桥及前悬架分解图

1—副车架 2—传动轴 3—副车架后橡胶支承 4—螺母（拧紧力矩为30N·m） 5—自锁螺母（拧紧力矩为60N·m） 6—减振器支柱 7—螺栓（拧紧力矩为70N·m） 8—制动钳 9—自锁螺母（拧紧力矩为230N·m） 10—下摇臂下支座 11—自锁螺母（拧紧力矩为50N·m） 12—球头销 13—自锁螺母（拧紧力矩为65N·m） 14—横向稳定杆 15—螺栓（拧紧力矩为25N·m） 16—副车架前橡胶支承 17—自锁螺母（拧紧力矩为40N·m） 18—自锁螺母（拧紧力矩为60N·m） 19—螺栓（拧紧力矩为70N·m） 20—螺栓（拧紧力矩为45N·m）

(1) 前悬架总成的拆装

1) 前悬架的拆卸。

① 卸下车轮装饰外罩。

② 在车轮着地的情况下拆下轮毂与传动轴的紧固螺母，拆下车轮。

③ 拆下制动钳紧固螺栓，如图 23-8 所示，取下制动盘，把带制动软管的制动钳总成用铁丝固定在车身上。

注意：不要损坏制动软管。

④ 拆下球头销紧固螺栓（图 23-8 中的下部箭头所示）。

⑤ 用拉力器从减振器支柱外壳上压出横拉杆球头，如图 23-9 所示。

⑥ 拧下横向稳定杆的紧固螺栓，如图 23-10 所示。

⑦ 拆下传动轴（VL 节）与轮毂的固定螺母。

⑧ 向下按压前悬架下摇臂，从车轮轴承壳内拉出传动轴。或利用两个固定车轮凸缘上的螺孔将压力装置 V.A.G1389 固定在轮毂上，用液压装置从轮毂中拉出传动轴，如图 23-11 所示。拆下传动轴，卸下压力装置。

⑨ 取下盖子，支撑减振器支柱下部或者沿反方向固定。旋下活塞杆的螺母，用内六角扳手阻止活塞杆的转动，如图 23-12 所示。

2) 前悬架的安装。

前悬架的安装应按与拆卸相反的顺序进行，但同时还应注意下列几点：

① 自锁螺母必须更换新件。

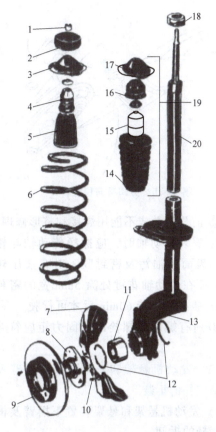

图 23-7 前悬架分解图

1—开槽螺母 2—悬架支承轴轴承（只能整件更换）3—弹簧护圈 4、15—限位缓冲器 5—护套 6—螺旋弹簧 7—挡泥板 8—轮毂 9—制动盘 10—紧固螺栓（拧紧力矩为 10N·m）11—车轮轴承 12—卡簧 13—车轮轴承壳 14—辅助橡胶弹簧 16—波纹管盖 17—弹簧护圈带通气孔 18—螺母（拧紧力矩为 150N·m）19—崎岖路面选装件（M103）20—减振器

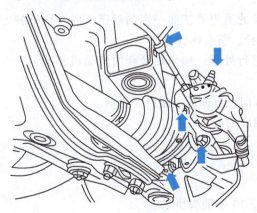

图 23-8 拆下制动钳紧固螺栓

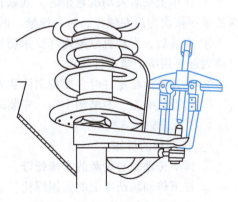

图 23-9 压出横拉杆球头

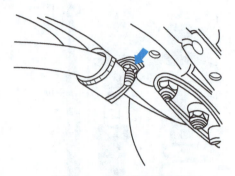

图 23-10 拆卸横向稳定杆

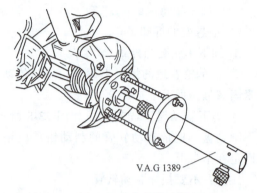

图 23-11 拉出传动轴

② 前悬架总成不能用焊接和整形修理。

③ 安装传动轴时，应擦净传动轴与轮毂花键齿面的油污及密封胶。对有液压转向的，要在传动轴花键处涂 5mm 宽的密封剂 D6，装好后等待 60min 后才可行驶。

④ 所有螺母或螺栓的紧固力矩应符合规定。

（2）发动机悬架和悬架装置下摆臂及横向稳定杆的拆装

1）发动机悬架和悬架装置下摆臂及横向稳定杆的拆卸。

① 拆下横向稳定杆的固定卡箍。

② 拆下前悬架下摆臂锁紧板，取下球接头。

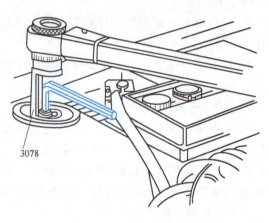

图 23-12 旋下活塞杆螺母

③ 旋出下摆臂支承螺母，取出螺栓，拆下下摆臂。

2）发动机悬架和悬架装置下摆臂及横向稳定杆的安装。

安装应按与拆卸相反的顺序进行，但应注意下列事项：

① 重新安装时，必须更换所有自锁螺母。

② 所有螺栓或螺母要按规定力矩拧紧。

③ 往车上安装发动机悬架时，其联接螺栓的紧固要按照一定的顺序：向车辆行驶方向看的顺序依次为后左螺栓、后右螺栓、前左螺栓、前右螺栓。

④ 安装后，发动机悬架内部要用防腐剂进行处理。如果更换新的发动机悬架，这个新悬架内部要用防护蜡进行处理。

⑤ 安装横向稳定杆时，要特别注意安装方向，弯曲部分应位于下面。

⑥ 球形接头左、右结构不同，安装时曲柄应朝前。

（3）传动轴总成的拆装

1）传动轴的拆卸。

① 拆下传动轴与轮毂的紧固螺母。

② 拧下传动轴凸缘上的紧固螺栓，如图 23-13 中箭头所示。

③ 将传动轴与凸缘分开。

④ 从车轮轴承壳内拉出传动轴,或者利用压力装置 V. A. G1389 拉出传动轴。

注意:拆卸传动轴时,轮毂绝对不能加热,否则会损坏车轮轴承,原则上应使用拉具。拆掉传动轴后,应装上一根连接轴来代替传动轴,防止移动已卸掉传动轴的车辆时,损坏前轮轴承总成。

2)传动轴的安装。

① 将外万向联轴器的花键涂上 1 圈 5mm 的防护剂 D6,然后装上传动轴的花键套。

② 将传动轴用螺栓按规定力矩与法兰固定。

③ 将球形接头按原位安装并紧固。

④ 拧紧轮毂固定螺母。

⑤ 装上挡泥板、制动钳、车轮,必要时进行前轮定位调整。

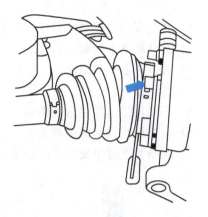

图 23-13 拧下传动轴凸缘上的紧固螺栓

2. 后桥及后悬架的拆装

后桥和后悬架的分解图如图 23-14 所示。

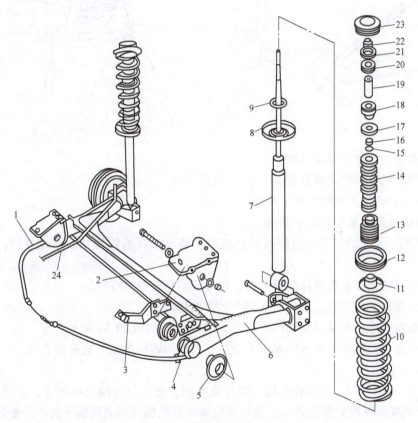

图 23-14 后桥和后悬架的分解图
1—驻车制动拉索套管 2—支承座 3—调节弹簧支架 4—驻车制动拉索支架 5—橡胶金属支承 6—后悬架臂
7—减振器 8—下弹簧座圈 9、17—垫圈 10—螺旋弹簧 11—护盖 12—上弹簧座圈 13—波纹橡胶管
14—缓冲块 15—锁圈 16—隔圈 18—下轴承环(橡胶件) 19—隔套 20—上轴承环
21—衬盘(隔圈) 22—自锁螺母 23—塞盖 24—制动软管

(1) 后桥和后悬架的拆卸

1）将驻车制动拉索从拉杆上吊出，如图23-15所示，必要时脱开制动蹄。

2）分开桥梁上的制动软管。

3）松开车身上的支承座，仅留1个螺母支承。

4）拆下排气管吊环。

5）用专用工具撑住后桥横梁。

6）从车厢内取下减振器盖板。

7）从车身上拧下支承杆座螺母，如图23-16所示。

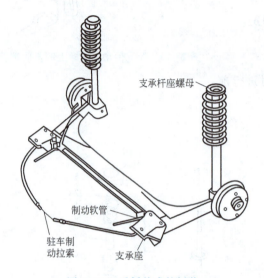

图23-15 后桥总成的拆装

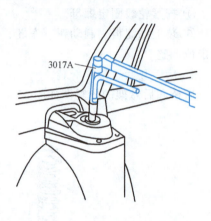

图23-16 拆下减振器支承杆座螺母

8）拆卸车身上的整个轴承支架。

9）操纵举升机使车辆缓慢升起。

10）将驻车制动拉索从排气管上拉出。

11）将后桥及悬架从车身底下移出。

(2) 后桥和后悬架的安装　后桥及后悬架的安装可按与拆卸相反的顺序进行，但应注意以下事项：

1）将驻车制动拉索铺设在排气管上面，然后将后桥装到车身上。

2）将减振器支承杆座装入车身的支架中，并用螺母固定。

3）横梁必须平放，车身与横梁的夹角应为17°±2°，如图23-17所示。

4）更换所有自锁螺母，并且按规定力矩拧紧。后桥螺母拧紧力矩见表23-1。

3. 车轮总成的拆装

(1) 车轮总成的拆卸　拆卸轮胎时，要停稳车辆，用三角木掩住各车轮，弄清汽车左、右侧车轮与轮毂联接螺栓的螺旋方向，使用车轮螺母拆装机或用套筒扳手初步拧松各联接螺母，如图23-18所示。

(2) 轮胎的检查

1）拆下轮胎放在轮胎架上。

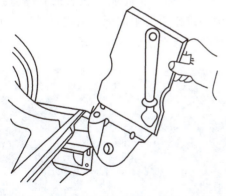

图23-17　支承座安装在后桥上

表23-1　后桥螺母拧紧力矩

项目	拧紧力矩/N·m
减振器下端至后桥固定螺母	70
减振器上端与车身固定螺母	35
支撑座与车身固定螺母	45
后桥金属橡胶衬套固定螺母	70
制动底板固定螺母	60
车轮固定螺母	90

2）目测检查。如图23-19所示，缓慢转动轮胎检查以下项目：

① 检查轮胎是否有裂纹和损坏。如果出现异常，应视情况进行维修或更换。

② 检查轮胎是否嵌入金属颗粒或其他异物。如果发现金属颗粒或其他异物，则将这些异物清除。

③ 检查轮胎是否有异常磨损。目视检查轮胎胎面是否存在不均匀磨损（如两边磨损、中间磨损、单侧磨损等），若出现上述情况，应做进一步的检查（轮胎气压或车轮定位等）。

④ 检查钢圈是否损坏或腐蚀。

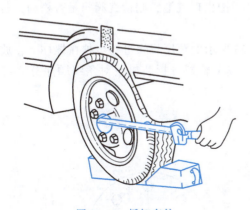

图23-18　拆卸车轮

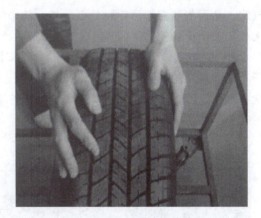

图23-19　目测检查轮胎

3）测量胎面沟槽深度。如图23-20所示，将测量规垂直插入纹槽中，保持测量规的测量平面与两侧花纹顶面可靠接触。然后，观察并读取测量规外壳顶端与标尺对齐的刻度线指示的数值，该数值即为轮胎花纹深度值。车轮轮胎花纹深度应不低于极限值。胎面深度极限值为1.6mm。

注意：

① 测量时，要在整个轮胎上进行多点测量。

② 除了上述方法外，还可以通过观察轮胎表面的胎面磨耗指示标记来检查胎面深度。轮胎胎面上一般有嵌入花纹底处的磨损极限标记，位于相应部位的轮胎侧面印有"△"或"TW"记号，一旦露出或接近露出应及时更换新胎。

4)检查轮胎胎压。如图 23-21 所示,拆下轮胎气门嘴帽,将轮胎气压表的管嘴直接压上轮胎气门嘴,以防空气泄漏。测量完后,将测量值与维修手册中的标准值进行对比。如果气压过低,应进行充气;若气压过高,则应适当地放气,直至达到规定要求。

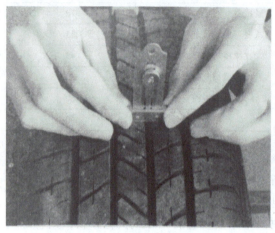

图 23-20　测量胎面沟槽深度

图 23-21　检查轮胎胎压

注意:一般轮胎的标准气压能够在汽车上明显的位置找到,例如驾驶人侧车门或立柱上以及燃油箱盖等部位。

5)检查气门嘴是否漏气。如图 23-22 所示,在轮胎气门嘴涂抹肥皂水,查看是否出现气泡,从而判断充气后轮胎是否漏气。如果气门嘴周围出现气泡,则检查阀门是否松动,若无松动,则更换轮胎气门嘴。

(3)车轮总成的安装　安装轮胎时,按图 23-23 所示的顺序将螺母初步拧在螺柱上,放下车轮并在车轮前、后用三角木掩住,用扭力扳手或车轮螺母拆装机按对角线顺序分 2~3 次拧紧车轮螺母,最后一次要按规定力矩拧紧。

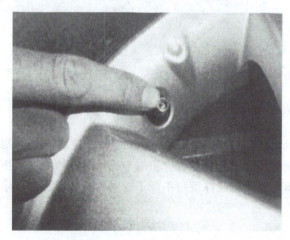

图 23-22　检查轮胎是否漏气

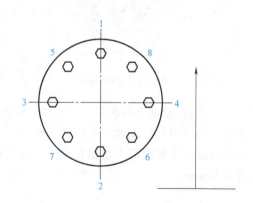

图 23-23　车轮螺母紧固顺序

五、注意事项

1)正确使用工具、量具。

2）严格执行拆装程序，注意操作安全。
3）注意各装配标记和润滑部位。

六、评分标准

序号	考核项目	配分	考核内容	评分标准	扣分	得分	考核记录
1	工作态度	10	迟到、早退、旷工	迟到、早退每次扣5分，旷课1节扣10分			
			嬉戏打闹	酌情扣分			
			认真、严谨、团结、协作	酌情给分			
2	安全文明操作	10	遵守安全操作规程，正确使用工具、量具，操作现场整洁	酌情给分			
			安全用电、火，无人身、设备事故	若因违规操作发生重大人身和设备事故，此题按0分计			
3	考核过程	10	汽车行驶系统的作用（口述）	根据叙述内容是否正确酌情扣分			
		15	汽车行驶系统的组成（口述）	根据叙述内容是否正确酌情扣分			
		15	前悬架总成的拆装	根据操作内容是否正确酌情扣分			
		15	后悬架总成的拆装	根据操作步骤是否正确酌情扣分			
		15	车轮总成的拆装与检查	根据操作步骤是否正确酌情扣分			
4	考核结果	10	任务完成时间	酌情给分			
			任务完成质量	酌情给分			
5	分数	100					

七、实训报告

实训项目：_____

姓名：_____　　班级：_____
学号：_____　　日期：_____

一、工具和材料
答：_____
_____

二、实训练习
1. 汽车行驶系统有哪些作用？
答：_____
_____
_____

（续）

2. 车轮的作用是什么？
   答：_____

3. 汽车轮胎检查的方法是什么？
   答：_____
   _____

三、指导教师评语
   答：_____
   _____

实训任务 24　汽车转向系统的拆装

一、教学目标

1. 知识目标

1）掌握转向系统的组成、功用及结构特点。
2）掌握转向器的构造、工作原理。

2. 技能目标

1）掌握转向系统各总成的拆装程序及调整要领。
2）通过实践提高各种专用工具使用的熟练度。

二、实训设备、仪器和工具

1. 实训设备

1）机械转向器总成及相应资料。
2）动力转向器总成及相应资料。

2. 实训工具

1）台虎钳、锤子、扭力扳手、铜冲头、常用拆装工具等。
2）清洗剂、润滑油、润滑脂、棉纱、油盆。

三、相关知识

1. 汽车转向系统的功用

汽车转向系统的功用是改变和保持汽车的行驶方向。当汽车需要改变行驶方向时，必须使转向轮绕主销轴线偏转一定角度，直到新的行驶方向符合驾驶人的要求时，再将转向轮恢复到直线行驶位置。这种由驾驶人操纵，控制转向轮偏转和回位的一套机构，称为汽车转向系统。

2. 转向系统的要求

1）操纵舒适轻巧，转向灵敏可靠。
2）转向时，两转向轮应沿一对同心圆的圆周行驶，以保证转向的稳定与适度。
3）行车时，转向轮有自动回正作用，以保证车辆能稳定直行。
4）驾驶人通过转向盘了解路面状况，保持"路感"，同时不会因路面凹凸不平造成转向盘打手。

3. 汽车转向系统的类型

转向系统按照转向能源的不同分为机械转向系统和动力转向系统两大类。机械转向系统以驾驶人的体力作为转向能源。动力转向系统兼用驾驶人的体力和发动机动力作为转向能源，可分为液压式动力转向系统、气压式动力转向系统和电动式动力转向系统。

4. 机械转向系统的组成及工作原理

（1）组成　汽车机械转向系统由转向操纵机构、机械转向器和转向传动机构三大部分组成。转向操纵机构包括转向盘、转向轴、万向联轴器和转向传动轴，转向传动机构包括转向摇臂、转向直拉杆、转向节臂、转向梯形臂和转向横拉杆等部件，如图 24-1 所示。

（2）工作原理　驾驶人对转向盘施加的转向力矩通过转向轴输入转向器，经转向器放大后的力矩和减速后的运动传到转向横拉杆，再传给固定于转向节上的转向节臂，使转向节和它所支承的转向轮偏转，从而改变了汽车的行驶方向。

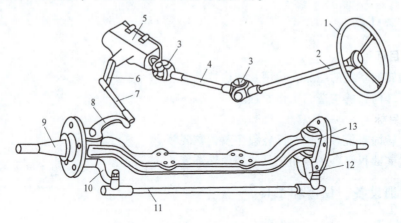

图24-1　机械转向系统示意图

1—转向盘　2—转向轴　3—万向联轴器　4—转向传动轴　5—转向器　6—转向摇臂　7—转向直拉杆
8—转向节臂　9—左转向节　10—左转向梯形臂　11—转向横拉杆　12—右转向梯形臂　13—右转向节

5. 动力转向系统的功用和组成

（1）功用

1）在汽车转向时，减轻驾驶人对转向盘的操作力。

2）限制转向系统的转速比。

3）在原地转向时，能提供必要的助力。

4）限制车辆高速或在薄冰上的助力，具有较好的转向稳定性。

5）在动力转向装置失效时，能保证机械转向系统有效地工作。

（2）组成　如图24-2所示，动力转向系统是利用一定的动力助力方式，帮助执行转向操作的转向装置。动力转向装置一般由机械转向器、转向液压缸、转向控制阀和转向油泵等组成。

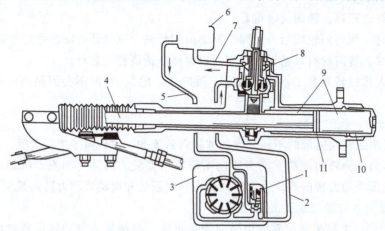

图24-2　动力转向系统工作示意图

1—压力和流量限制阀　2—高压油管　3—转向油泵　4—齿条　5—吸油管　6—储油罐
7—回油管　8—转向控制阀　9—压力室　10—转向液压缸　11—活塞

四、实训操作

1. 机械转向系统的拆装

（1）**转向操纵机构的拆装** 桑塔纳轿车的转向操纵机构如图 24-3 所示，主要由转向盘、转向柱、转向盘锁套、各种连接元件及支承元件组成。

1）转向操纵机构的拆卸。

① 向下按转向盘塑胶盖板边缘，撬出转向盘盖板。

② 松开转向盘的固定螺母，拔出喇叭导线，用顶拔器拔出转向盘。

③ 拆下转向柱组合开关。

④ 拆下阻风门控制把手。

⑤ 旋出仪表装饰板固定螺钉，拆下仪表装饰板，松开卡箍，取出转向柱。

⑥ 拆下弹簧垫圈。

⑦ 拆下转向盘锁套。

⑧ 卸下左边的内六角螺栓，旋出右边的开口螺栓。

2）转向操纵机构的安装。安装按与拆卸相反的顺序进行，但要注意以下事项：

① 转向管支柱如果有损坏，不能进行焊接后使用。

② 自锁螺母和螺栓必须更换。

（2）**转向传动机构的拆装**

1）转向传动机构的拆卸。

① 从前桥减振器上拆下球接头。

② 松开调整螺母，取下左、右横拉杆总成。

③ 松开调整螺母，卸下球头。

2）转向传动机构的检查。检查横拉杆是否弯曲，调整螺栓的螺纹有无损坏，球头是否磨损和松旷等。

3）转向传动机构的安装。安装时，需更换自锁螺母及防尘胶套和衬套等。

在安装转向器时，应该计算出齿条每齿移动的距离，或主动齿轮旋转 1 周齿条的位移，根据这个行程换算出角度值，再根据内、外车轮转向角度来标记齿条行程的位置。根据该位置固定转向盘，最后调整横拉杆，保证其左、右尺寸相同。

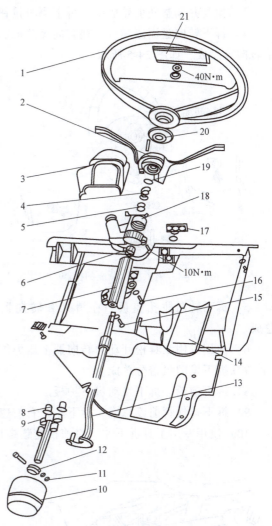

图 24-3 桑塔纳轿车的转向操纵机构
1—转向盘 2—转向柱组合开关 3—罩板 4—弹簧 5—接触环 6—橡胶支承环 7—转向柱 8—套管 9—凸缘管 10—密封罩 11—螺母 12—卡箍 13—转向柱 14—罩壳 15—断开螺栓 16—圆柱螺栓 17—起动器把手 18—转向盘锁套 19—弹簧垫圈 20—接触环 21—转向盘盖板

注意：安装转向传动机构时，要按照规定的力矩拧紧紧固螺栓。

2. 动力转向系统的拆装

（1）动力转向器的拆卸

1）用举升机将车辆举升至合适的高度，排空动力转向液。

2）脱开蓄电池的负极电缆。

3）检查并调整使前轮居中，拆下喇叭按钮总成，如图 24-4 所示。

4）拆下转向盘固定螺母，在转向盘总成和主轴总成上做好配合标记。使用专用工具拆下转向盘总成，如图 24-5 所示。

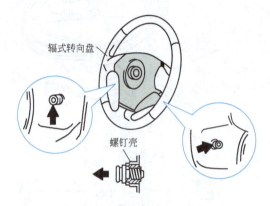

图 24-4　喇叭按钮总成的拆卸

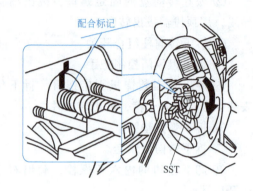

图 24-5　转向盘总成的拆卸

5）拆下转向柱孔盖板，在滑叉和转向器输入轴上做好配合标记，分离转向滑叉分总成。

6）使用专用工具松开动力转向器上压力供给油管总成和加油管总成，如图 24-6 所示。

7）拆下发动机盖分总成。

8）拆下前轮，拆下发动机下护板。

9）拆下排气管前段总成，拆下左、右前速度传感器。

10）使用专用工具拆下左、右前桥轮毂螺母，如图 24-7 所示。

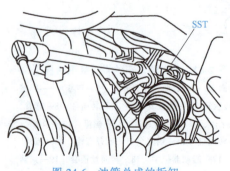

图 24-6　油管总成的拆卸

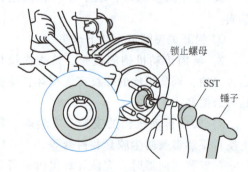

图 24-7　前桥轮毂螺母的拆卸

11）分离前稳定杆。

12）拆下开口销和锁紧螺母，使用专用工具从转向节处脱开左、右侧球头拉杆，如图 24-8 所示。

13）脱开左、右前下摇臂总成。

14）拆下前轴总成。

15）拆下左、右前驱动轴总成，如图24-9所示。

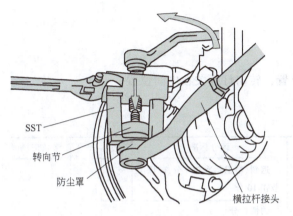

图24-8　转向拉杆头的拆卸

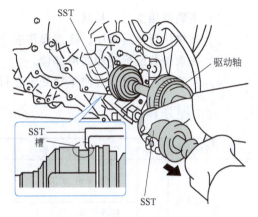

图24-9　前驱动轴总成的拆卸

16）使用专用设备吊起发动机总成。

17）分离横向发动机支撑隔离架。

18）拆下前悬架支撑梁分总成。

19）拆下转向柱孔盖板。

20）拆下齿轮齿条式转向器总成。

(2) 动力转向器的安装

1）安装齿轮齿条式转向器总成。

2）安装转向柱孔盖分总成。

3）安装前悬架支撑梁分总成，连接发动机横向固定隔离架。

4）安装前驱动轴总成和前轴总成。

5）连接前下摇臂总成。

6）按规定力矩安装球头拉杆分总成，并安装开口销，同时连接横向稳定杆。

7）安装前轴轮毂螺母，并对其进行锁止。

8）安装前速度传感器。

9）安装排气管前段总成。

10）安装发动机下护板，然后安装前轮。

11）安装发动机盖分总成。

12）使用专用工具连接动力转向器上压力供给油管总成和加油管总成。

13）按做好的滑叉和转向器输入轴上的配合标记，连接转向滑叉分总成。

14）安装转向柱孔盖板。

15）检查前轮（要在居中的位置）。

16）安装转向盘固定螺母，对正转向盘总成和主轴总成上做好配合标记。

17）安装喇叭按钮总成。

18）连接蓄电池负极电缆。

19）加注动力转向油，排尽动力转向油中的空气，并检查动力转向油有无渗漏。
20）检查并调节前轮定位。

五、注意事项

1）正确使用工具、量具。
2）严格执行拆装程序，注意操作安全。
3）注意各装配标记和润滑部位。
4）安装转向盘时，应使车轮处于直行位置，转向灯开关在中间位置。

六、评分标准

序号	考核项目	配分	考核内容	评分标准	扣分	得分	考核记录
1	工作态度	10	迟到、早退、旷工	迟到、早退每次扣5分，旷课1节扣10分			
			嬉戏打闹	酌情扣分			
			认真、严谨、团结、协作	酌情给分			
2	安全文明操作	10	遵守安全操作规程，正确使用工具、量具，操作现场整洁	酌情给分			
			安全用电、火，无人身、设备事故	若因违规操作发生重大人身和设备事故，此题按0分计			
3	考核过程	15	汽车转向系统的作用（口述）	根据叙述内容是否正确酌情扣分			
		15	汽车转向系统的要求（口述）	根据叙述内容是否正确酌情扣分			
		20	机械转向系统的拆装	根据操作内容是否正确酌情扣分			
		20	动力转向系统的拆装	根据操作步骤是否正确酌情扣分			
4	考核结果	10	任务完成时间	酌情给分			
			任务完成质量	酌情给分			
5	分数	100					

七、实训报告

实训项目：_____

姓名：_____ 班级：_____
学号：_____ 日期：_____

一、工具和材料

答：_____
_____
_____

（续）

二、实训练习

1. 机械转向系统的组成及工作原理是什么？
答：_____
_____

2. 动力转向系统的组成及功用是什么？
答：_____
_____

3. 转向系统拆装的注意事项有哪些？
答：_____
_____

三、指导教师评语
答：_____
_____

实训任务 25　汽车制动系统的拆装与调整

一、实训目标

1. 知识目标

1）掌握汽车制动系统的组成和功用。
2）掌握盘式制动器和鼓式制动器的构造、工作原理。

2. 技能目标

1）能够正确、熟练地对盘式制动器、鼓式制动器进行拆装和调整。
2）通过实践提高各种专用工具使用的熟练度。

二、实训设备、仪器和工具

1. 实训设备

1）盘式制动器总成及相应资料。
2）鼓式制动器总成及相应资料。

2. 实训工具

常用拆装工具、量具等。

三、相关知识

1. 汽车制动系统的功用

1）使行驶中的汽车减速乃至停车。
2）使下长坡的汽车保持车速稳定。
3）使停驶的汽车可靠驻停。

2. 汽车制动系统的要求

为了保证汽车能在安全条件下发挥出高速行驶的能力，制动系统必须满足下列要求：

1）具有良好的制动性能。其评价指标有制动距离、制动减速度、制动力和制动时间。
2）操纵轻便。操纵制动系统所需的力不应过大。
3）制动稳定性好。制动时，前、后车轮制动力分配合理。
4）制动平顺性好。制动力矩能迅速而平稳地增加，也能迅速而彻底地解除。
5）散热性好。摩擦片的散热能力要高，水湿后恢复能力快。
6）挂车的制动系统：要求挂车的制动作用应略早于主车；挂车自行脱挂时能自动进行应急制动。

3. 制动系统的类型

（1）按功能不同分类

1）驻车制动装置。驻车制动装置主要用于停车后防止车辆滑溜。
2）行车制动装置。行车制动装置主要用于使行驶中的汽车按照驾驶人的要求进行适时减速、停车。
3）应急制动装置。应急制动装置用独立的管路控制车轮制动器作为备用系统。

（2）按制动力源分类

1）人力式制动传动机构。人力式制动传动机构是单靠驾驶人施加于制动踏板或手柄上的力作为制动力源的传动机构，分液压式和机械式两种，机械式仅用于驻车制动。

2）伺服制动传动机构。伺服制动传动机构是利用发动机的动力作为制动力源，并由驾驶人通过踏板或手柄加以控制的传动机构，分为气压式、真空液压式、空气液压式。

4. 制动系统的组成

汽车制动系统都具有以下4个基本组成部分：

（1）供能装置 包括供给、调节制动所需能量以及改善传能介质状态的各种部件。

（2）控制装置 包括产生制动动作和控制制动效能的各种部件（如制动踏板）。

（3）传动装置 包括将制动能量传输到制动器的各个部件（如制动主缸和制动轮缸）。

（4）制动器 产生阻碍车辆的运动或运动趋势的力（制动力）的部件，其中包括辅助制动系统中的缓速装置。

5. 制动系统的工作原理

常规制动系统中前轮使用盘式制动器，后轮使用鼓式制动器。制动系统不工作时，制动鼓的内圆面与制动蹄摩擦片的外圆面之间保持一定的间隙，称为制动间隙。它使车轮和制动鼓可以自由旋转。若使行驶中的汽车减速或停车，驾驶人踩下制动踏板，通过推杆推动主缸活塞，使主缸内的液压油在一定压力下流入轮缸，并通过两个轮缸活塞推动两个制动蹄绕支承销旋转，上端向两边分开而以其摩擦片压紧在制动鼓的内端面上，如图25-1所示。这样，不旋转的制动蹄就对旋转着的制动鼓作用一个摩擦力，使车轮转速降低直至停车。

6. 盘式制动器的结构和工作原理

车轮制动器指旋转元件固装在车轮或半轴上，将制动力矩直接作用于两侧车轮上的制动器。根据车轮制动器中旋转元件的不同，车轮制动器可分为鼓式制动器和盘式制动器两大类。

图25-2所示为桑塔纳轿车前轮制动器。制动钳支架固定在转向节上。制动钳体用紧固螺栓与制动钳导向销进行连接，导向销插入制动钳支架的孔中做动配合，制动钳体可沿导向销做轴向滑动。制动盘的内侧悬装有活动制动块，而外侧的固定制动块通过弹片安装在制动钳支架的内端面上。制动时，制动盘内侧的活动制动块在制动液作用下由活塞推靠到制动盘上，同时制动钳上的反作用力将附装在制动钳支架中的固定制动块推靠到制动盘上。当活动制动块磨损到允许极限厚度时，报警开关便接通电路而对驾驶人发出警告信号。

7. 鼓式制动器的结构和工作原理

桑塔纳后轮制动器为带有驻车制动器的鼓式非平衡式制动器。

桑塔纳轿车后轮制动器的结构如图25-3所示。制动底板用螺栓固定在后桥轴端支承座上，制动轮缸为双活塞内张型液压轮缸，用螺钉固定在制动底板上方。制动鼓用轴承支承在后桥短轴上，与车轮一起旋转。支架、挡板用螺钉紧固在底板的下方。下回位弹簧使制动蹄的下端嵌入固定板的切槽中。回位弹簧使两制动蹄的上端压靠到推杆上，楔形调整板在其拉簧的作用下向下拉紧制动蹄与推杆。制动蹄通过定位销及定位弹簧保持蹄面与制动底板垂直。

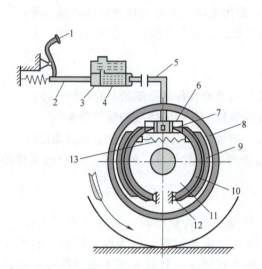

图 25-1 制动系统工作原理示意图

1—制动踏板 2—推杆 3—主缸活塞 4—制动主缸
5—油管 6—制动轮缸 7—轮缸活塞 8—制动鼓
9—摩擦片 10—制动蹄 11—轮缸
底板 12—支承销 13—制动蹄复位弹簧

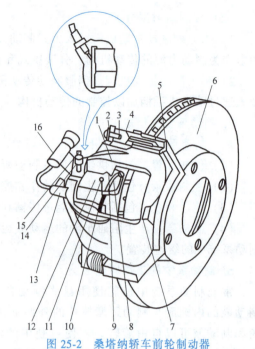

图 25-2 桑塔纳轿车前轮制动器

1—制动钳体 2—紧固螺栓 3—导向销 4—防护套 5—制动
钳支架 6—制动盘 7—固定制动块 8—消声片 9—防尘套
10—活动制动块 11—密封圈 12—活塞 13—电线导向夹
14—放气螺钉 15—放气螺钉帽 16—报警开关

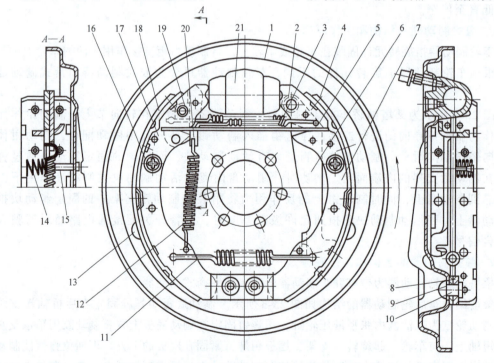

图 25-3 桑塔纳轿车后车轮制动器的结构

1—制动底板 2—销轴 3、4、11、12—回位弹簧 5—压力杆 6—制动杆 7—带杠杆装置的制动蹄 8—支架
9—挡板 10—铆钉 13—观察孔 14—压簧 15—夹紧销 16—弹簧座
17—带斜楔支承的制动蹄 18—摩擦片 19—斜楔支承 20—楔形块 21—制动轮缸

制动时，轮缸活塞在制动液压力的作用下向外推动制动蹄，制动蹄克服回位弹簧的弹力向外张开，压向制动鼓，产生制动力矩使汽车制动。解除制动时，制动液压消失，在回位弹簧的作用下制动蹄回位。

8. 驻车制动器的结构及工作原理

桑塔纳轿车的驻车制动器与行车制动器复合共用，其分解图如图 25-4 所示。它作用于后轮，主要在坡路或平路上停车时使用，或在紧迫情况下作紧急制动。

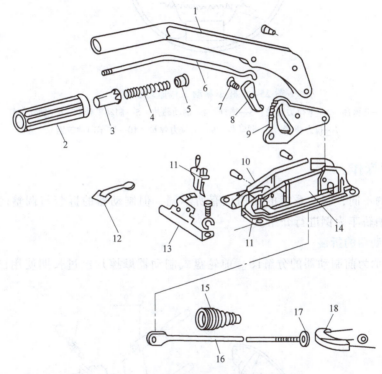

图 25-4　桑塔纳轿车驻车制动器分解图
1—驻车制动杆　2—制动手柄套　3—旋钮　4—弹簧　5—弹簧套筒　6—棘轮杆　7—螺栓　8—棘轮掣子
9—扇形齿　10—右轴承支架　11—驻车灯开关　12—凸轮　13—支架　14—左轴承支架
15—驻车制动拉杆底部橡胶防尘罩　16—驻车制动操纵杆　17—限位板　18—驻车制动拉索调整杠杆

如图 25-5 所示，驻车制动杆上端平头销与后制动蹄相连，其中上部卡入驻车制动杆右端的切槽中（作为支点），下端与驻车制动拉索相连。前、后制动蹄的腹板卡在驻车制动杆的两端槽中，并分别用一根复位弹簧与制动推杆相连。

驻车制动时，拉起操纵杆，操纵杆力通过操纵机构使驻车制动拉索收紧，拉索拉动驻车制动杠杆的下端，使之绕上端支点顺时针转动。制动杠杆转动过程中，其中间支点推动驻车制动杆左移，使前制动蹄压向制动鼓。前制动蹄压向制动鼓后，驻车制动杆停止运动，则驻车制动杆的中间支点变成其继续移动的新支点，于是驻车制动杆的上端右移，使后制动蹄压靠在制动鼓上，产生制动作用。此时，驻车制动操纵杆上的棘爪嵌入齿扇上的棘齿内，起锁止作用。

解除驻车制动时，按下驻车制动操纵杆上的按钮，使棘爪脱离棘齿，使操纵杆回到释放制动位置。松开驻车制动拉索，则制动蹄在复位弹簧的作用下回位。

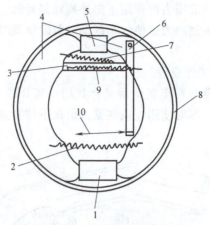

图 25-5 驻车制动工作原理示意图

1—支承台 2—下拉力弹簧 3—推杆 4—制动蹄片 5—制动工作缸 6—制动杠杆
7—拉力弹簧 8—制动鼓 9—上拉力弹簧 10—驻车制动拉索

四、实训操作

由于车型的不同,制动系统的结构也有所不同,但制动器的拆装与调整的方法基本相同,现以桑塔纳轿车为例进行介绍。

1. 盘式制动器的拆装

图 25-6 所示为前制动器的分解图。前轮盘式制动器摩擦片经过长期使用已损坏,或者

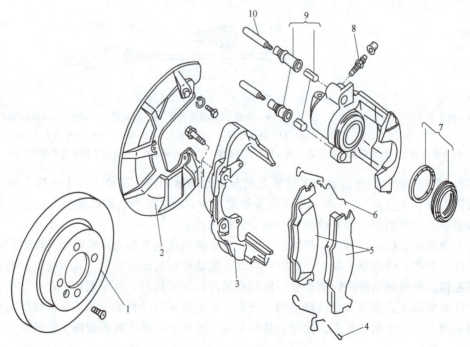

图 25-6 前制动器的分解图

1—前制动盘 2—制动器底板 3—前制动器摩擦片架 4—固定摩擦片卡簧 5—制动摩擦片 6—固定
摩擦片卡簧 7—前制动分泵密封圈 8—前分泵放油阀 9—前制动分泵固定螺栓护套 10—导向销

厚度已磨损，需要检查或更换。

(1) 制动摩擦片的拆卸

1) 拆下前轮。

2) 如图 25-7 所示，拆卸上、下定位螺栓，用手卸下上、下定位弹簧。

3) 取出制动钳壳体，如图 25-8 所示。

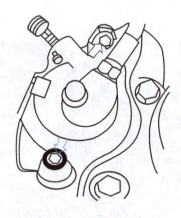

图 25-7 拆下定位螺栓

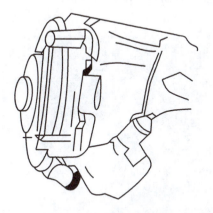

图 25-8 取出制动钳壳体

4) 用挂钩将制动钳体固定住。

5) 从支架上拆下制动摩擦片。

6) 将制动钳活塞压回制动钳壳体内。如图 25-9 所示，在压回活塞之前，先从制动液储液罐中抽出一部分制动液，以免在压回活塞时造成制动液外溢，损坏表面油漆。制动液有毒，而且有较强的腐蚀性，须用专门容器存放。

(2) 盘式制动器各零件的检查

1) 如图 25-10 所示，检查制动器摩擦片是否存在不均匀磨损的情况。

2) 如图 25-11 所示，检查制动盘是否异常磨损和损坏。

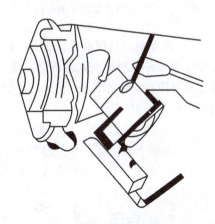

图 25-9 把活塞压回到制动钳壳体内

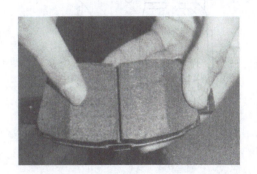

图 25-10 检查制动器摩擦片

图 25-11 检查制动盘

3）检查制动卡钳是否有制动液泄漏的情况。

4）清洁制动盘和制动摩擦片。

5）检查制动摩擦片的厚度。如图 25-12 所示，用直尺测量制动摩擦片的厚度，其极限值为 1.0mm。若小于极限值，则应更换摩擦片。

6）检查制动盘厚度。如图 25-13 所示，用千分尺测量制动盘的厚度；在整个圆周上选 6 个点进行测量，取读数最值。

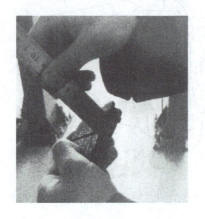
图 25-12　测量制动摩擦片的厚度

图 25-13　测量制动盘的厚度

7）检查制动盘摆动量。如图 25-14 所示，安装百分表和磁力表座，用百分表在距制动盘外缘 10mm 处测量制动盘的摆动量，最大摆动量应为 0.05mm。如果制动盘的摆动量达到或超过极限，确定车轮轴承间隙是否正常。如果轴承和轮毂正常，则利用在车光盘机进行光盘或更换制动盘。

（3）制动摩擦片的安装　安装的顺序与拆卸时的顺序相反。

1）先换上新的摩擦片，然后装上制动钳壳体，用 40N·m 的力矩拧紧紧固螺栓。

2）安装上、下定位弹簧片，如图 25-15 所示。

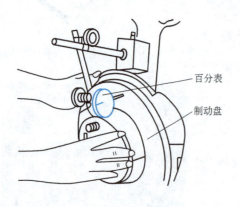
图 25-14　检查制动盘的摆动量

图 25-15　安装上、下定位弹簧片

3）装好后，用力踩制动踏板到底，踩数次，以便使摩擦片能正确就位。

2. 鼓式制动器的拆装

图 25-16 所示为后轮制动蹄的分解图，图 25-17 所示为后轮制动器的零部件。

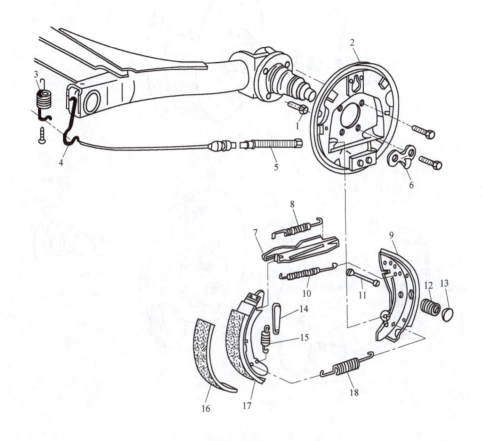

图 25-16 后轮制动蹄的分解图

1—后制动检测孔橡胶塞　2—后制动底板　3—驻车制动拉索拉紧弹簧　4—驻车制动拉索固定夹　5—驻车制动拉杆　6—制动拉索引导件　7—制动推杆　8—后轮前制动蹄回位弹簧　9—后轮后制动蹄　10—后轮前制动蹄中回位弹簧　11—制动蹄定位销　12—制动蹄定位销压簧　13—制动蹄定位销压簧垫圈　14—制动蹄调整楔形件　15—制动蹄楔形件用下回位弹簧　16—后制动修理包　17—后轮前制动蹄　18—制动蹄下回位弹簧

（1）后轮制动鼓和制动蹄的拆卸

1）对角拆下车轮螺栓、螺母，取下车轮。

2）用专用工具拆下轮毂盖，如图 25-18 所示。

3）取下开口销，旋下后车轮轴承上的六角螺母，取出止动垫圈。

4）用螺钉旋具通过制动鼓螺孔向上拨动楔形块，如图 25-19 所示，使制动蹄与制动鼓放松。

5）用鲤鱼钳拆下制动蹄保持弹簧及弹簧座圈。

6）借助螺钉旋具、撬杆，或用手从下面的支架上提起制动蹄，取出下回位弹簧。

7）用钳子拆下制动杆上的驻车制动拉索，用钳子取下楔形调整块弹簧和上回位弹簧。

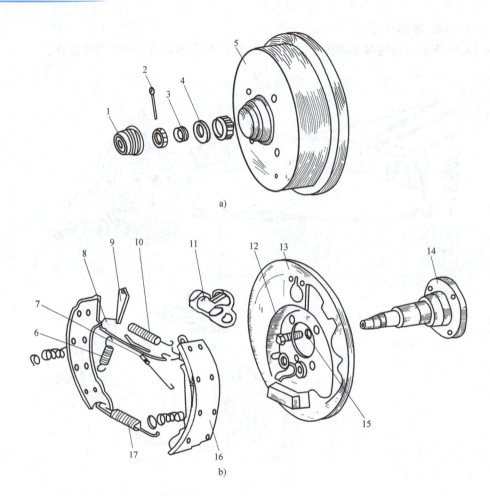

图 25-17 后轮制动器的零部件

1—轮毂盖 2—开口锁（换新） 3—调整车轮轴承间隙用隔圈 4—止动垫圈 5—后制动鼓 6—用于楔形件的回位弹簧 7—上回位弹簧 8—压力杆 9—楔形件 10—回位弹簧 11—车轮制动分泵 12—底板固定螺栓 13—制动底板 14—车轮支承短轴 15—弹簧垫圈 16—带摩擦片的制动蹄 17—下回位弹簧

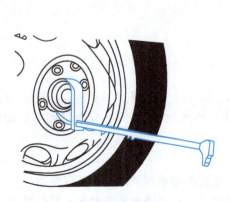

图 25-18 拆卸轮毂盖

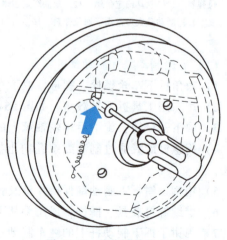

图 25-19 将楔形块向上压

8）拆卸下制动蹄，如图 25-20 所示。
9）将带推杆的制动蹄夹紧在台虎钳上，取下回位弹簧，取下制动蹄，如图 25-21 所示。

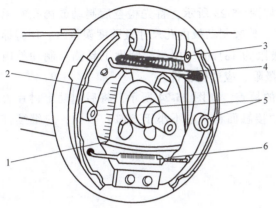

图 25-20　拆卸制动蹄

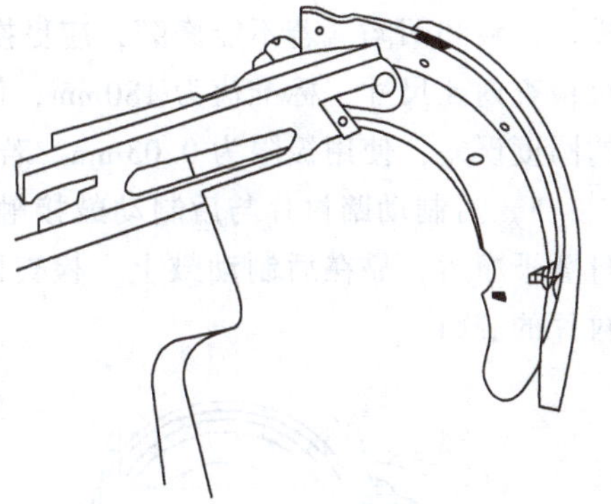

图 25-21　拆卸制动蹄回位弹簧

1—制动拉索　2—楔形调节块用弹簧　3—上回位弹簧　4—压力杆　5—弹簧及座圈　6—下回位弹簧

（2）鼓式制动器各零件的检查

1）检查制动蹄滑动状况。

2）检查制动蹄、背板和固定件之间接触表面的磨损情况。

3）检查制动蹄衬片是否损坏。如图 25-22 所示，用游标卡尺测量制动蹄衬片的厚度。

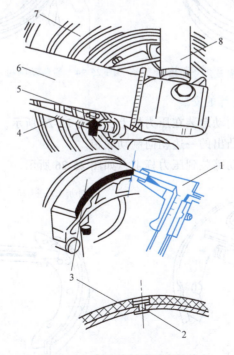

图 25-22　制动蹄衬片厚度的检查

1—卡尺　2—铆钉　3—摩擦片　4—驻车制动器　5—观察孔　6—后桥体　7—制动底板　8—后减振器

标准值为 5mm，使用极限为 2.5mm。其铆钉与摩擦片的表面深度不得小于 1mm，以免铆钉头刮伤制动鼓内表面。在未拆下车轮时，后制动蹄衬片的厚度可从制动底板的观察孔中检查。

4）后制动鼓内孔磨损及尺寸的检查。如图 25-23 所示，首先检查后制动鼓内孔有无烧损、刮痕和凹陷。若不能修磨，应更换新件。检查制动鼓内孔尺寸及圆度误差时，用游标卡尺检查内孔尺寸，标准值为 180mm，使用极限为 181mm。用测量圆度工具测量制动鼓内孔的圆度误差，使用极限为 0.03mm。若超过极限，应更换新件。

5）后制动蹄衬片与后制动鼓接触面积的检查。如图 25-24 所示，将后制动蹄衬片表面打磨干净后，靠在后制动鼓上，检查两者的接触面积，应不小于 60%；否则，应继续打磨衬片的表面。

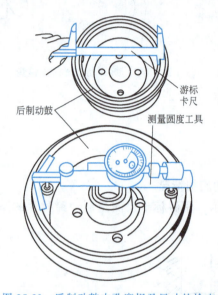

图 25-23 后制动鼓内孔磨损及尺寸的检查　　图 25-24 后制动蹄衬片与后制动鼓接触面积的检查

（3）后轮制动鼓和制动蹄的安装

1）装上回位弹簧，将制动蹄装在压力杆上，如图 25-25 所示。

2）装上楔形调整块，凸出的一边朝向制动底板。

3）将带有传动臂的制动蹄装到压力杆上，如图 25-26 所示。

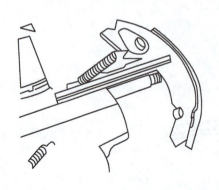
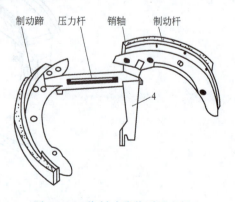

图 25-25　安装制动蹄回位弹簧　　图 25-26　将制动蹄装到压力杆上

4)装入上回位弹簧。

5)将驻车制动拉索在传动臂上装好。

6)将制动蹄装到制动底板上,靠住制动分泵。

7)装入下回位弹簧,提起制动蹄,装到下面的支架中。

8)装上制动蹄保持弹簧和座圈。

9)装入制动鼓以及后轮轴承。

10)检查并调整后轮轴承间隙。

11)用力踩制动踏板1次,使后制动蹄能正确就位。

3. 制动踏板的检查与调整

1)检查制动踏板的运行状况。反复踩下制动踏板几次,确保制动踏板没有下述故障:反应不灵敏、踏板不完全落下、异常噪声、过度松动。

2)检查制动踏板的高度。掀起地板垫,用直尺测量从地面到制动踏板上表面的距离,如图25-27a所示。

3)调整制动踏板的高度。拆下中央控制台盖板,从制动灯开关上拆下插接器,松开制动灯开关锁止螺母并拆下制动灯开关,松开U形接头锁止螺母,转动制动踏板推杆调整制动踏板到规定高度,拧紧推杆锁止螺母,如图25-27b所示。

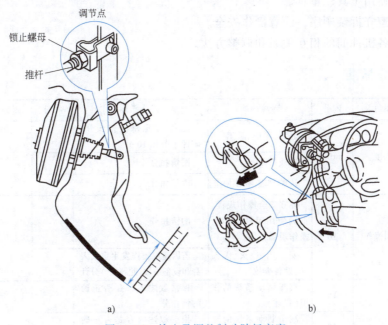

图25-27 检查及调整制动踏板高度

4)检查制动踏板自由行程。在发动机停止运转时,反复踩制动踏板直到助力器中无真空为止。踩下制动踏板直至感到有阻力为止,测出如图25-28所示的距离。制动踏板自由行程应为1~6mm,如果间隙不符合要求,则检查制动灯开关的间隙;如果制动灯开关的间隙正确,则对制动系统进行诊断。

5)检查制动踏板行程余量。松开驻车制动杆,在发动机运转状态下用490N的力踩下制动踏板,测量图25-29所示的制动踏板行程余量保留距离。此距离应大于55mm,如果距离不符合要求，则应对制动系统进行诊断。

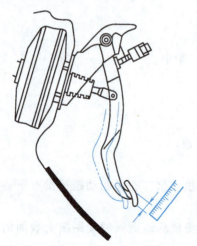

图 25-28　检查制动踏板自由行程

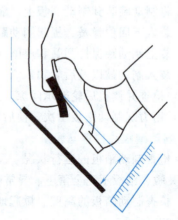

图 25-29　检查制动踏板行程余量

五、注意事项

1) 正确使用工具、量具。
2) 严格遵守拆装顺序，注意操作安全。
3) 注意各机件间的相互关系和调整方法。

六、评分标准

序号	考核项目	配分	考核内容	评分标准	扣分	得分	考核记录
1	工作态度	10	迟到、早退、旷工	迟到、早退每次扣 5 分，旷课 1 节扣 10 分			
			嬉戏打闹	酌情扣分			
			认真、严谨、团结、协作	酌情扣分			
2	安全文明操作	10	遵守安全操作规程，正确使用工具、量具，操作现场整洁	酌情扣分			
			安全用电、火，无人身、设备事故	若因违规操作发生重大人身和设备事故，此题按 0 分计			
3	考核过程	15	汽车制动系统的作用（口述）	根据叙述内容是否正确酌情扣分			
		15	汽车制动系统的要求（口述）	根据叙述内容是否正确酌情扣分			
		20	盘式制动器的拆装	根据操作内容是否正确酌情扣分			
		20	鼓式制动器的拆装	根据操作步骤是否正确酌情扣分			
4	考核结果	10	任务完成时间	酌情扣分			
			任务完成质量	酌情扣分			
5	分数	100					

七、实训报告

_____实训项目：_____

姓名：_____　　　　班级：_____
学号：_____　　　　日期：_____
_____

一、工具和材料
答：_____
_____

二、实训练习
1. 汽车制动系统的组成及工作原理是什么？
答：_____
_____

2. 盘式制动器的拆装与检查方法是什么？
答：_____
_____

3. 鼓式制动器的拆装与检查方法是什么？
答：_____
_____

4. 制动踏板的检查与调整方法是什么？
答：_____

三、指导教师评语
答：_____
_____

项目四

汽车电气系统的拆装与调整

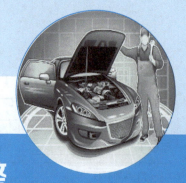

实训任务 26　汽车电源系统的拆装

一、实训目标

1. 知识目标

1）掌握汽车电源系统的组成和功用。
2）掌握蓄电池、发电机的构造、工作原理。

2. 技能目标

1）能够正确、熟练地对蓄电池和发电机进行拆装。
2）通过实践提高各种专用工具使用的熟练度。

二、实训设备、仪器和工具

1. 实训设备

蓄电池及相应资料、发电机及相应资料。

2. 实训工具

常用拆装工具、量具等。

三、相关知识

汽车上装有发电机与蓄电池两个直流电源,蓄电池与发电机并联,共同向全车用电设备供电。在发动机正常工作时,由发电机向全车用电设备供电,与此同时,蓄电池处于充电状态,由发电机给蓄电池充电。

1. 蓄电池的作用

1）在发动机起动时,由蓄电池给起动机提供大电流,同时向点火系统、燃油喷射系统及发动机其他用电设备供电。
2）在发电机不发电时,由蓄电池向用电设备供电。
3）当取下汽车钥匙时,由蓄电池向时钟、全车各电控系统的电控单元(ECU)存储器及防盗报警系统等供电。
4）当发电机超载时,蓄电池协助发电机供电。

5）当发电机正常发电时，蓄电池可将发电机产生的电能转变为化学能储存起来（即充电）。

6）蓄电池相当于一个大容量电容器，在发电机转速和负载变化较大时，能够保持汽车电源电压的相对稳定。同时，还可吸收电路中产生的瞬间过电压，保护汽车电子元器件不被损坏。

2. 蓄电池的构造

现代汽车用普通铅酸蓄电池的结构如图 26-1 所示，其组成主要有极板、隔板、电解液、外壳、联条和接线柱等。

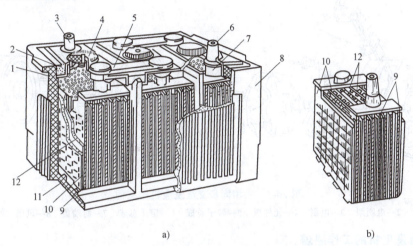

图 26-1 现代汽车用普通铅酸蓄电池的构造

a）整体构造 b）单格蓄电池构造

1—护板 2—绝缘材料 3—负极接线柱 4—加液孔螺栓 5—联条 6—正极接线柱
7—电极衬套 8—外壳 9—正极板 10—负极板 11—肋条 12—隔板

3. 蓄电池的工作原理

蓄电池的工作原理如图 26-2 所示。

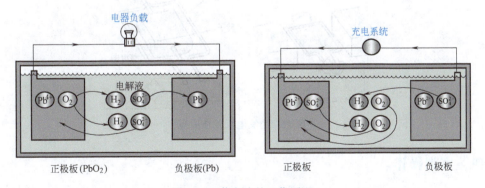

图 26-2 蓄电池的工作原理

蓄电池在充、放电时总的化学反应过程可用下式表示：

$$PbO_2 + Pb + 2H_2SO_4 \underset{\text{充电}}{\overset{\text{放电}}{\rightleftharpoons}} 2PbSO_4 + 2H_2O$$

1)放电。在放电过程中,正、负极板上的活性物质都转化为 $PbSO_4$,同时,电解液中的 H_2SO_4 转化为水,电解液的密度不断下降。

2)充电。在充电过程中,正、负极板上的 $PbSO_4$ 分别转化为 PbO_2 和 Pb,电解液中硫酸成分逐渐增多,电解液的密度逐渐上升。

4. 汽车交流发电机的结构

三相同步交流发电机的结构如图 26-3 所示,由风扇、带轮、转子总成、定子总成、端盖、电刷、电刷架等部件组成。

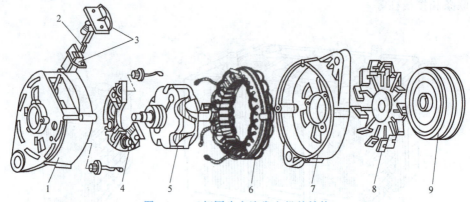

图 26-3 三相同步交流发电机的结构

1—端盖 2—电刷架 3—电刷 4—元件板 5—转子总成 6—定子总成 7—前端盖 8—风扇 9—带轮

5. 交流发电机的工作原理

如图 26-4 所示,发动机工作时,转子线圈中有电流通过,产生磁场,安装于转子轴上的两块爪极被磁化为 N 极和 S 极。转子旋转,磁极交替穿过定子铁心形成一个旋转磁场,它与固定的三相定子绕组之间产生相对运动,在三相定子绕组中便产生三相交流电流(电动势)。发电机产生的三相交流电流经整流器后变为直流电流,然后向汽车用电设备供电,同时给蓄电池充电。

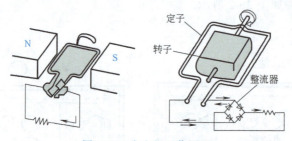

图 26-4 发电机工作原理

四、实训操作

1. 蓄电池的拆装与检查

(1) 蓄电池的拆卸

1)先拆下蓄电池的负极电缆,再拆正极电缆,如图 26-5 所示。

2)拆下蓄电池压板,从支架中取出蓄电池,如图 26-6 所示。

项目四 汽车电气系统的拆装与调整

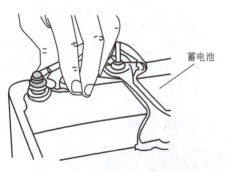

图 26-5 蓄电池接线的拆卸

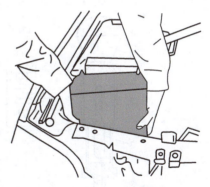

图 26-6 取出蓄电池

(2) 蓄电池的检查

1) 蓄电池电解液液面高度的检查。蓄电池电解液液面高度的检查如图 26-7 所示。

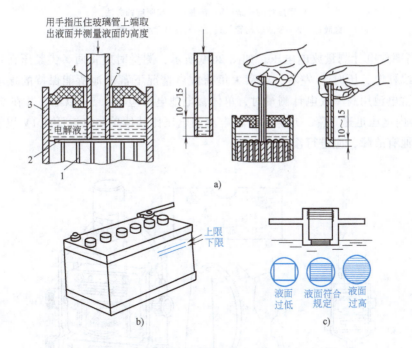

图 26-7 蓄电池电解液液面高度的检查
a) 用玻璃管检查法 b) 观察液面高度指示线法 c) 从加液孔观察图形法
1—极板组 2—防护板 3—外壳 4—玻璃管 5—加液孔

2) 蓄电池电解液相对密度和温度的检查。如图 26-8 所示,打开蓄电池的加液口盖,把密度计下端的橡胶管插入单格电池的加液孔内,用手将橡胶球捏瘪,再慢慢放开,电解液就会被吸到玻璃管中。使管内的浮子浮在玻璃管中央(不要相互接触),读出密度计的读数。读数时,密度计刻度线应与眼睛平齐,测量的密度值应用标准温度(+25℃)予以校正(同时测量电解液温度)。

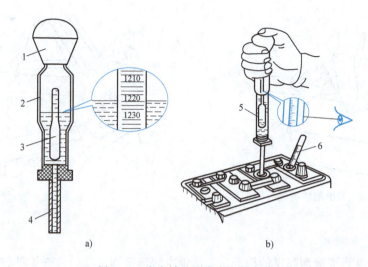

图 26-8 密度计及测量密度的方法
a）密度计的构造　b）测量电解液密度的方法
1—橡胶球　2—吸液玻璃管　3、5—密度计　4—吸管　6—温度计

3）用高率放电计测量放电电压。如图 26-9 所示，测量时应将两叉尖紧压在单体电池的正、负极接线柱上，历时 5s 左右，观察大负荷放电情况下蓄电池所能保持的端电压。技术状况良好的蓄电池用高率放电计测量时，单体蓄电池电压应在 1.5V 以上，并在 5s 内保持稳定。如果 5s 内电压迅速下降，或某一单体电池的电压比其他单体电池低 0.1V 以上时，表示该单体蓄电池有故障，应进行修理。

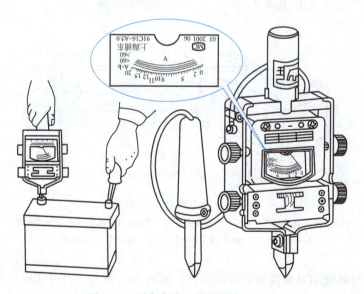

图 26-9 用高率放电计测量放电电压

不同厂家生产的放电计，负荷电阻值不同，放电电流和电压表读数也就不同，使用时应参照原厂说明书的规定。

（3）蓄电池的安装

1)将固定压板压在蓄电池底部凸缘上。
2)先将蓄电池正极接线接上,然后连接上搭铁线,如图26-10所示。

2. 交流发电机的拆装

(1)发电机总成的拆装

1)从蓄电池负极端子上断开电缆,如图26-11所示。

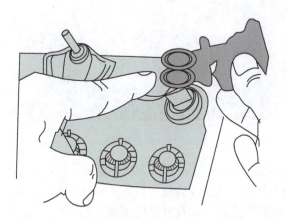

图26-10 蓄电池接线安装

图26-11 断开蓄电池负极电缆

2)脱开发电机总成电缆和插接器,如图26-12所示。
3)拧松发电机安装螺栓,移动发电机拆卸传动带,如图26-13所示。

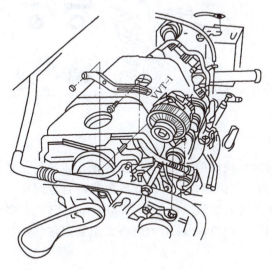

图26-12 脱开发电机电缆和插接器

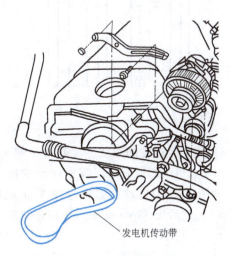

图26-13 拆卸发电机传动带

4)拆卸所有的发电机安装螺栓,然后拆卸发电机,如图26-14所示。

(2)发电机的检查

1)传动带磨损的检查。如图26-15所示,检查V带(传动带)的整个外围是否有磨损、裂纹、层离或者其他损坏。如果无法检查V带的整个外围,则通过在发电机转动方向转动曲轴带轮来检查。

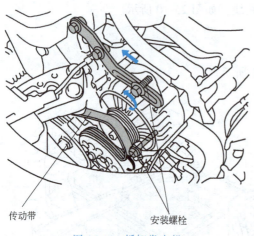
图 26-14 拆卸发电机

图 26-15 检查 V 带

2）传动带张紧度的检查。发电机 V 带与带轮的啮合情况，如图 26-16 所示。检查 V 带张紧度的方法是用拇指将 V 带下压，如图 26-17 所示，其挠度在 2（新）~5mm（旧）为合适。如果不符合规定，应进行调整。一旦发现有损坏迹象，应及时更换 V 带。

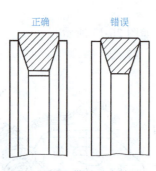
图 26-16 V 带的啮合情况

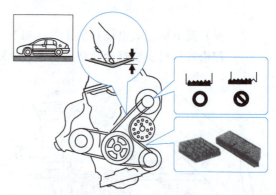
图 26-17 V 带张紧度与磨损的检查

3）传动带挠度的调整。发电机 V 带（传动带）挠度的调整如图 26-18 所示，拧松张紧卡板和发电机上的所有紧固螺栓（至少松开一圈，紧固螺栓松开后，发电机靠自重倒向一侧），用扭力扳手转动张紧螺母使 V 带挠度符合规定数值（新带需要 8N·m，旧带需要 4N·m），然后用 35N·m 的力矩将张紧螺栓紧固，用 20N·m 的力矩将支架紧固在气缸盖吊耳上。

（3）发电机总成的安装

1）装上紧固螺栓，接上发电机，如图 26-19 所示。

2）拧紧发电机固定螺栓。

3）装上发电机传动带，调整传动带的松紧度，如图 26-20 所示。

4）接上发电机电缆和插接器，如图 26-21 所示。

5）接上蓄电池负极电缆，如图 26-22 所示。

项目四　汽车电气系统的拆装与调整

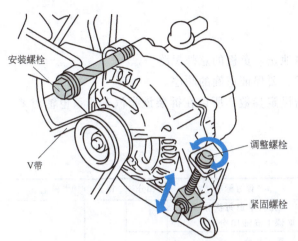

图 26-18　V 带挠度的调整

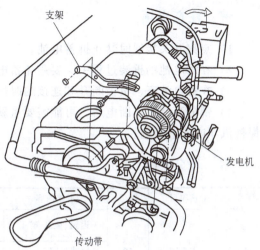

图 26-19　安装螺栓和支架

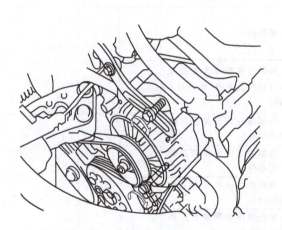

图 26-20　安装发电机传动带

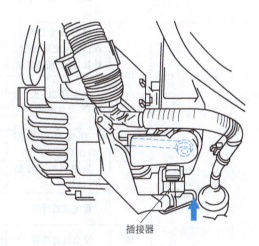

图 26-21　接上电缆和插接器

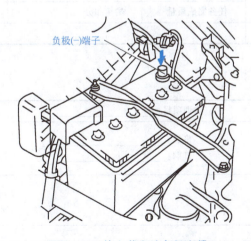

图 26-22　接上蓄电池负极电缆

五、注意事项

1) 点火开关接通时禁止拆蓄电池。
2) 在蓄电池的拆装过程中,要避免电池正、负极的意外短路。
3) 在蓄电池正、负极断开和连接的时候,要保证正确的顺序。
4) 部分高档汽车断电后,可能需要重新设定参数,所以在拆装该类汽车的蓄电池时要保持汽车电器不断电。

六、评分标准

序号	考核项目	配分	考核内容	评分标准	扣分	得分	考核记录
1	工作态度	10	迟到、早退、旷工	迟到、早退每次扣5分,旷课1节扣10分			
			嬉戏打闹	酌情扣分			
			认真、严谨、团结、协作	酌情扣分			
2	安全文明操作	10	遵守安全操作规程,正确使用工具、量具,操作现场整洁	酌情扣分			
			安全用电、火,无人身、设备事故	若因违规操作发生重大人身和设备事故,此题按0分计			
3	考核过程	15	蓄电池的作用(口述)	根据叙述内容是否正确酌情扣分			
		15	发电机的工作原理(口述)	根据叙述内容是否正确酌情扣分			
		20	蓄电池的拆装	根据操作内容是否正确酌情扣分			
		20	发电机的拆装	根据操作步骤是否正确酌情扣分			
4	考核结果	10	任务完成时间	酌情扣分			
			任务完成质量	酌情扣分			
5	分数	100					

七、实训报告

实训项目:_____

姓名:_____ 班级:_____
学号:_____ 日期:_____

一、工具和材料
答:_____

（续）

二、实训练习

1. 蓄电池的组成及工作原理是什么？
答：_____
_____

2. 蓄电池的检查方法是什么？
答：_____
_____

3. 发电机的检查方法是什么？
答：_____
_____

4. 蓄电池拆装的注意事项是什么？
答：_____
_____

三、指导教师评语
答：_____
_____

实训任务 27　车身电器的拆装

一、实训目标

1. 知识目标

1) 掌握照明系统、信号系统、仪表系统的组成及功用。
2) 掌握照明系统、信号系统、仪表系统的结构和特点。

2. 技能目标

1) 能够正确、熟练地对车身电器总成进行拆装。
2) 通过实践提高各种专用工具使用的熟练度。

二、实训设备、仪器和工具

1. 实训设备

典型车型的照明系统总成及相应资料、典型车型的信号系统总成及相应资料、典型车型的仪表系统总成及相应资料。

2. 实训工具

拆装专用工具等。

三、相关知识

1. 汽车照明装置

为了保证汽车夜间行驶的安全和提高行驶速度，汽车上装有多种照明设备。

（1）前照灯　前照灯俗称前大灯、头灯，装在汽车头部的两侧，用来照亮车前的道路。前照灯按数量的不同可分为两灯制和四灯制；按安装方式的不同可分为内装式和外装式。

（2）雾灯　在有雾、下雪、暴雨或尘埃弥漫等情况下，雾灯用来改善道路的照明情况。

（3）倒车灯　倒车灯用来照亮车后的路面，并警告车后的车辆和行人该车正在倒车。

（4）牌照灯　牌照灯用来照亮汽车牌照。

（5）仪表灯　仪表灯装在仪表板上，用来照明仪表。

（6）顶灯　顶灯装在车厢或驾驶室内顶部，作为内部照明用。

（7）其他辅助用灯　为了便于夜间检修，汽车设有工作灯，经插座与电源相接。有的在发动机罩下面还装有发动机罩下灯，其功用与工作灯相同。在行李舱内还安装有行李舱照明灯，当打开行李舱时亮，方便取、放行李。在一些大型客车内还安装了踏步灯和走廊灯，以方便乘客夜间上、下车和在车内走动。

2. 汽车信号装置

（1）灯光信号系统

1) 信号灯与指示灯。

① 转向信号灯。转向信号灯又称转向灯。转向信号灯的功用是当汽车转弯时，在闪光器的控制下，向其他车辆和行人发出明暗交替的闪烁信号，指示汽车向左或向右行驶。

② 转向指示灯。转向指示灯的功用是向驾驶人指示汽车转向的方向和转向信号灯的工作情况。转向指示灯安装在驾驶室仪表板上，每辆汽车安装2只，受转向灯开关盒闪光器控制。

③ 危急报警信号灯与指示灯。在汽车行驶过程中，如果遇到危险或紧急情况，可将危急报警信号灯开关接通，前、后、左、右及两侧转向信号灯和仪表板上的转向指示灯同时闪烁，向其他车辆和行人发出警告信号。

④ 制动信号灯。制动信号灯的功用是在汽车制动时，向后面车辆发出红色信号，提醒后面车辆驾驶人采取相应措施（减速或躲避），以免发生追尾事故。

⑤ 示廓灯。示廓灯是示宽灯与示高灯的统称，其功用是在汽车夜间行驶时，分别指示汽车的宽度和高度。

⑥ 停车灯。停车灯的功用是指示汽车夜间停放的位置。汽车前、后各2只停车灯，通常将示宽灯兼作停车灯。

⑦ 门控灯。门控灯的功用是指示车门的开闭状况。通常将顶灯兼作门控灯。

门控灯受车内轴处的门控开关控制。当车门关闭时，门控开关断开，门控灯熄灭。当车门打开时，门控开关接通，门控灯发亮照明车内空间，以便乘员入座。

⑧ 尾灯。尾灯的功用是在夜间行车时，提醒后面车辆保持一定距离。尾灯安装在汽车尾部左、右两侧，受车灯开关控制。

2）闪光器。在转向信号系统或危急报警信号系统中，控制信号灯和指示灯闪烁发光的装置称为闪光继电器，简称闪光器。闪光器按结构的不同可分为电热式、电容式、水银式和电子式等几种类型。

(2) 音响信号

1）电喇叭。汽车用喇叭分为电喇叭和气喇叭两种。现代汽车普遍采用电喇叭。

2）声音报警器。

① 倒车蜂鸣器与语音报警器。当汽车倒车时，为了警告车辆后面的行人和其他车辆，除了在尾部装备有倒车灯之外，部分汽车还装有倒车蜂鸣器。

② 座椅安全带报警器。当接通点火开关而没有扣紧座椅安全带时，座椅安全带报警器会发出报警声并使警告灯亮。

3. 汽车仪表及报警装置

为了使驾驶人掌握车辆的各种工作状况，保证行车安全并及时发现和排除车辆存在的故障，汽车上都安装有多种监察仪表和报警装置，这些装置一般都集成在仪表台上形成仪表总成。

仪表台总成一般指转向盘前的主仪表板和驾驶人旁通道上的副仪表板以及仪表罩构成的平台。主仪表板上一般集中了全车的监察仪表，如车速里程表、发动机转速表、油压表、冷却液温度表和燃油表等。有些仪表还设有变速档位指示、时钟、环境温度表、路面倾斜表和海拔表等。桑塔纳2000型轿车主仪表台的布局形式如图27-1所示。该仪表板上除了显示车速、行驶里程、发动机转速、冷却液温度和燃油量等最基本、最重要的工况信息，也用其他指示形式来指示一些次要信息，如汽车电源、安全、润滑和制动等。仪表板常见符号的含义如图27-2所示。

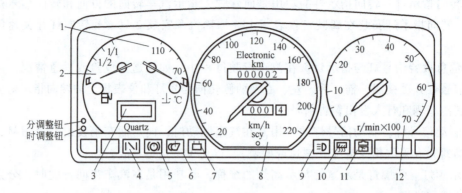

图 27-1　桑塔纳 2000 型轿车主仪表台的布局形式

1—冷却液温度表　2—燃油表　3—电子钟　4—阻风门指示灯　5—驻车制动器和制动液面警告灯　6—机油压力指示灯　7—充电指示灯　8—电子车速里程表　9—远光指示灯　10—后窗加热指示灯　11—冷却液液面警告灯　12—电子转速表

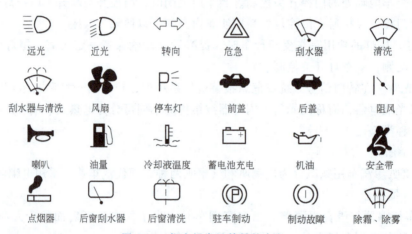

图 27-2　仪表板常见符号的含义

4. 电动车窗

电动车窗系统由车窗、车窗玻璃升降器、电动机和开关等装置组成，各部件在车上的布置如图 27-3 所示。

四、实训操作

1. 风窗玻璃刮水器电动机总成的更换

1）拆下风窗玻璃刮水器壁罩。

2）拆下风窗玻璃右刮水器臂。

① 起动刮水器，让其停在自动复位位置。

② 拆下风窗玻璃右刮水器臂螺母。

3）拆下风窗玻璃左刮水器臂，拆下风窗玻璃左刮水器臂螺母。

4）拆下发动机罩密封条上的罩板。如图 27-4 所示，用卡扣拆卸工具松开 8 个夹钳，然后拆下发动机罩密封条上的罩板。

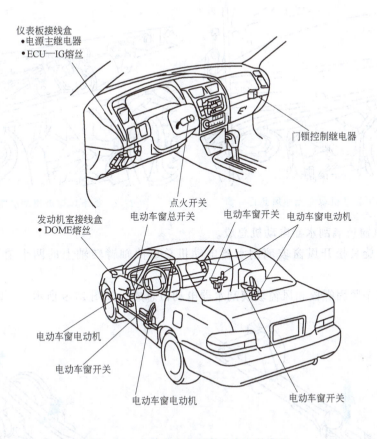

图 27-3　电动车窗各部件在车上的布置

5）拆下发动机罩右侧通风孔百叶窗。如图 27-5 所示，用卡扣拆卸工具拆下 3 个夹钳，松开 4 个卡扣，然后拆下发动机罩右侧通风孔百叶窗。

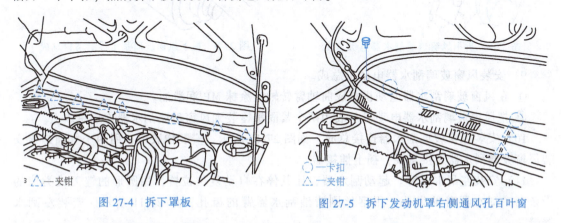

图 27-4　拆下罩板　　　　图 27-5　拆下发动机罩右侧通风孔百叶窗

6）拆下发动机罩左侧通风孔百叶窗。如图 27-6 所示，用卡扣拆卸工具拆下夹钳，松开 4 个卡扣，然后拆下发动机罩左侧通风孔百叶窗。

7）拆下风窗玻璃刮水器连接总成。如图 27-7 所示，断开插接器，拆下两个螺栓，向前排乘员侧滑动刮水器连接总成。松开橡胶销，拆下刮水器连接总成。

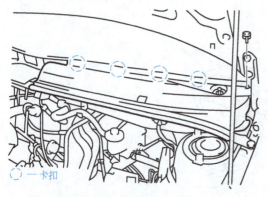

图 27-6 拆下发动机罩左侧通风孔百叶窗　　图 27-7 拆下风窗玻璃刮水器连接总成

8) 拆下风窗玻璃刮水器电动机总成。

① 用螺钉旋具松开风窗玻璃刮水器电动机总成曲轴臂转轴上的两个销子,如图 27-8 所示。

② 拆下两个紧固螺栓和风窗玻璃刮水器电动机总成,如图 27-9 所示。

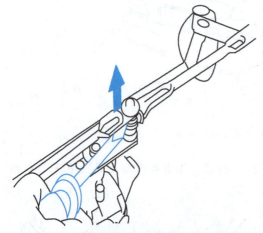
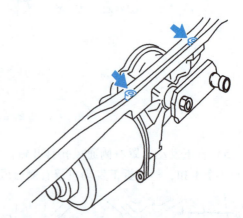

图 27-8 拆下风窗玻璃刮水器电机总成　　图 27-9 拆下风窗玻璃刮水器电动机总成

9) 安装风窗玻璃刮水器电动机总成。

① 在风窗玻璃刮水器电动机总成曲轴臂转轴上涂抹 MP 润滑油。

② 把风窗玻璃刮水器电动机总成用两个紧固螺栓装到风窗玻璃刮水器连接总成上。

10) 安装风窗玻璃刮水器连接总成。如图 27-10 所示,安装橡胶销,用两个紧固螺栓安装风窗玻璃刮水器连接总成,插上插接器。

11) 安装左刮水器臂。起动刮水器,让其停在自动复位位置,用圆形的锉刀或类似的设备刮擦刮水器臂的齿孔,用钢丝刷清洁刮水器臂的齿孔,如 27-11 所示,安装左刮水器臂。

12) 安装右刮水器臂。用圆形的锉刀或类似的设备刮擦刮水器臂的齿孔,用钢丝刷清洁刮水器臂的齿孔,安装右刮水器臂。起动刮水器,让水或者清洗液洒到玻璃上,检查刮水的状态,注意后刮水器不能撞击到车身。

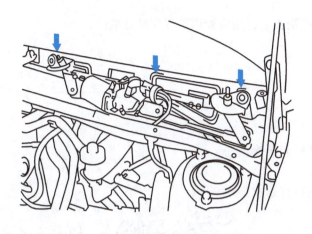

图 27-10 安装风窗玻璃刮水器连接总成

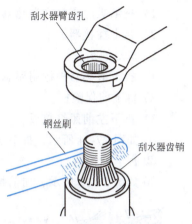

图 27-11 安装前左刮水器臂

2. 左刮水器橡胶条的更换

1）从左刮水器臂上拆下左侧刮水片。

2）从左刮水片上拆下左前刮水器橡胶条，从左前刮水器橡胶条拆下两个支撑板。

3）把两个支撑板装到左刮水器橡胶条上，安装左侧刮水器橡胶条，如图 27-12 所示。

注意：

① 安装刮水器橡胶条时，应使橡胶条的头部（长的一边）朝向轴的一面。

② 在放回驾驶人侧的刮水器臂之前，先把前排乘员侧的刮水器臂放回去。

3. 风窗玻璃刮水器开关总成的拆卸

1）拆下上转向柱罩。

2）断开插接器，松开卡扣，拆下风窗玻璃刮水器开关总成，如图 27-13 所示。

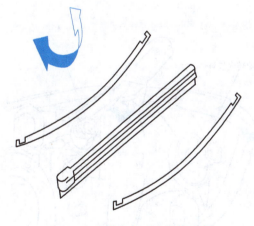

图 27-12 安装左侧刮水器橡胶条

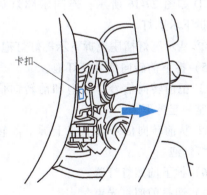

图 27-13 拆下风窗玻璃刮水器开关总成

4. 低音喇叭总成的更换

(1) 拆下低音喇叭总成

1）断开插接器。

2）拆下螺栓和喇叭总成。

（2）安装低音喇叭总成

1）把喇叭底座放在散热器上支撑隔板上，用螺栓固定好喇叭总成。

2）接上插接器。

5. 车灯的拆卸

1）拆下散热器护栅附属总成。

2）拆下前保险杠。

3）拆下左前照灯总成。

① 如图27-14所示，拆下3个螺钉和螺栓。

② 拆下插接器。

③ 如图27-15所示，向前拉出前照灯总成。

图27-14　拆下左前照灯总成

图27-15　向前拉出前照灯总成

④ 拆下前照灯总成。

4）拆下示廓灯灯泡。

① 如图27-16所示，连同示廓灯插座一起拆下示廓灯。

② 从示廓灯插座上拆下示廓灯灯泡。

5）拆下前转向信号灯灯泡。

① 把前转向信号灯灯泡和前转向信号灯插座一起拆下来。

② 从前转向信号灯插座上拆下前转向信号灯灯泡。

6）拆下前照灯罩。

7）调整前照灯光束。

6. 左侧雾灯单元的拆卸

1）拆下散热器护栅附属总成。

2）拆下前保险杠。

3）拆下左侧雾灯总成，如图27-17所示。

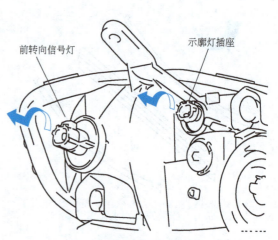

图27-16　拆下示廓灯插座

① 断开插接器。
② 松开 4 个卡钳，拆下左侧雾灯总成。
③ 拆下雾灯灯泡。

7. 左侧转向信号灯灯罩的更换

1）拆下侧面转向信号灯总成，如图 27-18 所示。

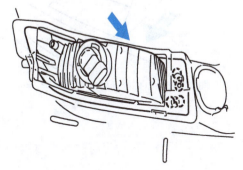

图 27-17 拆下左侧雾灯总成

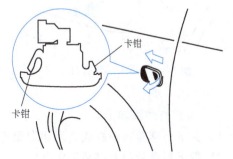

图 27-18 拆下侧面转向信号灯总成

① 向车辆前方拉动侧面转向信号灯总成并偏转，松开卡钳。
② 松开插座，拆下左侧面转向信号灯总成。

2）安装侧面转向信号灯总成，给侧面转向信号灯灯罩换装新的垫圈。

8. 左侧后组合灯总成的拆卸

（1）拆下行李舱内部装饰条　如图 27-19 所示，用扳手拆下两个卡钳，拆下左侧行李舱装饰条。

（2）拆下左侧后组合灯总成

1）如图 27-20 所示，拆下 3 个螺母，拆下后组合灯插接器。

2）如图 27-21 所示，向车辆后方拉出后组合灯总成，拆下后组合灯总成。

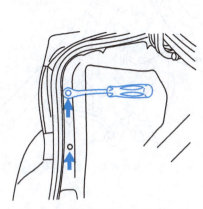

图 27-19 拆下行李舱内部装饰条

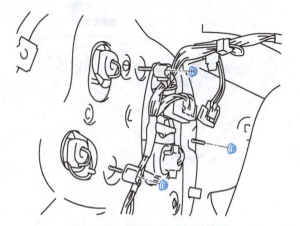

图 27-20 拆下后组合灯插接器

9. 中央制动灯总成的拆卸

如图 27-22 所示，拉出中央制动灯总成，断开插接器。

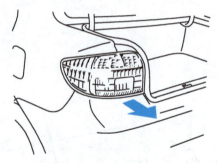

图 27-21 拆下后组合灯总成

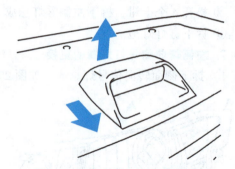

图 27-22 中央制动灯总成的更换

10. 牌照灯的拆卸

1）拆下行李舱锁止缸或者用钥匙设定。
2）拆下行李舱门外部装饰条。
3）如图 27-23 所示，拉出牌照灯总成，松开卡钳，断开插接器。
4）拆下牌照灯灯泡。
5）拆下牌照灯插座和导线。

11. 前照灯调光开关总成的拆卸

1）向上拆下转向柱盖。
2）拆下前照灯调光开关总成。

如图 27-24 所示，断开插接器，然后用螺钉旋具松开卡钳，拆下前照灯调光开关总成。

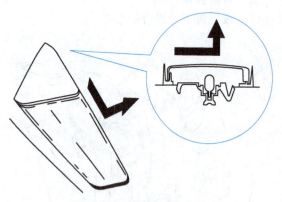

图 27-23 拉出牌照灯总成

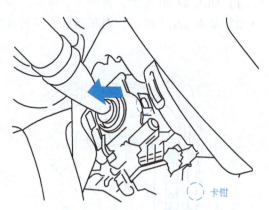

图 27-24 拉出前照灯调光开关总成

五、注意事项

1）在拆装和调整灯光时，卡钳如果用力按压会损坏。
2）使用前，把螺钉旋具的头部包裹起来。

六、评分标准

序号	考核项目	配分	考核内容	评分标准	扣分	得分	考核记录
1	工作态度	10	迟到、早退、旷工	迟到、早退每次扣5分,旷课1节扣10分			
			嬉戏打闹	酌情扣分			
			认真、严谨、团结、协作	酌情扣分			
2	安全文明操作	10	遵守安全操作规程,正确使用工具、量具,操作现场整洁	酌情扣分			
			安全用电、火,无人身、设备事故	若因违规操作发生重大人身和设备事故,此题按0分计			
3	考核过程	15	照明系统的组成及作用(口述)	根据叙述内容是否正确酌情扣分			
		15	信号系统的组成及作用(口述)	根据叙述内容是否正确酌情扣分			
		20	风窗玻璃刮水器电动机总成的更换	根据操作内容是否正确酌情扣分			
		10	低音喇叭总成的更换	根据操作步骤是否正确酌情扣分			
		10	灯光的拆装	根据操作步骤是否正确酌情扣分			
4	考核结果	10	任务完成时间	酌情扣分			
			任务完成质量	酌情扣分			
5	分数	100					

七、实训报告

实训项目:＿＿＿＿＿＿＿＿＿＿

姓　名:＿＿＿＿＿＿＿＿＿＿　　班级:＿＿＿＿＿＿＿＿＿＿

学　号:＿＿＿＿＿＿＿＿＿＿　　日期:＿＿＿＿＿＿＿＿＿＿

一、工具和材料

答:＿＿

二、实训练习

1. 前照灯的作用是什么?

答:＿＿

2. 音响信号的组成及作用是什么?

答:＿＿

3. 刮水器橡胶条的更换方法是什么?

答:＿＿

三、指导教师评语

答:＿＿

实训任务28 汽车空调系统的拆装

一、实训目标

1. 知识目标

1）掌握汽车空调系统的组成及功用。

2）掌握汽车空调系统的结构和特点。

2. 技能目标

1）能够正确、熟练地对汽车空调系统总成进行拆装。

2）通过实践提高各种专用工具使用的熟练度。

二、实训设备、仪器和工具

1. 实训设备

典型车型的汽车空调系统总成及相应资料。

2. 实训工具

拆装专用工具等。

三、相关知识

1. 汽车空调的功能

汽车空调即车内空气调节，包括对车内温度、湿度、空气流速和空气清洁度进行调节控制。

2. 汽车空调系统的组成

汽车空调系统一般由制冷系统、加热系统、通风系统、控制系统及空气净化系统组成。

（1）制冷系统　制冷系统的作用是对车内或由外部进入车内的新鲜空气进行冷却或除湿，使车内空气变得凉爽舒适。

（2）加热系统　加热系统的作用是对车内或由外部进入车内的新鲜空气进行加热，达到取暖、除霜的目的。

（3）通风系统　通风系统的作用是将车外的新鲜空气引入车内，起到通风和换气的作用。

（4）控制系统　控制系统的作用是对制冷系统、加热系统及通风系统的工作进行控制，同时对车内的空气温度、风量、流量进行调节，以保证空调系统正常工作。

（5）空气净化系统　空气净化系统的作用是对车内空气中的尘埃、臭味、烟气等进行过滤，以保证车内空气清洁。

3. 汽车空调制冷系统的组成及工作原理

（1）汽车空调制冷系统的组成　汽车空调制冷系统采用蒸气压缩式制冷方式，即利用液态制冷剂汽化时吸收周围热量而对周围产生制冷效应。不同车型汽车的空调制冷系统虽有所不同,但都是由压缩机、蒸发器、冷凝器、膨胀节流装置、储液干燥器、高压管路、低压管路、鼓风机及控制电路等组成,如图28-1所示。

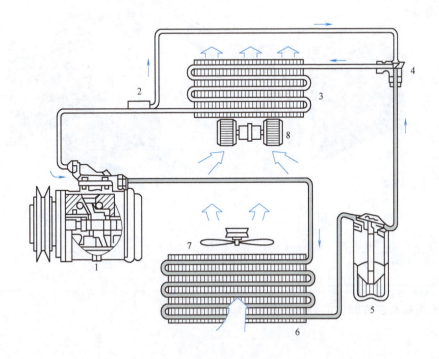

图 28-1　汽车空调制冷系统的基本组成

1—空气压缩机　2—感温包　3—蒸发器　4—膨胀阀　5—储液干燥器
6—冷凝器　7—冷却风扇　8—鼓风机

(2) **汽车空调制冷系统的工作原理**　汽车空调制冷系统工作时,发动机驱动空调压缩机工作,在空调压缩机的作用下制冷剂在制冷系统内进行循环。其工作过程如下所述:

① 压缩过程。压缩机吸入来自蒸发器的低温低压的气态制冷剂,将其压缩成高温高压的气态制冷剂,然后排出压缩机到冷凝器。

② 冷凝过程。来自压缩机的高温高压的气态制冷剂进入冷凝器后,经过冷凝器的冷凝变成高温高压的液态制冷剂,如图28-2所示。

③ 节流膨胀过程。高温高压的液态制冷剂通过膨胀阀后体积变大,压力和温度急剧下降,以雾状(细小液滴)形式进入蒸发器。

④ 蒸发过程。雾状制冷剂进入蒸发器后,因制冷剂的沸点远低于蒸发器内的温度,雾状制冷剂迅速蒸发成气态制冷剂。制冷剂在蒸发过程中吸收蒸发器外表部的热量,使蒸发器表面的温度迅速下降,而后低温低压的气态制冷剂又进入压缩机,开始下次循环,如图28-3所示。

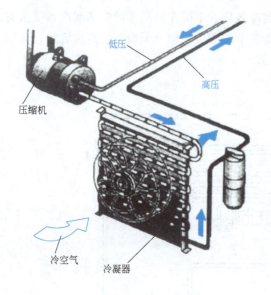

图 28-2 冷凝过程

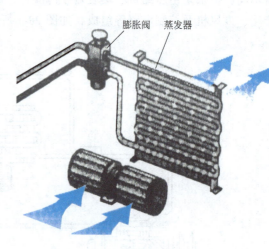

图 28-3 蒸发过程

四、实训操作

1. 空气压缩机就车拆装

空气压缩机总成零部件的分解图如图 28-4 所示。

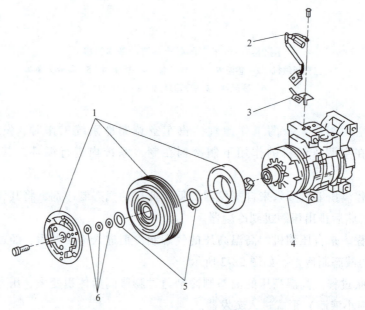

图 28-4 空气压缩机总成零部件的分解图

1—电磁离合器垫片　2—空调线束总成　3—空调支架　4—空调压缩机总成　5—卡环　6—电磁离合器总成

（1）拆卸

1）拔下蓄电池插头。

2）从系统内排出制冷剂。

3）拆下 V 带（压缩机到曲轴带轮）。
4）断开制冷剂吸入口，如图 28-5 所示。
① 拆下螺栓，从压缩机和电磁离合器上断开制冷剂吸入口。
② 从制冷剂吸入口拆下 O 形圈。
注意：用聚氯乙烯胶带密封所有断开部分的开口，以防水分和异物进入。
5）断开制冷剂排出口，如图 28-6 所示。

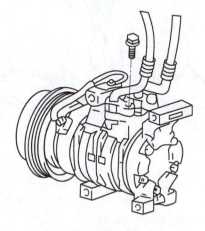

图 28-5　断开制冷剂吸入口

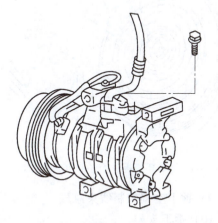

图 28-6　断开制冷剂排出口

① 拆下螺栓，从压缩机和电磁离合器上断开制冷剂排出口。
② 从制冷剂排出口上拆下 O 形圈。
注意：用聚氯乙烯胶带密封所有断开部分的开口，以防水分和异物进入。
6）拆下右侧发动机下盖。
7）拆下压缩机和电磁离合器总成。
① 断开插头。
② 拆下 4 个螺栓、压缩机和电磁离合器总成，如图 28-7 所示。
8）拆下电磁离合器总成。
① 在台虎钳上夹紧压缩机和电磁离合器。
② 用鲤鱼钳夹住离合器轮毂，如图 28-8 所示。

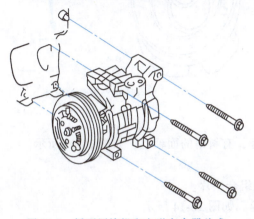

图 28-7　拆下压缩机和电磁离合器总成

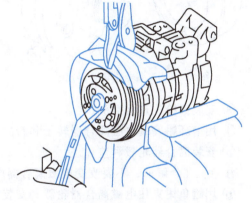

图 28-8　拆下螺钉、电磁离合器轮毂和垫片

③ 拆下螺钉、电磁离合器轮毂和垫片。
④ 用卡环钳拆下卡环和电磁离合器转子，如图28-9所示。
⑤ 拆下螺钉，断开插接器。
⑥ 用卡环钳拆下卡环和电磁离合器定子，如图28-10所示。

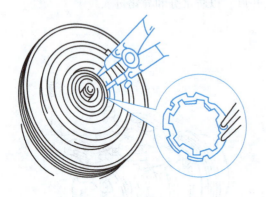

图28-9 用卡环钳拆下卡环和电磁离合器转子

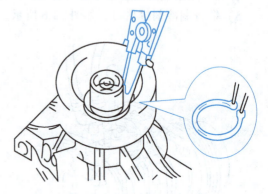

图28-10 用卡环钳拆下卡环和电磁离合器定子

9）拆下空调控制线束总成。

10）拆下支架。

11）拆下压缩机总成。

(2) 安装

1) 安装电磁离合器总成。

① 如图28-11所示，安装电磁离合器定子。

② 用卡环钳安装新的卡环，有斜角的面朝上，如图28-12所示。

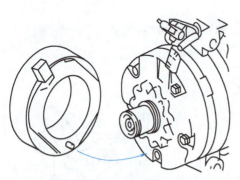

图28-11 安装电磁离合器定子

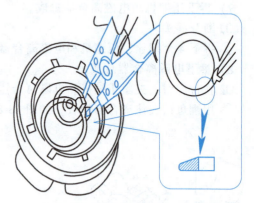

图28-12 用卡环钳安装新的卡环

③ 安装螺栓，连接插头。

④ 用卡环钳安装电磁离合器转子和新的卡环，有斜角的面朝上，如图28-13所示。

⑤ 安装离合器轮毂和垫片。

注意：在分解前，不要改变电磁离合器中的组合垫片。

⑥ 用鲤鱼钳夹住电磁离合器轮毂，安装螺栓，如图28-14所示。

注意：拧紧力矩为13N·m。

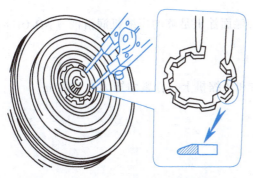

图 28-13 安装电磁离合器转子和新卡环

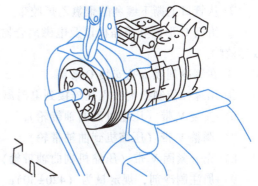

图 28-14 夹住电磁离合器轮毂，安装螺栓

2) 检查电磁离合器间隙，如图 28-15 所示。

① 安装百分表，对准电磁离合器毂。

② 连接蓄电池的正极引线到端子，负极引线到搭铁线。开、关离合器，测量间隙。标准间隙值为 0.25~0.50mm；如果测量值超出标准值，则拆下电磁离合器轮毂，用垫片进行调整。

注意：调整垫片应不超过 3 个。

3) 安装压缩机和电磁离合器。

① 用 4 个螺栓安装压缩机和电磁离合器，拧紧力矩为 25N·m。

注意：按图 28-16 所示顺序紧固螺栓。

② 连接插头。

图 28-15 检查电磁离合器间隙

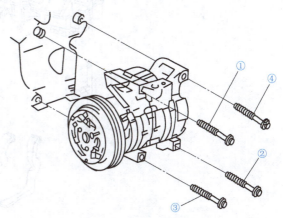

图 28-16 安装压缩机和电磁离合器

4) 安装制冷剂排出孔。

① 从管口上撕下缠裹的聚氯乙烯胶带。

② 给新 O 形圈和压缩机以及电磁离合器的接触面涂上足够的压缩机润滑油（ND-OIL8）或等效物。

③ 在制冷剂排出孔处安装 O 形圈。

④ 用螺栓使制冷剂排出孔连接到电磁离合器和压缩机上，拧紧力矩为 98N·m。

5) 安装制冷剂吸入孔。

① 从管口上撕下缠裹的聚氯乙烯胶带。

② 给新O形圈和压缩机以及电磁离合器的接触面涂上足够的压缩机润滑油（ND-OIL8）或等效物。

③ 在制冷剂吸入孔安装O形圈。

④ 用螺栓使制冷剂吸入孔连接到电磁离合器和压缩机上，拧紧力矩为9.8N·m。

6）安装V带（压缩机到曲轴带轮）。

7）调整V带（压缩机到曲轴带轮）。

8）充分紧固V带（压缩机到曲轴带轮）。

9）加注制冷剂，规定量为（420±30）g。

10）发动机暖机。

11）检查制冷剂是否泄漏。

2. 空调蒸发器单元总成的拆装

空调蒸发器单元总成的零部件解体图，如图28-17和图28-18所示。

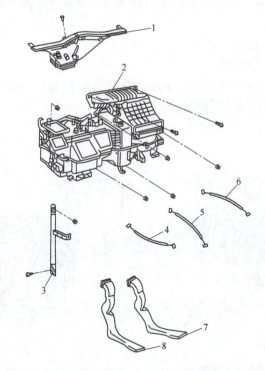

图28-17 空调蒸发器单元总成的零部件解体图（1）

1—除雾气喷口总成 2—空调蒸发器单元总成 3—1号仪表板支架总成 4—进气风挡控制拉索总成
5—空气混合风挡控制拉索总成 6—除雾器风挡控制拉索总成 7—1号后空气管 8—2号后空气管

（1）空调蒸发器单元总成的拆卸

1）从系统内排出制冷剂。

2）拆下下侧仪表板总成，拆下除雾喷口总成，拆下仪表板支架总成，松开两个锁扣，拆下2号后空气管，如图28-19所示。

3）拆下4个螺栓，拆下安全气囊ECU总成，如图28-20所示。
4）拆下除雾器风挡控制拉索总成。
5）拆下空气混合风挡控制拉索总成。
6）拆下进气风挡控制拉索总成。
7）拆下空调蒸发器单元总成。

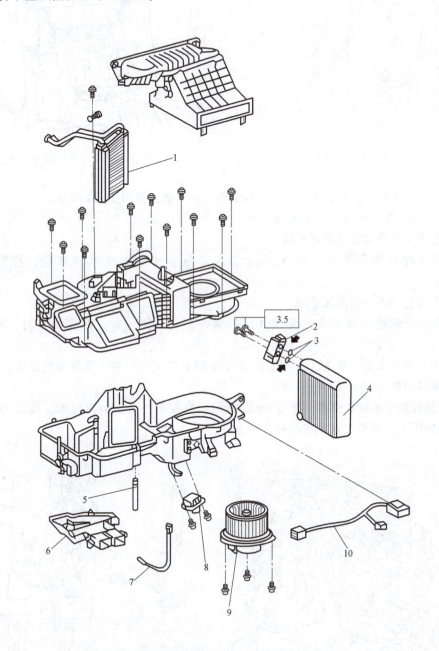

图28-18 空调蒸发器单元总成的零部件解体图（2）
1—加热器散热器组件总成　2—冷却器膨胀阀　3—O形圈　4—1号冷却器蒸发器总成
5—1号冷却器组件排水管　6—加热器盖　7—1号冷却器热敏电阻　8—鼓风机电阻
9—有风扇电动机的鼓风机总成　10—1号冷却器导线

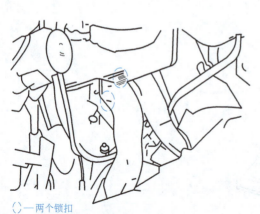

( )—两个锁扣

图 28-19 拆下 2 号后空气管

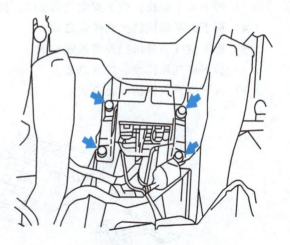

图 28-20 拆下安全气囊 ECU 总成

8）拆下 2 个螺栓、5 个螺母和空调蒸发器单元总成，如图 28-21 所示。

（2）空调蒸发器单元总成的安装

1）安装 1 号冷却器蒸发器总成。

2）安装冷却器膨胀阀。用 5.0mm 的六角扳手安装两个六角螺栓，拧紧力矩为 3.5 N·m。

3）安装空调蒸发器单元总成。

4）用两个螺栓安装安全气囊 ECU，拧紧力矩为 30N·m（连接插头时，不要用力太大）。

5）不要碰撞安全气囊 ECU，安装安全气囊 ECU 总成，安装下侧仪表板总成。

6）安装加热器控制和附件总成。

将控制臂置于 FACE 位置，如图 28-22 所示，在控制杆上安装内拉索。按图 28-22 中箭头方向轻轻压下，将外拉索装在拉索夹箍上。

图 28-21 拆下空调蒸发器单元总成

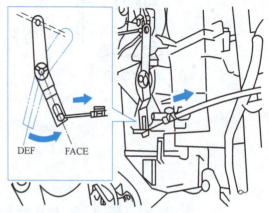

图 28-22 将控制臂置于 FACE 位置
DEF—外循环位置标记　FACE—内循环安装位置标记

切勿扭弯拉索，操纵加热器控制杆应在FACE和DEF位置都能停下，且不回弹。将控制臂置于最大制冷位置，如图28-23所示。在控制杆上安装内拉索，按图28-23中箭头方向轻轻压下，将外拉索装在拉索夹箍上。操纵加热器控制杆时，在内、外循环位置都应能停下，且不回弹。

如图28-24所示，将控制臂置于内循环位置，在控制杆上安装内拉索头。按图28-24中箭方向轻轻压下，将外拉索装在拉索夹箍上。

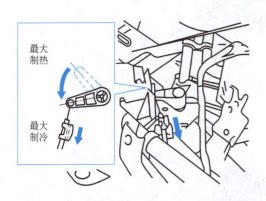

图28-23　将控制杆臂置于最大制冷位置　　图28-24　将控制杆臂置于内循环位置

7) 安装仪表板总成，安装空调管路总成。

8) 加注制冷剂，加注量为（420±30）g，起动发动机暖机。

9) 检查制冷剂有无泄漏。

3. 带储液罐的冷凝器总成的拆装

带储液罐的冷凝器总成解体图如图28-25所示。

（1）带储液罐的冷凝器总成的拆卸

1) 排出系统内的制冷剂，拆开制冷剂排出管，拆开空调管总成，拆下带储液罐的冷凝器总成，拆下盖子和滤清器，如图28-26所示；用尖嘴钳取出干燥器，如图28-27所示。

2) 拆下冷凝器缓冲垫，拆下冷凝器支架套管。

（2）带储液罐的冷凝器总成的安装

1) 安装冷却器干燥器。用尖嘴钳装入干燥器，在盖子上安装两个O形圈，在O形圈的接口处涂上足量压缩机润滑油（ND-OIL8）或类似物，用10mm的六角扳手在调节器上安装盖子和滤清器，拧紧力矩为12N·m。

2) 安装带储液罐的冷凝器、空调管总成。用螺栓连接空调管总成和带储液罐的冷凝器总成，拧紧力矩为54N·m。

3) 安装制冷剂排出管。撕去管口的聚氯乙烯胶带，连接冷凝器总成的相应部分，在O形圈和管的接口涂上足够的压缩机润滑油（ND-OIL8）或类似物。在制冷剂排出管接头上安装1个O形圈，用螺栓连接制冷剂排出管和带储液罐的冷凝器总成，拧紧力矩为5.4N·m。

4) 加注制冷剂，加注量为（420±30）g，起动发动机暖机，检查制冷剂有无泄漏。

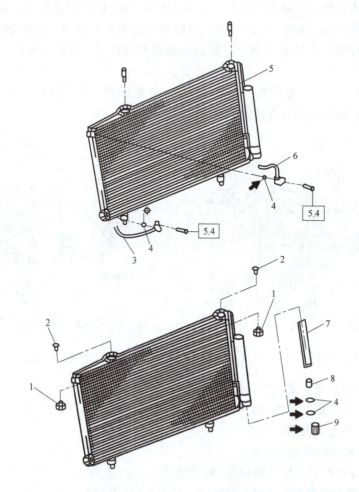

图 28-25 带储液罐的冷凝器总成解体图

1—1号冷却器冷凝器缓冲垫　2—1号冷凝器支架套管　3—空调管总成　4—O形圈　5—带储液罐的冷凝器总成
6—冷却器制冷剂排出管A　7—冷却器干燥器　8—滤清器　9—盖子

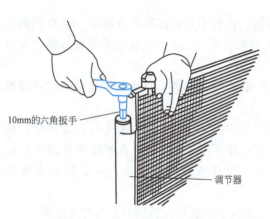

图 28-26 拆下盖子和滤清器

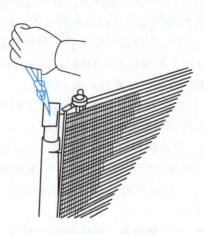

图 28-27 取出干燥器

4. 空调滤清器的检查与更换

（1）空调滤清器的安装位置　空调滤清器的安装位置如图28-28、图28-29所示。

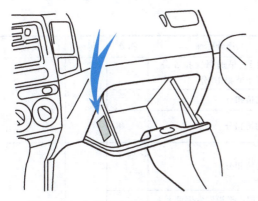

图28-28　空调滤清器的安装位置（里）

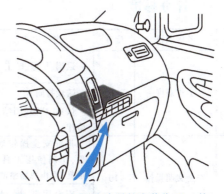

图28-29　空调滤清器的安装位置（外）

（2）空调滤清器的检查及更换　经过长时间的使用，空调滤清器会被堵塞。如果感到空调或暖风的气流工作效率极端减弱，或车窗很容易起雾，则需更换空调滤清器。

1）按杂物箱的两侧解开挂钩，如图28-30所示。

2）从滤清器的出口处取出滤清器盒，如图28-31所示。

3）从滤清器盒中取出滤清器，如图28-32所示。

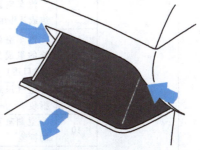

图28-30　按杂物箱的两侧解开挂钩

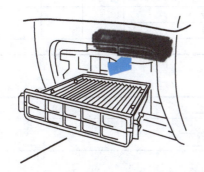

图28-31　从滤清器的出口处取出滤清器盒

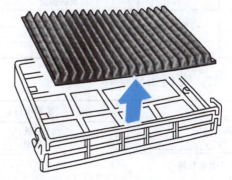

图28-32　从滤清器盒中取出滤清器

4）检查滤清器的表面。如果不是特别脏，可以用压缩空气从背面吹干净，不要对滤清器进行清洗或上油。如果特别脏，则需更换。

5）把滤清器装回到滤清器盒中时，需保证滤清器平的一面向下，有纹路的一面向上。

（3）空调滤清器更换周期　汽车在正常路面上行驶时，每行驶30000km需要更换空调滤清器；汽车在多尘路面上行驶时，每行驶15000km需要更换空调滤清器。

五、注意事项

1）正确使用工具、量具。

2）严格遵守拆装顺序，注意操作安全。
3）注意各机件间的相互关系和调整方法。

六、评分标准

序号	考核项目	配分	考核内容	评分标准	扣分	得分	考核记录
1	工作态度	10	迟到、早退、旷工	迟到、早退每次扣5分，旷课1节扣10分			
			嬉戏打闹	酌情扣分			
			认真、严谨、团结、协作	酌情扣分			
2	安全文明操作	10	遵守安全操作规程，正确使用工具、量具，操作现场整洁	酌情扣分			
			安全用电、火，无人身、设备事故	若因违规操作发生重大人身和设备事故，此题按0分计			
3	考核过程	15	汽车空调系统的组成及作用（口述）	根据叙述内容是否正确酌情扣分			
		15	汽车空调制冷系统的组成及工作原理（口述）	根据叙述内容是否正确酌情扣分			
		20	空气压缩机就车拆装	根据操作内容是否正确酌情扣分			
		10	空调蒸发器总成的拆装	根据操作步骤是否正确酌情扣分			
		10	带储液罐冷凝器总成的拆装	根据操作步骤是否正确酌情扣分			
4	考核结果	10	任务完成时间	酌情扣分			
			任务完成质量	酌情扣分			
5	分数	100					

七、实训报告

实训项目：_____

姓名：_____ 班级：_____
学号：_____ 日期：_____

一、工具和材料
答：_____

二、实训练习
1. 汽车空调系统的作用是什么？
答：_____

2. 汽车空调制冷系统的工作原理是什么？
答：_____

3. 汽车空调系统的组成是什么？
答：_____

三、指导教师评语
答：_____

参 考 文 献

[1] 鲁民巧. 汽车构造 [M]. 北京：高等教育出版社，2008.
[2] 黄文伟，贺萍. 汽车维修实训 [M]. 北京：清华大学出版社，2003.
[3] 郭新华. 汽车构造 [M]. 北京：高等教育出版社，2004.
[4] 沈云鹤. 汽车发动机构造与维修 [M]. 北京：高等教育出版社，2005.
[5] 毛峰. 汽车电气设备与维修 [M]. 2版. 北京：机械工业出版社，2015.
[6] 崔振民. 汽车发动机维修实训 [M]. 北京：人民交通出版社，2003.
[7] 郑劲，石允国. 汽车维修实训 [M]. 北京：中国石化出版社，2007.
[8] 黄俊平. 汽车发动机维修实训 [M]. 2版. 北京：机械工业出版社，2016.
[9] 朱军，汪胜国，黄元杰. 汽车发动机维修实训教材 [M]. 2版. 北京：人民交通出版社，2017.
[10] 侯爱民. 汽车电器维修实训项目教程 [M]. 北京：清华大学出版社，2015.
[11] 曲昌辉，张西振. 汽车拆装与维护 [M]. 北京：机械工业出版社，2013.
[12] 潘伟荣，刘越琪. 汽车结构与拆装 [M]. 2版. 北京：人民交通出版社，2014.